ASIOS

超常現象の懐疑的調査のための会

超能力

事件クロニクル

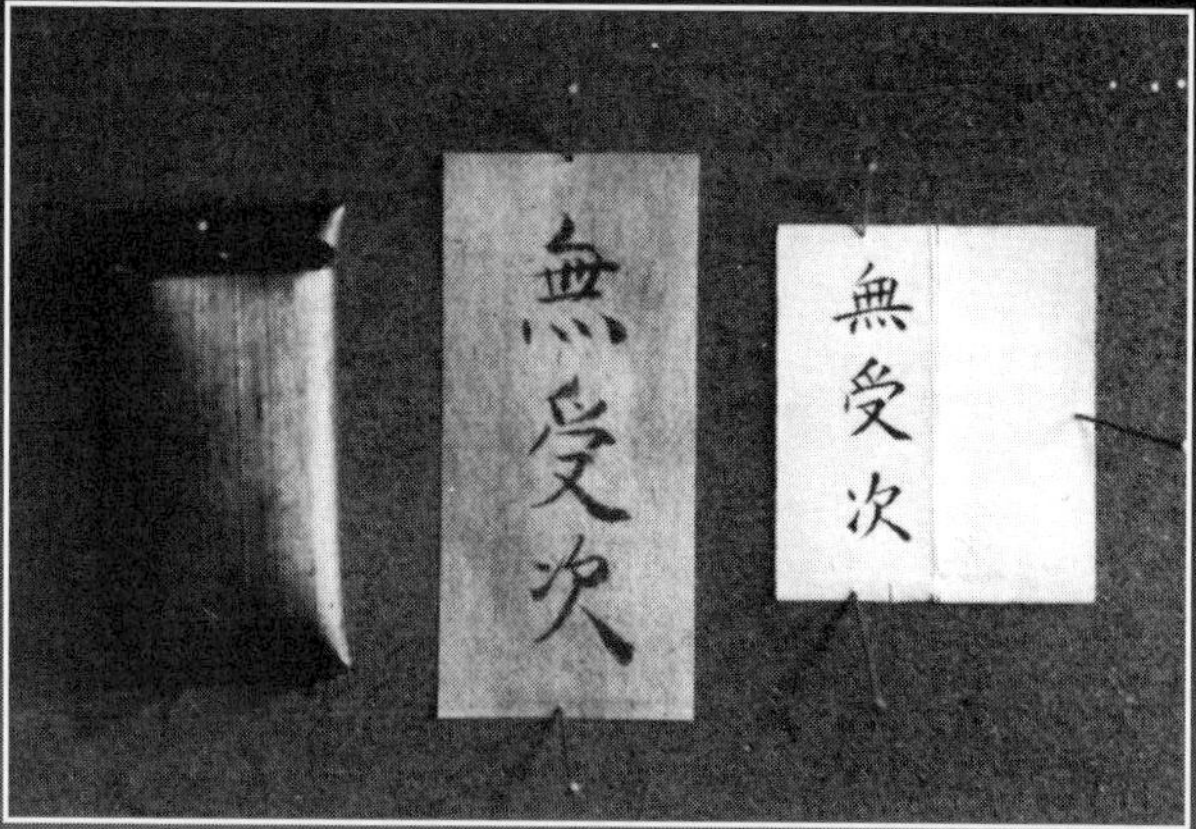

彩図社

【はじめに】

「リアル神様」を検証した話

ASIOS代表　本城達也

あれは2017年のことでした。ASIOS（アシオス）に検証の依頼がきたのです。内容は、「リアル神様」と呼ばれるすごい超能力者がいるので、検証をしてもらえないか、というものでした。

リアル神様……。なんと興味をひかれる存在でしょうか。

さっそく依頼主に連絡をとってみると、その方はヒーリング・サロンのオーナーで、リアル神様は彼女のサロンでカウンセラーのようなことをやっているとのことでした。ASIOSに検証の依頼をしたのも、研究者のお墨付きがほしいからという理由がありました。

そして、リアル神様の超能力についても、驚くような話が聞けました。

思いどおりに人を創ったり、見聞きしたことから世界中のニュースを創ったりするなど、神様らしく簡単には真似できない創造系の超能力が得意だというのです。

しかし、さらに詳しく話を聞いてみると、創造の瞬間は私たちにはわからないといいます。人の場合は記憶も何もすべて一緒に創られているため、本人はもちろん、周囲の人たちもリアル神様に創造されたとは気づかないのだそうです。

それでは検証のしようがありません。

一方、ニュースを創る話は、リアル神様が話したこと、体験したことが反映されるといいます。たとえばアニメで船の事故のシーンを見たら、韓国の鉱石運搬船が遭難したというニュース。焼肉で炭の火を見たら、フランスのお祭りで火事が起きたというニュース。

しかし、私でも次のようなことがありました。映画で軍艦が出てくるシーンを見たら、翌日、アメリカ軍の軍艦がニュースになる。焼肉を食べに行って火柱があがったら、翌日、自分と同い年の人が犠牲になった火事がニュースになる。

私はリアル神様と同じ超能力を持っていて、ニュースを創ったのでしょうか?

そうは思いません。

映画にはたくさんのシーンがありました。焼肉を食べに行った日も、それ以外の日も、私は毎日様々な事象を経験しています。つまり「多くの出来事」と「多くのニュース」を後から関連づけることは簡単にできてしまうということです。

それでも、まだリアル神様には特別な能力があるといいます。

そこで、今度はこちらから簡単な予備テストを提案しました。確度の高い天気予報が気象庁から発表されたときに、実際の天気を変えてもらうというテストです。

ここでは細かい話を省きますが、対象は気象庁がある東京都千代田区の大手町の天気として、条件は次の3種類にしました。

①予報で晴れとなっている天気を雨に変える。
②予報で雨が降ることになっている天気で雨を降らさない。
③予報で最高気温が30度以上となっている日の気温を24度以下にする。

テストは合計5回行いました。しかし残念ながら結果はすべてはずれでした。①では雨がまったく降らず、②では降り、③も30度以上の真夏日だったのです。

結局、「リアル神様」は超能力を示せませんでした。でも、今回、久しぶりに活動状況を確認してみたところ、今は参加費が10万円前後のセミナーや食事会などをやっているようです。彼の超能力を信じる人は、それなりにいるということなのでしょう。

世の中には、ここで紹介したリアル神様のような、周囲からも超能力を持つと信じられている人たちがいます。有名になり、伝説化した人もいました。

そういう人たちは、本当に特別な力を持っているのでしょうか?

本書は、そのような疑問にできるだけ答えようと、古今東西の超能力者、あるいは予言者、創始者と呼ばれる人たちを集め、その生い立ちから振り返って調べてみたものです。

とはいえ調査は簡単ではなく、言語の問題で情報が得にくい場合もありました。忖度《そんたく》をしない懐疑的なスタイルでは、当事者に取材できない場合もあります。また、個人的な逸話も多く、後からでは検証のしようがない場合もあります。

それでも、できるだけ事実とそれ以外を選り分け、問題点があれば指摘し、こうしたジャンルに興味をお持ちの方々の一助となるように努めたつもりです。

はたして、本物の超能力者と呼ばれる人は実在するのか。

まずは本書をお読みいただいて、じっくり考えていきましょう。

2020年　10月

『超能力事件クロニクル』〜目次〜

■おことわり

各項目の並びは、その人物や事象がもっとも話題になった年を基準にしています。

また、本文中、超能力関係の専門用語には「※」印をつけ、巻末の「超能力用語集」で解説しました。一方、参考文献欄で「※」印がつけてあるものは、Webの記事であることを示しています。

【第一章】

1940年代以前の超能力事件

【PSI事件01】

長南年恵

女生神

Toshie Osanami
1862~1907
Japan

1900（明治33）年12月12日、神戸地方裁判所（以下、神戸地裁）法廷——。

被告への訊問を型どおりに終えると、中野岩栄裁判長は、被告の長南年恵《おさなみとしえ》（37歳）につぎのように提案する。

「被告はこの法廷においても神水を出すことができるか」

「おやすいことでございますが、ただちょっと身を隠す場所を貸していただきたい」

年恵がこう応じたため、公判は一時休廷。裁判官らは協議して、おりから新築中の裁判所の弁護士詰所を選び、詰所の電話室（電話機は未設置）を掃除して、「身を隠す場所」に当てることとなった。

年恵は、裸にされて着衣などを検査され、裁判長自ら封印した2合（360cc）の空《から》ビン1本を手渡された。衆人監視のなかで年恵は、静かに電話室に入っていった。

弟の雄吉《ゆうきち》が持っていた時計で計測すると、ちょうど2分が経過したときに、電話室内部から「コッコッ」と合図の音が聞こえた。扉が開けられると年恵は、「茶褐色の水」の充満した2合ビンを片手に出てきた。ビンは元のまま、裁判長による「密栓封印」がされた状態だった。

公判は再開。回収された2合ビンは裁判長の机上におかれたまま、裁判長と被告（年恵）との間でつぎのようなやりとりがあった。

「この水はなんの病気に効くのか」

「万病に効きます。とくに何病に効く薬と神様にお願いしたわけでござりませぬから……」

「この薬をもらっておいてよろしいか」

「よろしゅうございます」

　訊問は終了し、即刻、無罪が宣告された。

　この著名なエピソードは後年、雄吉が心霊研究家・浅野和三郎に語ったもので、〝神水湧出《ゆうしゅつ》〟成功によって年恵は、「法廷（裁判所）が認めた霊能者」の名声を得た。

　はたして、長南年恵は超能力者だったのだろうか。

山本鈴美香『微笑別冊　超能力者列伝 長南年恵の生涯』（祥伝社、1984年）。『微笑』314～322号までの連載をまとめた、長南年恵の半生記。宗方仁ばりの美形、長南雄吉が1892（明治25）年、鶴岡に帰郷するところから物語は始まり、1900（明治33）年、年恵が上阪するまでを描く。

■おもな経歴と「霊能力」発現

　生い立ちからみておこう。戸籍によると長南年恵は、１８６２年12月17日（文久２年10月26日）、現在の山形県鶴岡市上畑町《かみはたまち》（旧高畑町）に生まれている（戸籍名は「登志江《としえ》」であるが、以下「年恵」で統一）。旧幕時代の長南《ちょうなん》家は、13石３人扶持《ぶち》という庄内藩（酒井家14万石）の御給人《おきゅうにん》（下級武士）だった。年恵は４人兄妹で、２人の兄と弟があった。後年、姉を大阪に呼び寄せることになる雄吉は、１８６８年５月13日（明治元年４月21日）の生まれで、年恵とは５歳違いの弟だった。

　長南家は明治を迎えると没落し、１８８３（明治16）年６月には、家屋敷を譲渡し転居（最上町の小竹重朝方）。１８８５（明治18）年頃（１８９１年

晩年の長南年恵。1906〈明治39〉年9月撮影（『霊人の証明』中央アート出版社より）。このとき年恵43歳。

頃とも）、小竹家の向かい側にあった祖母の実家・千葉家に転居している。年恵には就学や就職経験もない。長山小路の岸本家に、手伝いに行っていたことが知られるだけである。修行した事実もないが、寺社には熱心に通うほど敬神家だったらしい。

25歳のときに年恵は、荒町の日枝神社（鶴岡市山王町。長南家の氏神）で初めて、大筆・小筆の「物品引き寄せ」をおこなったといわれる。この頃から身辺には、不可思議な現象が起こりはじめる。

1892（明治25）年頃、最上町の千葉家から八日町（現在の陽光町）の借家（渡部兵助所有）に越しているのは、年恵の周囲に信者や病気治しの「霊水」を求めて人びとが集まり始め、手狭になったからだろうか。地元だけでなく、最上、村山地方からも評判を聞いて大勢が訪れ、なかには泊まりがけでくる人もあったという。

人が集まることで、騒動も起きる。年恵は、みだりに吉凶《きっきょう》禍《か》福《ふく》を説いて愚民や世間を惑わしたという「詐欺」の嫌疑で、1895（明治28）年7月から60日間、翌年にも10月10日から7日間、山形県監獄鶴岡支署監房内に拘留されてしまう。この収監中、年恵の周囲では、不思議な現象が頻発したとされる。前署長・有村実礼の求めで、神水1ビン、守札1個、経文（一部）、散薬1服を出現させて贈り、蚊帳《かや》を吊らないのに蚊に食われなかった、入浴していないのに芳香がしたとか、神がかりした年恵の周囲の空中から「笛声鳴物《てきせいなりもの》の音」が聞こえてきたこともあったという。年恵は60日間の拘禁期間中、一切の排泄行為（排便と排尿）がなく、ほぼ絶食状態となっている（「事実証明願」）。

弟の雄吉は拘禁に憤慨。鶴岡支署長宛てに「明治32年9月21日付」で「事実証明願」を提出し、8項目にわたる不可思議現象の事実確認を求めた。しかし、「証明を与ふるの限りに在らざるを以て却下す」として審理もされず、門前払いを食っている。

心配した雄吉は1900（明治33）年、伊勢参宮を口実に年恵を大阪に呼び寄せる。5月上旬に鶴岡を発ち、伊勢・高野山を経て年恵は大阪に現れる。雄吉によると、信者（取り巻き連）たち3、4人もついてきていた。年恵は大阪市東区空堀通にあった雄吉宅に同居すると、「惟神《かんながら》大道教会本院長長南少教仮寓所」の標札を掲げ、「神水」授与や加持祈禱《かじきとう》をおこないだす。年恵は鶴岡では〝極楽娘〟と呼ばれていたが、大阪では〝女生《おんないき》（活）神《がみ》〟、〝玉造《たまつくり》どんどろの女活神〟として評判をとっていたようだ。

毎日、15、16人くらいが詰めかけ、初穂料や神水料を払っていた（『大阪朝日新聞』明治33年6月17日付）。ここでも愚民を惑わしたとして、玉造警察分署に家宅捜索されている。神水に薬剤を混入していたことも発覚し、年恵は拘留処分となる。雄吉は

千葉家に同居時代、年恵の部屋に飛び込んできたカワセミが落としていったという通称「かわせみのお札」。八幡宮（八幡神）の馬上姿を描く。（千葉家蔵、『霊人の証明』より）。

長南年恵と側近の信者たち。1897（明治30）年酒田にて撮影（『霊人の証明』より）。すでに年恵の周囲には信者連が形成されており、大阪でも年恵とともに活動していたようだ。

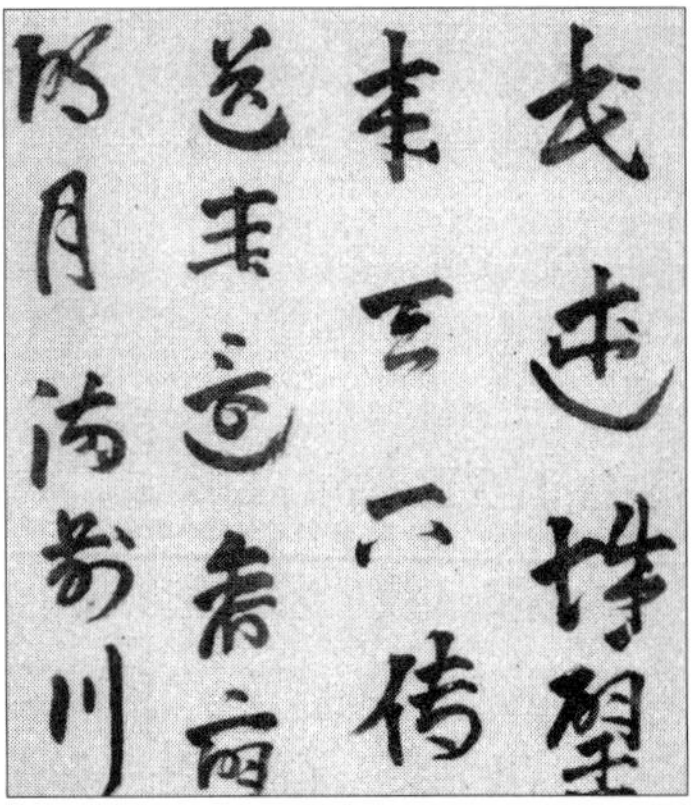

千葉直操が八日町の借家の長南家を訪れた際、長南年恵が神がかりして自動書記したとされる「弘法大師の御真筆」（千葉家蔵。『霊人の証明』中央アート出版社より）。『唐詩選』の一節ともいわれる。年恵が神がかりした際には、千葉は音楽現象が起こったという。

手続きの不服を申し立てて警察を提訴し、裁判に発展。神戸地裁における「神水裁判」に出廷した。翌年、年恵は鶴岡へ帰っている。帰郷後も神水授与などの宗教活動を続け、1907（明治40）年10月29日、帰幽している。

■〝神水湧出〟現象の実際

※アポーツ現象（音楽現象・芳香現象を含む）、予言、※予知、自動書記、※テレパシー、酒や水を一瞬で熱くする〝お手かざす行法〟など数々のエピソードが知られているものの、年恵がもっとも得意としたのは、〝神水湧出〟と〝神札（護符）降下〟だった（岡田建文『心霊不滅』）。いずれも無から有を生じさせる、「アポーツ現象」の一種である。その能力発現の最高潮は、1892（明治25）年から1907（明治40）年頃までの十数年間のことだった（田中千代松『第四の世界』）。

　ここでは、この時期におこなわれた二つの〝神水湧出〟事例から、年恵の「霊能力」を推理してみたい。事例のひとつは、1900（明治33）年7月7日におこなわれた雄吉の自邸（空堀町）での〝神水湧出〟（以下「事例1」と表記）、もうひとつは同年12月12日に神戸地裁第2仮庁舎（神戸市兵庫区）で実施された〝神水湧出「実験」〟である（以下「事例2」と表記）。いずれも雄吉の証言と新聞記事が残されている。

　事例1は、四畳半の部屋に設けられた二畳台（畳二枚分の厚さの台。重ね畳）上の三方《さんぽう》（神事用の供物を載せるための台）に木栓をした新しい空薬ビン（目盛り付き）を載せ、その前に着座した年恵が神水を湧出させるという形でおこなわれた。見学した記者は手前の八畳間から、襖の開け放たれた年恵のいる奥の四畳半を望見するという位置関係となる。

事例2は、用意された空きビン（小ビン、2合ビンとも）を持った年恵を弁護士詰所の電話室（電話機は未設置）に閉じ込める形でおこなわれた。見学者は当然ながら、電話室の外（詰所内）で待機するということになる。

いずれも〝神水湧出〟には成功している。事例1では、午前11時30分にはじまり、午後3時30分に神水が湧出、この間4時間もかかっている。対して事例2では、電話室に入って「五分」（雄吉の証言では「二分」）で成功している。

二つの事例から、ふだん〝神水湧出〟は人目に触れる場所ではなく、ブラインド（見えなくする）状態でおこなわれていたことがうかがえる。事例1で取材にあたった大朝記者は信者から「平常襖《ふすま》を隔て丶神水が下るのが二十分位」かかるが、襖を開けて「見えて居《い》る処」だから「三時間半」（実際は4時間）もかかったと説明されている。事例2で年恵が「一寸《ちょっと》身を隠す場所を貸して戴《いただ》きたい」と申し出たという雄吉証言もそれを裏書きする（『大阪毎日新聞』にはないが、年恵が希望しなければ人前での実験となっただろう）。

事例2では、いちおう事前に服装や実験場所となった電話室内部のチェックがおこなわれているものの、事例1ではそれもない。遠目（1・7メートル程度か）に四畳半に着座した年恵の後ろ姿を拝するだけで、手元は常に死角となっていた。実験場所（四畳半）の右側の部屋の襖を開放すれば、手元は見えたはずであるが、ここは事前に「清めた」と言って記者を入れないばかりか、ふだんから立ち入り禁止となっており、なかはブラックボックス化していたのだ。また、当日の雄吉の動きも不自然で、三方上にあったビンを年恵の手の上に乗せたり、年恵のとなりに座ったり、湧出したビンを掲げて見せるなど、客観性を台無しにしている。年恵が渡されたビンを1時間も胸に抱いていたのも、大きな問題である。事例1ではトリック介在の可能性を排除できない。

■「神水」は尿だったのか

それでは、湧出した「神水」からはなにかわからないだろうか。事例2について、大毎記事には、小ビンには「濃黄色を帯びたる肉桂水」のようなものがいっぱいに入っていたとある。「肉桂水《にっけいすい》」とは清涼飲料水のニッキ水（ニッキを砂糖と一緒に煮込んで冷やしたもの）のこと。目撃した弁護士のなかから口から出したものじゃないかという意見も出たものの、小ビンのなかの液体は、「色こそ少し茶色を帯びたれ、透明液にして口中より吐きたるものとは認め難」かったと、記者は記している。

これに対して、検証を試みた原田実氏は、事例1で、「これは神さまの水では無くて人間の製造した水」「年恵女の身体が作る水」という記者の印象、神水で一杯になったビンは触れると生温かく、葡萄《ぶどう》酒のような色がついていたというところから、年恵の小便（尿）であることを示唆しているという。ただ、大朝記者は以前に「警察署で分析したのは普通の水薬だつた」（『大阪朝日新聞』明治33年7月11日付）という報道もあったために、この説を採らなかった。原田氏も後述する記者の考えたトリックでも、他のトリックで水を持ちこむことも可能だったとする（「不食の聖者、長南年恵」）。

事例2でも原田氏はトリック可能と判断されたが、神水の中身については特定されなかった。事例1と同様に「水」だと考えられておられるのかもしれない。本城達也氏の検証結果はもっと明確で、神戸地裁の「実験」に関しては「尿」説を提出された（「法廷で認められた神通力『長南年恵』」）。

事例2の場合、たしかに「尿」なら色の問題もない。健康な尿の色は「淡黄色から淡黄褐色」、あるいは「むぎわら色」とも形容されるからだ。また、尿には臭いのイメージがつきまとうが、排尿直後のものはほとんど臭わない（ただし、時間をおくと細菌が増殖し、アンモニア臭がしてくる）。年恵は密室を利用して採尿し、何食わぬ顔をして出してきたことになる。はたしてそんなに都合よく5分程度で排尿し、綺麗に小ビンに収められただろうか、という素朴な疑問を持つが、習熟すればあるいは可能だったのかもしれない。

　ただこれは事例2では使えても、事例1では無理だろう（本城氏も「尿」ではない、大朝記者の唱えるようなトリック説を支持されている）。四畳半に着座した正座状態のままでは、採尿が難しいうえに、すぐに飲んでくれればいいが、数時間後だと臭いで尿だと発覚する恐れもある。授与本数が増えれば、そのリスクは当然高くなる。すべてが「尿」だったとは、たしかに考えにくいのである。

　別の補強材料もある。年恵の世話役だった岸本某なる人物による『御神水御授覚』（明治34年改）の存在である。浅野和三郎によると、『御神水御授覚』は患者が持参した薬ビンに「神水」を授与された日記帳で、１９０４（明治37）年までの4年分が残っていた。『御神水御授覚』には1日、少ないときで12本、もっとも多いときには40本（明治35年6月23日付）という記入があった。月平均１００本内外が授与されていたことになるという（「霊媒の話」）。

　1日40本分も排尿できただろうか。仮に３６０cc入りのビンに３００cc入れたとすると、１２０００cc（12ℓ）にもなる。成人1日の総排尿量は牛乳パック1～2本（1～2ℓ）程度というデータもある（「排泄の基礎知識（排尿編①）：数字で見る排尿

長南年恵のもっともまとまった伝記、浅野和三郎『続幽魂問答／長南年恵物語』（心霊科学研究会、1930年）。『心霊界』創刊号（1924年２月）に発表された、「長南年恵の奇蹟的半生」を改題して附録として収録。写真は1968年刊行の第５版。

の基本」）。これにさまざまな色の水も出させたという話を加味するなら、突発的な神戸地裁のような場合、「尿」を使い、ルーティンワークとしてはもっと効率のよい方法を採っていた可能性を示唆しているのだろう。大朝の取材記者は事例1に関して、年恵が常用の腹巻中に各種の薬水の入った袋（たとえば管つきのゴム袋）を入れていて、腹を押して薬水を出す、といった仕掛けを想定している。年恵はときに使い分けて、〝神水湧出〟をおこなっていたのだろう。既存の資料からはこれ以上の分析や断定は難しい。さらなる資料の発掘を期待したい。

なお、事例2の「神水裁判」の無罪判決は、裁判直後に報じた『大阪毎日新聞』によるかぎり「証拠不充分」によるもので、「実験」とは直接関係はなかった。「実験」は公判終了後、弁護士連の要請でおこなわれたものだった。そうなると年恵は、「法廷（裁判所）が認めた霊能者」ではなかったことになる。

（藤野七穂）

【おもな参考文献】
『大阪朝日新聞』明治33年6月17日付第5面・6月19日付第5面・6月29日付5面・7月8日付第5面・7月9日付〜7月11日付各第9面・7月12日付第9面・8月7日付第9面
『大阪毎日新聞』明治33年12月14日付第7面
浅野和三郎「長南年恵物語補遺」『心霊と人生』第10巻第7号（心霊科学研究会、1933年7月）
浅野和三郎編『心霊文庫第三編　続幽魂問答／附録長南年恵物語』（心霊科学研究会、1930年9月）
岡田建文『心霊不滅 4版』（万里閣書房、1930年）
浅野和三郎『心霊学より日本神道を観る』（心霊科学研究会、1938年）
田中千代松『第四の世界―心霊現象のなぞをとく』（講談社、1960年）
丹波哲郎『霊人の証明――続々丹波哲郎の死者の書』（中央アート出版社、1983年）
中村就一『長南氏の研究』（全国長南会、1987年）
丹波哲郎『霊人の証明』（角川文庫、1991年）
原田実「不食の聖者、長南年恵」『謎解き超常現象』（彩図社、2009年）
※本城達也「法廷で認められた神通力?『長南年恵』」（超常現象の謎解き）
※「『尿』で知る腎臓の病気」（大塚製薬HP）
※「あれ!　おしっこがヘンだぞ?」（栄研化学HP「私たちと臨床検査」）
※巴ひかる監修「女性の頻尿と尿失禁　診断と治療」（日本新薬HP「中高年のおしっこの悩み」）
※「排泄の基礎知識（排尿編①）：数字で見る排尿の基本」（介護にプラス Live + Do　HP　最終閲覧2020年8月24日）

【PSI事件02】

御船千鶴子

伝説の千里眼

Chiduko Mifune
1886~1911
Japan

御船《みふね》千鶴子《ちづこ》は明治時代の末期に活動していた日本の超能力者。得意としていたのは透視※。日本では透視能力者のことを「千里眼※（せんりがん）」と呼ぶが、千鶴子の代名詞がまさにその「千里眼」だった。

エピソードとしては、1910（明治43）年に行われた東京の実験で、透視対象物のすり替えが起きた事件が有名。

メディアで扱われる際は、その事件以降、頭の固い学者などから大バッシングを受け、自ら命を絶った悲劇のヒロインとされることが多い。

またこうしたイメージから、ベストセラー小説『リング』に登場する主要キャラクター・山村貞子の母親で、不見識な学者に非難されて命を絶った超能力者・山村志津子のモデルにもなっている。

■主な略歴

御船千鶴子は1886（明治19）年、熊本県宇土《うと》郡松合《まつあい》村（現在の宇城《うき》市）で生まれた。

高等小学校卒業後、鶴城学館女子部に入学。そこで当時、教師を務めていた嘉悦孝《かえつたか》（嘉悦大学の創立者）の寵愛《ちょうあい》を受ける。しかし、そのことで同級生に妬まれ、様々な嫌がらせを受けてしまい、やむを得ず退学。

「千里眼」と呼ばれた御船千鶴子（『透視と念写』より）

１９０８（明治41）年には陸軍の中尉、河池《かわち》可兼《かけん》と結婚。けれども、わずか３週間後に河池が満州に赴任することとなり、１９１０（明治43）年４月に協議離婚へと至る。

超能力の方は、１９０８（明治41）年７月、姉の夫で義兄の清原猛雄が行っていた催眠術により、はじめて透視ができるようになったという。

以降、透視能力者として目覚めた千鶴子は、次々と透視を的中させ、熊本の千里眼として知られるようになっていく。

ただし、千鶴子が全国的に知られるようになるのは、１９１０（明治43）年のことである。

実は前年の５月、義兄の関係者が上京した際に、当時、催眠術の研究者として知られていた東京帝国大学（現在の東京大学）の福来友吉《ふくらいともきち》博士のもとを訪問。熊本にすごい超能力者がいるから、ぜひ実験してほしいと願い出ていた。

福来博士はこれに応じ、１９１０（明治43）年２月から、千鶴子の実験を開始。同年９月には東京で学者たちや新聞記者たちを集めて大々的な実験を行う。さらに同年11月には熊本で難易度を上げた実験も成功させる。

ところが１９１１（明治44）年１月18日、突如、千鶴子は染料用の重クロム酸カリウム（二クロム酸カリウム）を服毒。翌19日に帰らぬ人となってしまった。

■疑問が多かった千鶴子の透視

千鶴子は、福来博士が実験した最初の超能力者で、冒頭でも紹介したように「千里眼」とも呼ばれる透視を得意としていた。

けれども、千鶴子が行う透視には致命的な欠点があった。透視する際に手元を見せないのである。

そもそも福来博士が最初に行った1910（明治43）年2月の実験のときは郵便によるやり取りだったため、手元はおろか、姿さえ見えないという状況だった。

東京帝国大学の心理学助教授だった頃の福来友吉博士（『透視も念写も事実である』より）

しかも千鶴子は、福来博士から送られてきた全部で19個の透視の対象物（名刺を袋に入れてノリづけしたもの）のうち、わずか7個しか返送していない。残りは居眠りして、火鉢に落とすなどしたという不可解な弁解をしている。

これでは開封に失敗し、返送できなくなってしまったのではないか、という疑問がわく。

また、同年4月10日から15日に熊本で行われた実験と、9月2日から5日に京都で行われた実験では、千鶴子は立会人と別の部屋に襖《ふすま》を開けた状態で入り、背を向けるスタイルを取っていた。

もちろん、これでは手元が見えない。だが場合によっては襖を閉じて姿さえも見えない状態で行われることもあった。

しかも千鶴子の透視が成功するときは、いつも対象物をノリづけの封印にした場合のみ。木の箱に入れて釘を打ったり、立会人のポケットに入れたりした場合は、失敗するか実験自体を断っていた。

東京高等師範学校（現在の筑波大学）の後藤牧太教授は、千鶴子の実験でよく使われたものと同じ、ノリづけした紙に認印を押したものを作り、開封可能か実験している。

1910年4月13日に熊本で行われた実験で使用された茶壺と、それを収めるための木箱。木箱には紙でノリづけの封印がされた（『心霊と神秘世界』より）。

それによれば、ツバで濡らして紙封をはがすのに42秒、認印を合わせるのに1分半、肌にあてて乾かすのに4分、合計6分半で開封可能との結果を得たという。また、紙の封を十文字にして開封箇所が増えた場合は約8分かかるとしている。これらの時間は、千鶴子が透視の実験で必要としている時間とほぼ同じである。

彼女は本当に「透視」をしていたのだろうか？

■東京での二つの実験

実は前項のような疑念を持たれることは、福来博士も理解していた。そこで、1910（明治43）年9月14日の東京の実験では、ノリづけとは違う方法が採られた。

薄い鉛《なまり》の板を使う方法である。これは、透視の対象となる物を薄い鉛の板で包み、端をハンダ（溶かして溶接に使う合金）でふさいだものだった。

これなら簡単には開封できない。実験のときは、その鉛の包みの中に三つの漢字が書かれた紙を入れたものが20個用意された。千鶴子が透視するのは、そのうちから選ばれた1個である。

実験は3回行われたが、1回目は成功、2回目、3回目は失敗だった。しかし最初のときは、前日に練習用として渡されていたものを、無断で本番用とすり替えていたことが後日判明。結果的にその場で透視できたものはひとつもなかった。

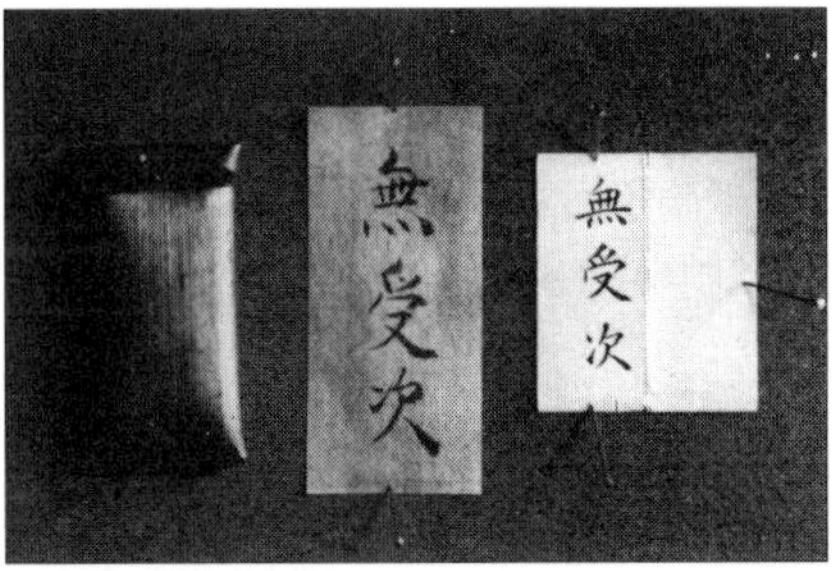

左が実験で使われた鉛の包み。これに漢字が三つ書かれた紙が入れられていた（『日本「霊能者」列伝』より）。

なお、近年のメディアで千鶴子が取り上げられる際は、この東京での実験で同席した学者たちが千鶴子を責め立て、険悪なかたちで終わったかのように紹介しているものが多いが、そのような事実はない。

そもそも実験のときは、なぜ本番用とは違うものが紛れ込んだのか、誰もわからないまま終わっている。すり替えがわかったのは、当日の夜だった。宿に帰ったあと、福来博士と千鶴子が話し合った際、千鶴子本人から、本番用は透視できなかったので、持参していた練習用の方を出してしまったと話があったのだ。

この話は翌日に報告されたが、参加した学者たちは誰も千鶴子のことを責めていない。それどころか、日を改めて9月17日に行われることになった実験で

東京の実験で中心的役割をはたした東京帝国大学元総長の山川健次郎。頭の固い意地悪な否定派だと思われていることが多いが、実際の山川は実験で非常に紳士的な対応をしていた（『男爵山川先生伝』より）。

は、千鶴子が普段やり慣れている方法がいいだろうからと、ノリづけの方法が選ばれ、鉛の包みは使われなかった。

その結果、透視は成功。実験後には学者たちが楽しげに話し合う輪に千鶴子も入って、安心した様子を見せていたという。

このように現実の動向は、近年のメディアで紹介される話と違っているため注意が必要である。

■最後となった熊本での実験

さて、東京での実験は失敗と成功の両方の結果に終わった。しかし、どちらの実験でも共通していたのは、千鶴子が透視の際、別室で立会人に手元を見せないやり方をしていたことだった。

これでは、いつまでたっても疑念を晴らせない。そこで、どうにか正面を向かせることはできないかと企画されたのが、1910（明治43）年11月17日と18日に熊本で行われた実験である。

このときは、18日の午後の実験で、はじめて千鶴子が手元を隠さず透視に挑戦している。対象となったのはサイコロ。これを二つ、タバコの箱に入れ、数回振る。それから千鶴子に渡し、箱の中で上向きになっている二つのサイコロの目を当てるという内容だった。

千鶴子は、これを5回行い、そのうちの3回的中させた。福来博士によれば、ひそかに開封するといったトリックが使えない状況で、3回の的中は透視によるものとしか考えられないという。

たしかに、手元を隠させないトリック対策は良かった。けれども、このときの実験では他の対策が甘く、透視以外の推論でも当てられた可能性がある。

どういうことか。サイコロはタバコの箱のように小さいものでは振ってもよく回らず、同じ目が続けて出てしまうことがある。この場合、前に出た目がわかれば、同じ目を答えることで的中する可能性が高くなる。実際、実験では「5」の目が4回連続、「2」の目も2回連続で出てしまっている。的中したのは、この連続で出たうちの3回だった。

しかも実験のときは、1回ごとに箱を開けて正解を確認している。そのため、2回目以降は前に出た目がわかった状態で答えられるが、千鶴子は1回目と2回目を外したあと、3回目以降で正解していた。これではやはり、透視以外の推論による可能性を排除できない。結局、福来博士の確信とは裏腹に、千鶴子の実験結果は超能力によるものとは言いがたいものばかりだった。

■死の原因は何だったのか

最後に、千鶴子の死の原因について書いておきたい。関係者への詳しい取材を行っている『九州日日新聞』などによれば、主に次の二つの理由が考えられるようだ。

①父親との確執

父・秀益《ひでます》との間にあった確執。きっかけは東京での実験で、これが全国紙で連日取り上げられたことで千鶴子の知名度が上がり、その頃から秀益が千鶴子を利用した金儲けを考えるようになったという。

当時、千鶴子は義兄の清原猛雄の自宅で希望者を相手に透視を行っていたが、東京から戻ってからは、秀益が千鶴子を実家に呼び寄せ、透視を行わせるようになっていた。

こうした身勝手なやり方に千鶴子は不満を募らせるが、父と義兄の間では金銭問題のトラブルも発生。千鶴子は清原家との間で板挟み状態となり、非常に悩んでいる様子が見られたという。

②姉との不和

次に、姉の真留子《まるこ》との関係。彼女は義兄の清原猛雄の妻だが、その猛雄は千鶴子のマネージャー的な役割を果たしており、傍《はた》から見た猛雄と千鶴子には、まるで夫婦のような仲の良さがあったという。

だが、そのことで真留子と千鶴子の間には軋轢《あつれき》が生じ、仲が悪かった。さらに当初、千鶴子しかでき

千鶴子とその親族。前列の左が清原猛雄。後列の中央、白いヒゲをたくわえた人物が御船秀益。後列の左から二人目が千鶴子（『目で見る 宇城・上益城の100年』より）。

なかった透視が、猛雄の誘導によって真留子もできるようになると千鶴子が嫉妬。

毒を飲む3日前の1月15日には、真留子の透視のことを取り上げた新聞を猛雄が千鶴子に見せたところ、不愉快そうな顔をしながら、「姉さんがお出来になるなら、もう私が来る必要はありませんね」と言って非常に怒り出していたという（当時、千鶴子は父に願い出て週に2日だけ清原宅に来ていた）。

実は、このような親族間の問題があったことは、福来博士も知っていた。亡くなる前年から、悩んでいる様子がたびたび見られ、千鶴子からは、一人で東京へ逃げて行きたいといった手紙が送られてきたこともあったという。

また、ほかにも親族の問題を証言する人物がいる。千鶴子の理解者だった熊本県立中学済々黌《せいせいこう》の校長、井芹経平《いせりつねひら》である。井芹は、1911（明治44）年1月15日に千鶴子と面会する機会があった。その際、彼女は、「姉の真留子ごときも（透視が）出来るようになれば、自身はもはや社会に無用の人物となりました」と嘆いていたという。やはり、親族の問題は千鶴子を追い詰めたようである。

ちなみに、そのほかの理由としては、透視能力者を批判する新聞記事を読んだことで絶望したからだという話もたびたび見かける。

だが、それはどうだろうか。実は千鶴子は重クロム酸を飲んだあと、すぐに亡くなったり、危篤状態になったりせず、半日ほど小康状態が続いていた。

その際、集まった親族からは、何か言うことはないかと問われたが、千鶴子は、「いいえ、何も申し上げる事はありません」と答えているのだ。

もし、なにがしかの記事を読んだことで服毒を思い立ったというなら、そのことを理由として話してもいいはずである。

しかし、彼女は理由について何も言わなかった。

本当は「言えなかった」のではないだろうか？親族の問題が理由なのであれば、そのとき亡くなるかわからない状態で話すことは、さらなる問題を引き起こしかねない。だからこそ、言えなかったと考えられるのだ。

いずれにせよ、千鶴子は自ら死を選ぶかたちで亡くなってしまった。悔やまれる最期である。

（本城達也）

【参考文献】

福来友吉『透視と念写』（福来出版、1992年）

福来友吉『心霊と神秘世界』（心交社、1982年）

寺沢龍『透視も念写も事実である』（草思社、2004年）

後藤牧太「千里眼婦人の実験について」『東洋學藝雜誌』（東京社、第27巻350号、1910年）

「十博士と千鶴子」『東京朝日新聞』（1910年9月16日付け、第5面）

「千里眼の失敗」『読売新聞』（1910年9月15日付け、第3面）

「透覚実験の間違」『東京朝日新聞』（1910年9月17日付け、第5面）

「十四博士の驚嘆」『東京朝日新聞』（1910年9月18日付け、第5面）

「透覚の研究（一）」『東京朝日新聞』（1910年9月19日付け、第5面）

小熊虎之助『改訂版 心霊現象の科学』（芙蓉書房、1983年）

「熊本の千里眼婦人御船千鶴子 劇薬を仰いで自殺す」『九州日日新聞』（1911年1月20日付け、第3面）

「千里眼自殺の原因は何か」『九州日日新聞』（1911年1月21日付け、第3面）

「千里眼 千鶴子自殺す」『読売新聞』（1911年1月20日付け、第3面）

【PSI事件03】

クレバー・ハンス

超能力動物の先駆け

Clever Hans
1895~1916
Germany

第一次世界大戦前、ドイツに人間並みの知能を持つというレベルを超え、超能力すら持っているのではないかと思えるほどの芸当を見せる馬がいた。名前はハンス。別名「クレバー・ハンス／Clever Hans（りこうなハンス）」と呼ばれるほど、大きな話題となった馬である。

■ハンスフィーバー

1900年頃、ハンスは様々な新聞や雑誌等で取り上げられた。この馬には思考力があると断言する記事も珍しくなかった。たとえば著名な動物学者であったカール・メビウス（Karl August Möbius）も、当時のベルリンを代表する通信社のヴォルフが発行していた『ナツィォナール・ツァイトゥング』誌上で、「この馬には数を数えたり計算する能力が備わっている」「その能力の根底をなすのは感覚的識別力と記憶力にほかならない」と明言している。さらには2編の専門的な論文まで出された。

ハンスは絵葉書やお酒のラベルに採用され、ハンスをモチーフにしたおもちゃも売り出された。ハンスの話題は海を越えアメリカにも渡った。『ニューヨーク・タイムズ（The New York Times）』では「ベルリンの驚異的な馬　話すこと以外はほとんど

19世紀末から20世紀初頭のドイツでブームを巻き起こした〝超能力馬〟クレバー・ハンス

何でもできる」として取り上げられている。

■パフォーマンスの内容

ハンスは数学や音楽の問題を解いたり、暦や時計の質問に答えたりできた。ハンスが答える問題は、足し算のように子供でもできる問題から、特定の日付の曜日、鳴らされた和音の構成音など、大人でも答えるのが難しい問題まであった。

ハンスは馬であるため声を使って質問に答えることはできない。代表的な答え方は、右前脚を踏み鳴らす方法である。計算問題では答えの数だけ脚を踏み鳴らす。アルファベットや音階など、数で表現できないものについても、番号を振って教え込んでいるため脚を踏み鳴らす回数で答えることができる。

また頭を振って答えるパターンや歩いて移動するパターンもある。「はい」は頭を縦に、「いいえ」は頭を横に振る。上下左右の方向で答える問題を出された場合は、その方向に頭を振る。一列に並んだ色布の列から指定された色の布を口でくわえて持ってきたり、人物や物の名前を言われてそこまで歩いていくといったものもあった。

フォン・オステン

ハンスの飼い主であるフォン・オステンは退職した教師である。彼が4年に渡って小学校の生徒にするような方法で根気強くハンスを「教育」した結果、このような能力を身につけたということだ。

■決してトリックではない

世間では「トリックである」「驚異的な記憶力の産物だ」、そして「本当に思考力や計算能力を持っているのだ」という三つの意見が代表的だった。中には、質問者の思考を読み取るテレパシーのような能力であると主張する者もいた。

だが、これらの意見は実際にハンスのもとを訪れた研究で得られた結論ではなかった。ハンスの現地調査を行った研究者はトリックの可能性について否定する場合が多かった。馬の調教に詳しい者、トリックに詳しい者が注意深く観察しても、オステンがハンスに対し一貫性のある合図を送っているようには見えず、オステン以外の者が質問しても正しい答えが得られる場合もあったからである。

後に非常に優れた謎解きを行った通称「ハンス委員会」が出した最初の報告（9月鑑定書、１９０４年9月12日付）は明確にトリック説を否定している。報告の結論は「トリックという推測は完全に否定せざるを得ない、と署名者たちは全会一致で確信するに至った」というもので、『ニューヨーク・タイムズ』では「専門家の委員会は馬が本当に思考するのだと結論付けた」と報道された。

これは報告書に対する典型的な理解ではあったが、ハンス委員会の結論としては不正確なものである。グループの結論を正確に表現するのなら、「意図的なインチキ（＝トリック）や、既知の合図を見つけられなかった」というものだ。

■ハンス委員会の謎解き

実はハンスのパフォーマンス〝自体〟はそれほど特殊でない。当時のサーカスでは馬や犬、ブタが見世物用に訓練され、似たような芸当を行っていた。ハンスのパフォーマンスもサーカス用に訓練された馬のレパートリーとほとんど変わらないのである。

前脚を踏み鳴らして答えるハンス

では、なぜハンスのパフォーマンスが驚異的なのか。

それはトリック、すなわち意図的な合図が見当たらないのにできることが驚異的なのである。

はたして、ハンスは本当に考えて答えを出しているのだろうか。ハンス委員会は徹底的な調査の結果、普通なら見落としてしまうような質問者の微細な動きにキーがあることを突き止めた。ハンスが脚を鳴らしたり、止めたりするのも、頭を振ったり、いずれかの方向に歩いたりするのも、実はすべて質問者が合図を送っていたのである。

トリックではないのに合図が送られていたとはどういうことなのか、それは質問者にも合図を送る意志はなく、自分が合図を送っているのに気づいていないということだ。その合図や反応には次のようなものがある。

①ハンスは質問者が前傾姿勢になると脚を鳴らし始める。
②頭をピクッと上げると叩くのをやめる。
③質問者の頭の動きを真似て頭を動かす。

④質問者が向いている方向に歩く。

これらの比較的単純な反応が驚異的な結果を生んでいたのである。ハンスが質問者の動作を見て反応しているだけだと気づかれなかったのは、合図があまりに小さかったことと、ハンスが馬であるため、どこを見ているのか、どれぐらいしっかり見ているのかが非常に分かりにくいという要因が大きい（逆に犬などの場合、あまりにも飼い主のことをしっかり見ているのが明らかなので、ハンスと同じようなことができてもそれほど不思議に見えない）。

■なぜ他人でも正解できたのか

ハンスはオステンの無意識の微細な動作に反応して特定の行動をとるように訓練されていた。だがそうすると、ではなぜオステン以外でも答えを得られたのか？　という疑問も浮かぶだろう。

それは、オステンが発していた合図が、誰もがとりがちな動作だったからだ。例えばハンスが脚を鳴らし始める合図となる前傾姿勢は、鳴らす回数をよく見ようとハンスの脚に目を向ける動作、頭がピクッと上がるのは正解の回数まで脚を鳴らしたことにより緊張が和《やわら》ぎ、力が抜けたことによる動作である。「はい」や「いいえ」という答えを期待しているときに自然に首を縦や横に振る仕草をしてしまったり、ある方向を意識したときに顔や目が動いたりするのも、多くの人が出しがちな無意識の動きである。これは「不覚筋動※（ふかくきんどう）」と呼ばれる。コックリさんやダウジング※なども、原理は不覚筋動によるものである。表情の筋肉なども不覚筋動により動くが、これを読めるようになると読心術も可能となる。

ちなみに、この文章を読んでいるあなたは手元のコントローラーの左右ボタンで車を動かすようなレースゲームをしたとき、車を曲げようと無意識で曲がりたい方向にコントローラーを動かしてしまったり、体を傾けたりしたことはないだろうか？

人は対象の行動を強く期待している気持ちのとき、無意識にその行動と似た動きをしてしまう。

ハンスはこういった種類の無意識の動きを捉えていたわけである。

■微細な合図に反応できるのか

ハンスに送られていた微細な合図とはどれぐらい小さかったのだろうか。脚を鳴らす動作を止める合図となるピクッとする動きについては、1ミリ以下の場合が多かった。これほど微細だったからこそ、周りで見ている人達は気づかなかったわけである。

では逆に、そんな微細な動きを捉えてハンスのような芸当を行うことは可能なのだろうか。ハンス委員会の主要なメンバーであったオスカル・プフングストは、質問者役の人を立て、自分がハンス役をやってみることで証明しようとした。

質問者役にできるだけ集中して特定の数を考えてもらい、プフングストは右手で質問者の頭がピクッと上がるまで机を叩き続ける。すると、叩いた回数は質問者が考えていた数と一致した。実験を何度も繰り返すと、大きめの数のときは＋1や－1の間違いが生じがちだった。この間違い方はハンスの間違い方と同じである。答えが上下左右、はい、いいえになる質問においてもプフングストは質問者が考えていた答えを当てることができた。

逆に、ハンスに質問してもどうしても答えを得られなかった質問者の質問は、プフングストも当てることができなかった。合図となる動きが出なかったからである。

■ハンスは本当に考えていないか

疑い深い人であれば、ハンスには合図が送られていたかもしれないが、その合図とは無関係に意思をもって答えを出しているのだという可能性を考えるかもしれない。しかし、実験結果からは否定的な答えを出すしかない。

プフングストは前傾姿勢と頭のピクッとした動きだけでハンスが叩き始めるタイミング、叩くことをやめるタイミングをコントロールできるようになり、前傾姿勢の角度によって叩くスピードすらコントロールできるようになった。そして、ハンスと質問者の動作の観察結果から、ハンスが間違った答えを出すときは、質問者が答えと違ったタイミングで合図となる動作を行っていることもわかった。

　このことは、ハンスが問題と関係なく、合図にだけ従って動いていることを示している。

■結論

　ハンス委員会の徹底的な調査により、ハンスのパフォーマンスは質問者の合図による芸当であることがはっきりした。なお、このケースがきっかけとなり、現在の心理学では「クレバー・ハンス効果」(Clever Hans Effect)、または「実験者効果」として広く知られている効果が発見された。現代では※対照実験において非常に重要な位置を占めている二重※盲検法が必要とされる根拠のひとつと言える。

　ハンス委員会の実験計画は、優れた対照実験の実例であり、近年もテレビなどで取り上げられる驚異的な記憶力や判断力を持つ犬などの動物の調査にも役立てることができる。逆にこのような調査を経ずには特殊能力だと結論付けることはできない。

（蒲田典弘）

【参考文献】

オスカル・プフングスト著、秦和子訳『ウマはなぜ「計算」できたのか—「りこうなハンス効果」の発見』（現代人文社、２００７年）

「BERLIN'S WONDERFUL HORSE; He Can Do Almost Everything but Talk - How He Was Taught.」『The New York Times』（１９０４年9月4日）

「"CLEVER HANS" AAGlever Hans" again. Expert Commision Decides that the horse actually reasons.」『The New York Times』（１９０４年10月2日）

※本城達也「超能力動物の先駆け『クレバー・ハンス』」（超常現象の謎解き）

【PSI事件04】

長尾郁子

日本初の念写能力者

Ikuko Nagao
1871~1911
Japan

長尾郁子《ながおいくこ》は山口県徳山市出身の超能力者で、透視や念写能力を持つとされる人物である。※

父は元徳山藩家老で廃藩置県後は毛利子爵家の家令（執事）桜井番香。夫は香川県丸亀市の裁判所監督判事・長尾与吉。郁子は毛利家の観月会《かんげつかい》において12歳で歌を献じた、など少女期から才女ぶりを示していたという。

■御船千鶴子の実験に触発される

1910（明治43）年4月、東京帝国大学助教授（当時）福来友吉が御船千鶴子を被験者として行った透視実験成功の記事は多くの新聞で報じられた。郁子もその記事を読んでいた一人だった。同年6月頃、郁子は自分の子どもたちを相手に透視実験のまねごとを行ったところ、その的中ぶりに自分でも驚くまでになった（それ以前から予言を行っていたという説もある）。郁子の透視に関する記事は地元の新聞に取り上げられ、たちまち有名になった。

福来は、『東京朝日新聞』（明治43年10月23日付）の記事と丸亀尋常中学校教頭・菊池俊諦《しゅんたい》からの書簡によって郁子のことを知り、密閉した厚紙の箱に文字を書いて入れた実験装置を作って菊池に送り、実験を依頼した。

長尾郁子（出典：福来友吉『透視と念写』）

菊池はその装置をさらに重箱に入れ、机上に置いたところ、郁子はその机の前に座って箱に触れることさえなく装置の中の文字を読むことができたという。福来は菊池からの報告に満足した。

■日本初の「念写」実験に成功

同年11月12日から15日にかけて、福来は京都帝国大学医科大学教授の今村新吉や菊池らとともに丸亀市の長尾家で郁子の透視実験を行った。

その最初の実験では、福来は邸内の一室で文字を書いて黒檀《こくたん》の箱に入れ、別の部屋の机上に置いた。郁子はその隣の部屋から箱が置かれた部屋に入り、6分33秒後に福来が書いた文字を言い当てた。今村や他の参加者も同様の実験を行って郁子が箱の中の文字を言い当てるのを確認した。

同じ年の11月下旬から12月にかけて、福来は菊池に依頼し、未現像の写真乾板《かんぱん》に写っている文字を郁子に透視させる実験を行ったところ、良好な結果が得られた（ただし福来は実験に際し、乾板と別に正解を書いた紙を菊池に預けている）。

また、それと同時期、京都帝国大学文科大学学生の三浦恒助が菊池の案内で長尾家を訪れ、未現像乾板を含む透視実験を行った（福来と共同で行った実験もある）。

それらの実験に用いられた未現像乾板には撮影時にはなかったはずの感光が生じていた。

三浦はこの現象について、郁子の脳から未知の放射線が出て乾板を感光させたものだとして、その放射線を「京大光線」と名付けた。三浦はこの「京大光線」についてフランスの科学者ルネ・ブロンロが発見したN光線と同じものかどうか、今後の実験で明らかにしたいとも述べたという（『東京朝日新聞』明治43年12月27日付）。

福来はその感光を精神作用によるものと見なし、12月26日と翌1911年1月1日、2日に、郁子に文字を凝視させた上で、その文字を撮影使用前の乾板に写るよう念じさせるという実験を行った。それらはいずれも成功、これにより福来は日本における「念写」現象の発見者となったのである。

■見破られたトリック

1911年1月、東京帝国大学総長・九州帝国大学総長を歴任した山川健次郎と後に文部省中央気象台長となる藤原咲平《さくへい》、東京帝国大学講師の藤教篤《のりあつ》という3人の物理学者が福来と共に丸亀を訪れ、4日から長尾家で念写実験を行った。

8日の実験では幾重にも封印された鞄に入れられた未撮影の乾板に郁子が念写する手はずになっていたが、郁子が肝心の乾板が入っていないと主張、実際、乾板は入れ忘れられていたことが発覚した。

山川が物理学者チーム側のミスを認め、謝罪することでその場はいったん収まったが、その後、藤は鞄の封印が破られていた証拠を発見したとした上で過去の実験についても不審な点をぞくぞく指摘し、透視と念写は詐欺であるとの見解を公表した。

また、1910年11月から長尾家に出入りしていた横瀬琢之なる人物が、自分と郁子の不倫関係を匂わせたり、長尾家の名声を利用して自分の催眠術を売り込もうとするなどのスキャンダルもあって、当時のメディアは郁子へのバッシングを重ねた。

その騒動の最中の1911年2月26日、郁子は急性肺炎で逝去した。享年41（数え）。福来および郁子の支持者は、乾板入れ忘れ騒動自体、郁子を陥れようとする物理学者たちの姦計《かんけい》であり、福来と郁子

（および千鶴子）は陰謀の犠牲になったのだとする。

しかし、郁子の透視・念写実験においては場所を長尾邸内に限ることを始め、郁子側からさまざまな条件を出しており、トリックの排除とはほど遠い状況にあったのは確かである。

藤の指摘した念写トリックの状況証拠に、郁子の念写には「口」のように線で囲まれたところがある文字がない、というものがあった（乾板に文字を切り抜いた紙などを載せたとして、囲まれたところがあると、そこだけずれやすくなってしまう）。郁子はこれに対抗して「東京」という文字を念写してみせたが、その乾板には格子状の背景が写りこんでおり、文字を切り抜いた紙を格子に貼りこんで写したことがうかがえる代物になってしまっていた。

福来が郁子の実験に最初に立ち会った時、福来が喜んだのは郁子が報告者の方に顔を向けて透視を行ったということだった。千鶴子は、観察者に背を向けて透視を行っていたため、彼女が自分の体の陰で実験装置を隠しながら細工をしたのではないかという疑念を払拭することができなかった。ところが郁子は、正面を向きながら観察者との間に実験装置を置いて透視を行う。これなら疑念の生じようはない、というわけである。

テーブルマジックを見慣れた者なら、観察者の眼の前でもトリックを仕掛けることは容易だと気づくだろうが、残念ながら福来の態度はトリックに対して無防備すぎた。

そもそも念写現象「発見」のきっかけとなった乾板の感光自体、何者かが装置の中を覗こうとして生じたと考えた方が妥当だっただろう。福来らはその可能性から目をそらし続けていたのである。

北海道大学低温科学研究所主任研究員だった中谷宇吉郎は、福来が透視・念写の実験を行っていた当時、動物学の権威だった丘浅次郎と石川千代松が、ある種のハチに透視能力があると主張しており、それが福来らへの追い風となったことを指摘している（中谷自身はハチには透視能力はない、と断じている）。この時期はヴィルヘルム・レントゲンのX線発見（1895年）やマリ・キュリーらのラジウム発見（1898年）など、可視光線ではない未知の放射線発見の衝撃がまだ冷めやらぬ時期でもあった。

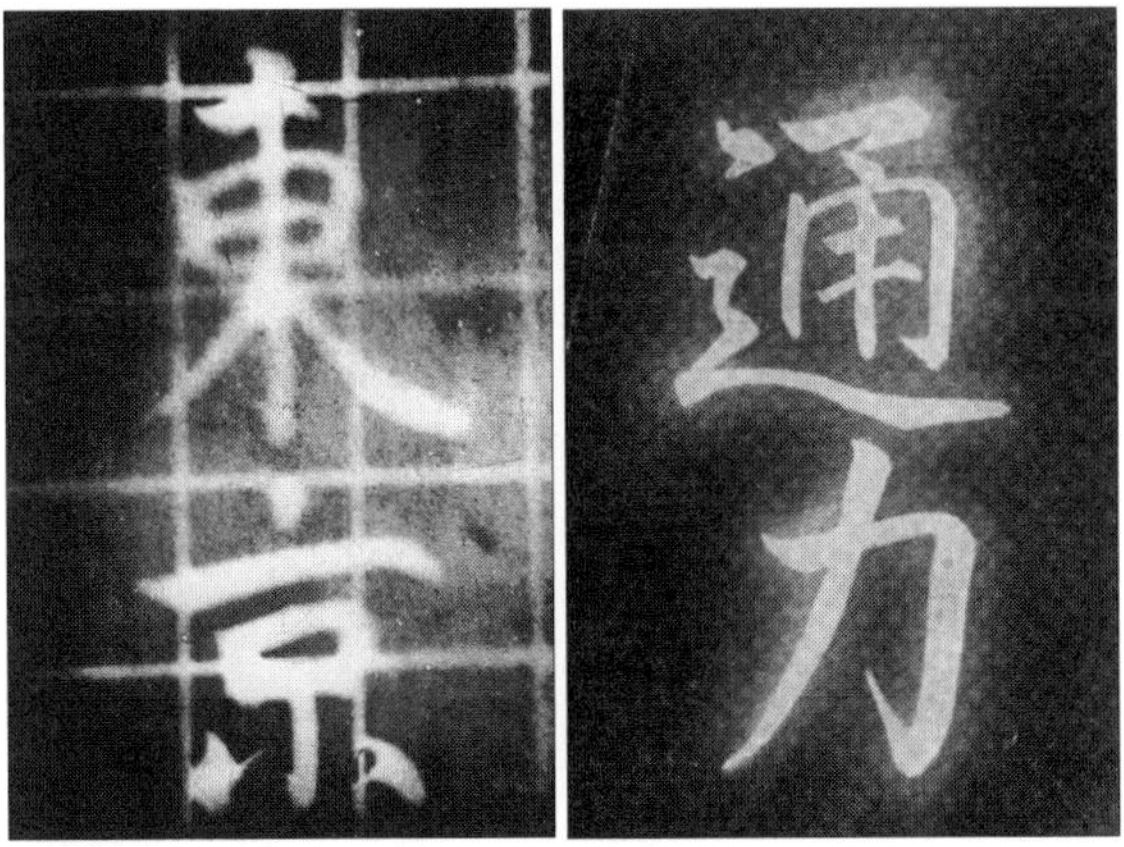

【左】「東京」の念写像。障子の枠のような線が写っている。（『心霊と神秘世界』より）
【右】郁子が生涯で最後に念写したとされる「通力」の像。枠線が写っていないかわりに、本来は線が閉じている「口」が四つあるはずの「通」の字に、すき間があいている。（『透視と念写』より）

三浦が「京大光線」と対比したというN光線もその流れで話題となったものである（結局、ブロンロの錯覚の産物と判明）。

生体から生じた未知の作用が光線のようにふるまうという発想を福来や三浦が持ったとしても決しておかしなことではなかった。しかし、そのきっかけが郁子（もしくはその協力者）によるトリックの手抜かりだったとすれば皮肉な話である。

（原田実）

【主要参考文献】
藤教篤・藤原咲平『千里眼実験録』（大日本図書、1911年）
中谷宇吉郎「千里眼その他」（『文藝春秋』1943年5月、初出）
山本健造『念写発見の真相』（たま出版、1981年）
福来友吉『心霊と神秘世界』（八幡書店〈復刻版〉、1986年）
山本健造『念写とDr.福来』（飛騨福来心理学研究所、1992年）
と学会『トンデモ超常現象99の真相』（宝島社文庫、2000年）
寺沢龍『透視も念写も事実である』（草思社、2004年）
長山靖生『千里眼事件』（平凡社、2005年）
ポール・コリンズ『バンヴァードの阿房宮』（白水社、2014年）
※chawantake「京大光線」

【PSI事件05】

高橋貞子

実在した『リング』のモデル

Sadako Takahashi
1886~?
Japan

高橋貞子《たかはしさだこ》は主に明治から大正時代にかけて活動していた超能力者。福来友吉博士によれば、御船千鶴子、長尾郁子に続く、第3の超能力者であり、前の二人が亡くなったあと、透視や念写に対して、「最後の断定者」になるべくして現れたという人物。

一般に「貞子」といえば、ベストセラー小説の『リング』(のちに映画化)に登場する主要キャラクター「山村貞子」が有名だが、もともとその名前は、高橋貞子から取られたものだと考えられている。

ただし、フィクションの「貞子」はホラー要素が非常に強い一方、現実の高橋貞子には、後述するようにホラー要素が皆無。実は両者の共通点といえるのは名前くらいしかない。

■主な略歴

高橋貞子は1886(明治19)年に、岡山県和気《わけ》郡和気町益原《ますばら》で、二男二女の末っ子として生まれた。父親は万代《よろずよ》源次郎。母親は多喜子。両親とも人望が厚く、周囲から尊敬される人物だったという。しかし、1888(明治21)年に父の源次郎が死去。貞子は伯父の永瀬四郎三の養女として育つ。

その後、同郷の高橋宮二と結婚。長女の孝子が生まれる。

貞子は幼い頃から無口な方で、人のいない静かな場所にて物思いにふけることを好み、他人に対しては無愛想である一方、同情心は深く、困っている人を見ると放っておけない性格だったとされる。

高橋宮二（出典：『修養と通力』東京宝文館）

高橋貞子（出典：『透視と念写』福来出版）

趣味は芝居と挿し花。特技は裁縫。信仰心はとても篤《あつ》く、日蓮や祖先の霊を崇拝していたという。

１９０３（明治36）年、17歳のとき、貞子の本来の人格とは別の「霊的第二人格」といわれるものが出現。１９１０（明治43）年には、精神修養をしていた夫・宮二の誘導により、初の透視実験が成功する。

けれどもそうした中、１９１１（明治44）年に御船千鶴子と長尾郁子が相次いで死去。当時の否定的な学者による超能力批判に憤慨した宮二は、福来博士に貞子の超能力を証明してもらおうと機会をうかがう。

そして１９１３（大正２）年、当時、東京に住んでいた貞子と宮二は、ついに福来博士と面会。同年3月から5月にかけて計3回の念写実験が行われることとなり、うち2回で成功を収めたとされる。

その後は１９１５（大正４）年には岡山へ戻り、１９２５（大正14）年まで、希望者を相手に透視による治療を行っていた。

また、1933（昭和8）年に宮二が出版した『千里眼問題の真相』（人文書院）という本では、その頃まで岡山に居住していたことが記されている。

しかし、それ以降については記録が見つけられておらず、現状では没年や晩年の様子は不明である。

■貞子の超能力は認められたのか

ここからは高橋貞子の超能力について取り上げていこう。超能力者としての貞子は、「霊的第二人格」なるものが現れることによって、透視や念写を行うスタイルを取っていた。福来博士によれば、その「霊的第二人格」とは「貞子の守護神」のようなものだったという。

けれども客観的に外から見た場合は、貞子本人が声色を使い分けて話しているという状態だった。そのため、それ自体が超常的ということはない。

一方、透視と念写は何度か実験が行われている。ただし主催者は夫の宮二、もしくは福来博士で、他の超能力者に比べると実験を行った人が少ないという特徴を持つ。

実験の概要は、宮二による透視の実験が1910（明治43）年に計33回。同じく宮二による念写の実験は1911（明治44）年から1913（大正2）年にかけて計5回。福来博士による念写の実験は1913（大正2）年に計3回行われている。残された記録によれば、その多くで成功したという。

しかし、筆者（本城）はそうした結論に同意できない。実際には以降で示すように条件が非常に甘く、そもそも「実験」と呼べないようなものも多いからだ。

まず、宮二が行った透視の「実験」。これは計33回のうち、紙などに書いた文字を当てたり、なくし物を探したりするものが27回行われている。しかし、それらはすべて宮二と貞子の夫婦二人だけで行われたものだった。客観性はないに等しい。

また、ほかも4回は人体透視、逃亡者の所在についての透視などを行って的中したというものの、詳細はまったく発表されておらず、これらも残念ながら客観性はない。

残りの2回は実験の不完全さを補うために、第三者に実験物を作らせ、郵送してもらったという。けれども、そのうちの1回は立会人がなく無意味。もう1回は立会人がいたが、実験物がどんなもので、どういった封印がなされていたかといった基本的な情報すら明らかにされていなかった。

そのほか、宮二は念写の実験も計5回行っている。しかし、そのうちの4回はやはり立会人がおらず、残りの1回も、近所に住む「某医師」なる詳細不明の人物が立ち会ったとあるのみ。

結局、宮二が行ったとする「実験」は、どれも客観性がなく、何回重ねても残念ながら意味はないものだった。

宮二による第2回目の実験で念写されたもの。お題は「サ」という字だった（出典：『修養と通力』（東京宝文館）。

■福来博士による念写の実験

続いては福来博士が1913（大正2）年に行った計3回の念写実験について。これらは宮二によるものと違い、第三者による立ち会いがなされており、その点は良かった。

ただし、それ以外の点においては不完全な実験の条件が目立つ。たとえば、すべての実験で、実験が行われる日と念写のお題は一方的に貞子（表面的には霊的第二人格）が決めていた。実験日とお題を自分で決められるということは、仮にトリックだった場合、事前に仕込みができることを意味する。具体的には三田光一（50ページ）でも指摘したが、すでにお題が写し終わっている乾板とのすり替えである。

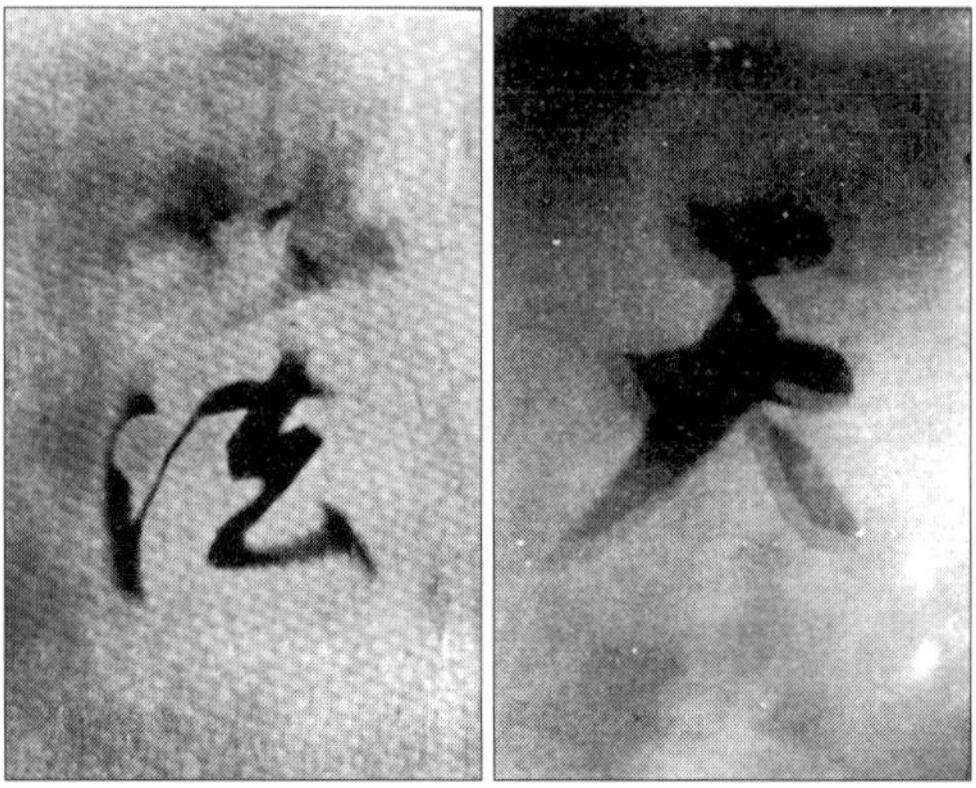

【左】福来博士による第２回目の実験で念写されたもの。お題は「妙法」という字だったが、妙の字が不明瞭に写っている（出典：『透視と念写』福来出版）。
【右】福来博士による第３回目の実験で念写されたもの。お題は「天」という字だった（出典：『修養と通力』東京宝文館）。

実は2回目の実験では、当日の午前10時から午後4時半まで、福来博士は高橋夫妻の誘いにのって、浅草見物に出かけてしまっていた。その間、実験で使う乾板は自宅に置いて書記生に監視させていたというが、書記生の素性は明らかにされておらず、どこまで信頼できるのかわからない。

また3回目の実験のときは、乾板の種類をわざわざ貞子が指定している。これでは三田光一と同様、写真店でのすり替えの可能性を排除できない。

一方で、最初の実験のときは他と違うことが起きていた。乾板は、福来博士と立会人の一人だった高等師範学校の後藤牧太教授が自由に購入し、後藤教授の上着の胸ポケットに入れたまま移動。会場となった福来博士の自宅に着いて実験が始まるまで、ずっとポケットに入れっぱなしの状態だった。

これでは実験前にすり替えることは不可能である。すると、どうだろうか。貞子は念写の前に行われた透視において、実験に使われた乾板の枚数や大きさといった基本情報すら当てられなかったのである（その結果、持参した乾板に念写はされていないと判断された）。

■福来博士の実験の欠点

最後に、こうした福来博士の実験に対しては、明治大学の心理学教授で、福来博士とも生前に面識があった小熊《おぐま》虎之助が、次のように欠点を指摘しているので紹介しておきたい。

「実験の欠点は、乾板を持参してある実験所へ行って、そこで初めて能力者に会って、直に念写したということではない点である。

厨子《ずし》という学術的実験としては価値のないものの中に、普通の封印のまま入れてあった時、そこに何かの事件が果たして起らなかったか、または封印するまえに、能力者にそれを手渡してみせるなどのことから、すり替えられるようなことがなかったか、については、私は何も断言することができない。

またただ封だけ厳重であって、乾板そのものには何等の目じるしがつけられていなかったことも非常に遺憾のことである」（『改訂版 心霊現象の科学』より）

これには筆者も同意見だ。もともと福来博士は能力者に対して警戒感がなさすぎた。実は1回目の実験が失敗に終わってから、高橋夫妻は福来博士の自宅の近所へ引っ越している。それ以来、貞子は毎日のように福来宅を訪問するようになっていたという。

そうなれば、生活習慣や家の間取りなどが把握されてしまい、実験者としては致命的である。しかし警戒感がない福来博士は、貞子の言うように実験の段取りを決め、筒抜け状態の自宅を実験場所として選んでしまう。

そのような状況では、残念ながら、いくら実験を重ねても意味がない。

福来博士の熱意は尊敬に値するものの、科学者として取るべき冷静な対応が取れなかったことは返す返すも残念である。

（本城達也）

【参考文献】
福来友吉『透視と念写』（福来出版、1992年）
高橋宮二『修養と通力』（東京宝文館、1913年）
高橋宮二『千里眼問題の真相：千里眼受難史』（人文書院、1933年）
高橋宮二「病根の透視念写実験録」「貞子の透視念写実験録」『心霊と人生』（心霊科学研究会、1926年3月号、4月号）

【PSI事件06】

三田光一

月の裏側を念写した男

Koichi Mita
1885~1943
Japan

三田光一は、主に大正から昭和初期の時代にかけて活躍した超能力者。

それまで誰も見たことがなかった月の裏側を念写したとされるエピソードが有名で、超能力研究の先駆者である福来友吉博士からは、「当代無比の神通《じんずう》力《りき》者」や「日本最高の超能力者」と称賛された。

■生い立ちと主な経歴

三田は1885（明治18）年8月17日、宮城県本《もと》吉《よし》郡気仙沼《けせんぬま》町（現在の気仙沼市）にて、大工の三田半造、とりゑ夫妻の二男として生まれた。本名は才二（昭和9年3月に戸籍上の名前を善靖《よしあき》に改名）。

気仙沼小学校を卒業後、地元の糸を扱う店で2年間働き、その後に行商として独立。1905（明治38）年には、窃盗で2回、詐欺で1回捕まり、それぞれ重禁固刑を受けて服役したという。

前後して、手品師のジャクラマン朝日勝一の一座に入り、仙台で手品師「朝日光一」と名乗って活動する。また、ほかにも手品師の地球斎イルマン（別名・中村勝寿、田村光洋）の弟子となり、1911（明治44）年に、東京の明治座で千里眼のマジックなどを披露。当時の新聞でも取り上げられるほど人気を博した。

三田光一（出典：三田善靖『霊観』八幡書店）

1913（大正2）年6月、28歳のときには、高知県で、精神を修養する団体「洗心会」を創立。翌年には同会の本部を兵庫県神戸市に移し、「帝国自覚会」と改称。その会長として活動を行うようになる。ちなみに、同会の後援者には当時の兵庫県知事や神戸市長、代議士などが名を連ねており、名士の間でも支持が広がっていたようだ。

福来友吉博士とは、1917（大正6）年の2月8日に初めて面会。後述する通信実験をクリアして、超能力者としての知名度を上げていく。

1926（大正15）年には、当時の新聞で何度も取り上げられた金塊引きあげ詐欺事件を起こす。これは、鹿児島県の中之島の沖合に沈む琉球（現在の沖縄県）の船から、三田が透視によって金塊を引きあげたと吹聴し、最後は裁判にまでなった事件。

沈没した船は松《まつ》保《ほ》丸《まる》といい、1867（慶応3）年10月に琉球から金銀財宝を積んで、薩摩《さつま》（現在の鹿児島県）に向かう途中、中之島の沖合いで暴風により沈没していた。

海底に眠るお宝の一部は、1879（明治12）年から何度か引きあげられていたが、沈没海域は潮流が激しく、天気が変わりやすい上に、カキが大量に繁殖してしまったことで、殻の分厚い層が邪魔になっていた。

そこに現れたのが三田である。彼は、水夫を雇って船を借り切り、約5ヶ月かけて50万円相当（現在の価値で10億円以上）の金塊を引きあげたと主張。その話を大々的に報じた当時の新聞を使い、資本家から大金を引き出させようと画策した。

　ところが、大きな話ばかりする三田は怪しまれた。さらには三田が雇った水夫たちへの給料が未払いだったことから、引きあげた金塊の話が嘘だったという話が水夫たちから漏洩《ろうえい》。

　そこで、金塊が入っていると称して銀行に預けていた箱が調べられることになった。すると、中に入っていたのは腐ってボロボロになった、なべ銭《せん》（江戸時代の銭貨の中でも劣悪なもの）であることがバレてしまった。

海底から引揚げた
黄金二百五十本のはなし
鹿兒島沖に沈んでゐた
六十年前の寶を探すまで

引揚げ無効に
終つた六十年間
海女や漁師が盗み
出して罰せられた
むかしから今までの苦心

金塊引きあげ事件について報じる当時の新聞記事の一部。

（『東京朝日新聞』1926年7月19日付け朝刊、第7面））


　三田はこの詐欺事件で逮捕。裁判にかけられ、1928（昭和3）年4月13日に、懲役1年6ヶ月の実刑判決を受けた。

　しかし、三田はその後も超能力者としての活動を継続する。福来博士とも実験を続け、さらには透視をもとに井戸や温泉などを掘るという昭和鑿泉《さくせん》株式会社を創立。他にも、三重県や京都府で鉱山を掘削する会社を創立し、社長として活動。

　最期は1943（昭和18）年5月8日に、脳卒中が原因で死去した。

■福来博士の最初の通信実験

　さて、右記のような三田の経歴の中でも、超能力者として注目を集めたのは福来博士をはじめとする人々との実験だった。そこでここからは、そうした実験のうちから、ポイントになるものを取り上げていきたい。

　まずは、福来博士が最初に行った1917（大正6）年2月18日の実験。これは、何重にも封をした乾板を兵庫県神戸市の三田のもとへ送り、次の依頼をしたものだった。

①東京・浅草寺の本堂裏に掲げてある山岡鉄舟《てっしゅう》が書いた額面の文字を、神戸市において透視すること。

②透視した文字を、箱に入れてある乾板に念写すること。

三田は、この二つの依頼を、乾板の封を一切解くことなく立会人のもとで見事にクリアしてみせたという。

ところが、この実験には穴があった。

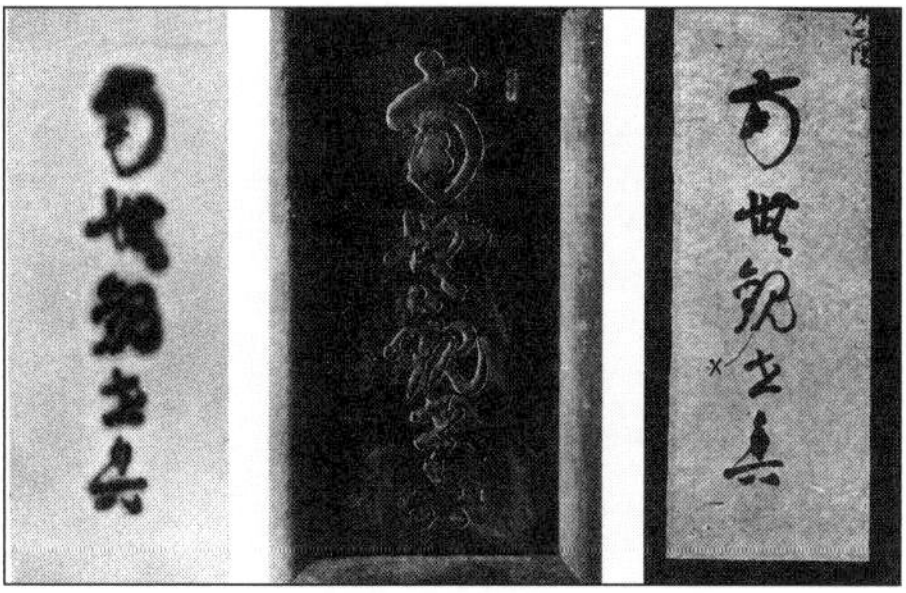
中央が、浅草寺に掲げてあった実物の額で、山岡鉄舟によって「南無観世音」と書かれたものを元に彫刻している。右は三田が書体まで真似て書いた文字。左は三田による念写像。（出典：福来友吉『心霊と神秘世界』心交社）

福来博士は実験が行われる2月18日の4日前の2月14日には、書面で三田に実験内容を知らせていたからだ。

乾板を入れた箱に福来博士がほどこした帯封の紙。（出典：福来友吉『心霊と神秘世界』心交社）

当時、東京から神戸までは2日もあれば往復できた。つまり2月14日に東京のお題を知ったのなら、そのお題の内容を確認するために東京へ行き、実験が行われる2月18日までに神戸へ帰ってくることは無理なくできたことになる。

また、乾板に対して何重にもほどこされた封というのも、紙をノリで貼りつけたものだった。これは水で濡らせば剥《は》がすことが可能で、再度貼りつけて乾かせばもとに戻すことも可能だった。残念ながら、こうした封ではいくらやっても意味がない。

■指摘されていた数々の疑惑

実は三田が参加したほかの実験についても、参加者から、おかしな点が何度も指摘されていた。

主に、次のような点だ。

・お題の選び方

三田本人、もしくはその関係者が選んだものが多い。また、大きな会場で一般の人たちにお題を決めてもらう場合では、事前に行われる三田の演説で、特定のお題が出やすいように誘導されていた。

・乾板の選び方

購入する店と乾板の種類まで三田が指定するケースがあった。その際、他の店は在庫がないからと言っていたが、実際には在庫があり、嘘をついて特定の店に誘導していた。

また、そのような店では三田が事前に来店していたことが判明。さらに選ばれた乾板は、包みを破かなくても開封して中身を入れ替えることができるものだった。

・現像時の行動

薄暗くしてある現像室内で、三田が勝手に乾板を取り上げることがあった（別の人に乾板を渡す口実などを使う）。そうした際は三田の手元がはっきり見えない。

また、同様のケースでは、三田が乾板を戻した際、不審に思った参加者が控えてあった乾板の製造番号を確認。すると「Emul 14946」だったものが、「Emul 15009」に変わっていた。

こうしたことからは、事前に念写のお題が写された乾板を三田が用意しておき、写真店の商品棚ですり替えるか、それがダメな場合は現像室ですり替えを行っていた可能性が考えられた。

また、これら以外にも、おかしな点は指摘されていた。たとえば、三田とは無関係とされていた実験参加者が、実は関係者であることがわかったり、三田の不審な行動が福来博士に報告されているにもかかわらず、博士はそのことを記録に残していなかったりしたことなどである。

これでは、到底、信用することができないだろう。

■トリック対策の提言

こうした不審点の数々に対しては、当然、対策も考えられた。次に示すのは、当時、奈良県で行われた三田の実験に参加し、手品で三田と同じ念写を再現している奈良県師範学校の佐藤富三郎教諭が考えたものである。

①術者に乾板の種類、型などを指定させない。

②乾板は、任意の店より同種・同型のものがたくさんある中から購入すること。厳密にいえば、実験者自ら乾板を自作するのが望ましい。

③乾板には、すり替え、開封を防ぐ装置をほどこすこと。またすり替え、開封が行われたときは、これを発見する方法もほどこしておくこと。

④始終、術者、またはその関係者が、乾板に手を触れないように監視すること。

⑤お題はその場で決めること。術者が予想できるものは避け、なるべく明瞭にし、解釈の余地があるものは避けること。

⑥あらかじめ乾板の何枚目に念写するか指定すること。前後のズレを当たりに含めない。

どれも、まっとうな対策である。しかし、次項以降で見るように、こうした対策が後の実験で活用されることは残念ながらなかった。

■月の裏側の念写実験

1931（昭和6）年6月24日、後に三田の実験の中でも最も有名になる実験が行われた。

月の裏側の念写実験である。月はいつも同じ面を地球に向けているため、その裏側は地球から見ることができない。それを念写によって見ようというのである。

実験では同日の午前8時30分、福来博士が大阪府箕面《みのお》にあった自宅で乾板を準備して待機。三田は同時刻に、兵庫県須磨の自宅から福来宅に向けて月の裏側を念写。福来博士がすぐに現像を行うと、乾板には念写像が見事に写っていたという。

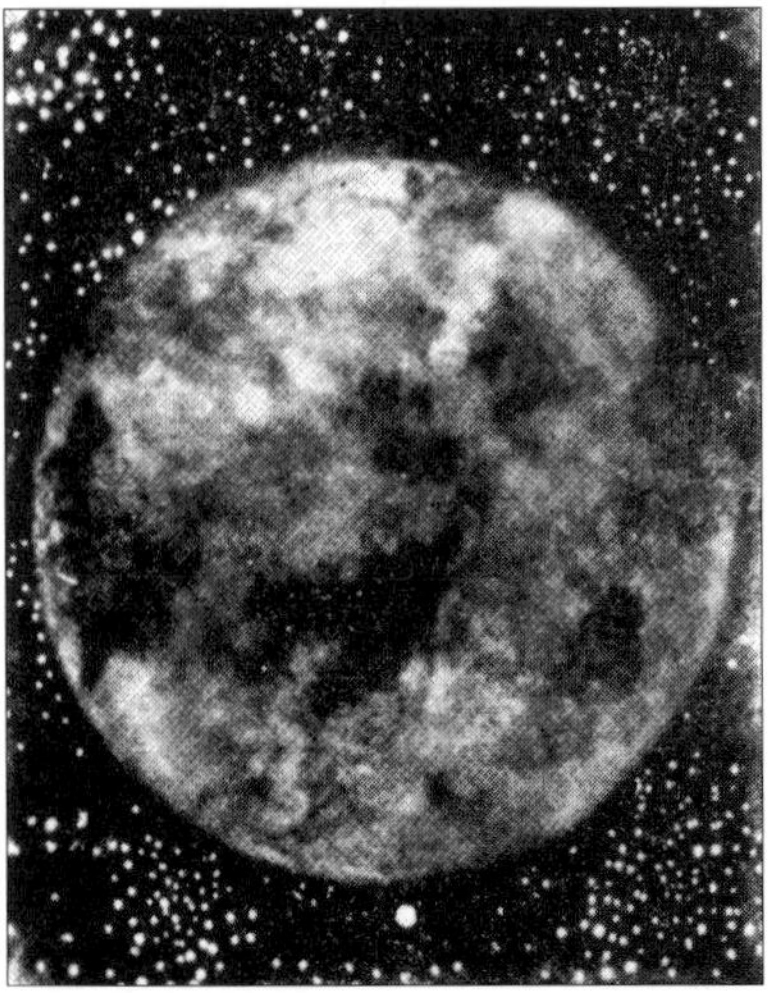

三田による月の裏の念写像（出典：『日本心霊科学協会研究報告 第二号』日本心霊科学協会）

同じお題の念写実験は、１９３３（昭和８）年に岐阜市公会堂でも行われている。このときは、より鮮明な念写像が得られた。

また１９８５（昭和60）年には、明治大学名誉教授の後藤以紀《もちのり》博士が、月の裏側の念写像とＮＡＳＡのアポロ計画（１９６９～７２年）で得られた月面地図、および月球儀を比較して分析。月の真裏より少し斜め上向きから見たとき、月の裏の主要なクレーターと、海と呼ばれる暗い部分が、念写像と31個も一致すると発表。実験は成功だったと結論づけた。（※他の事例については59ページの注釈参照）

■活用されなかったトリック対策

念写実験に対するそうした結論は本当に妥当なのだろうか？

まず福来博士は、離れた場所で念写が成功したことをもって、トリックの余地なしと判断していた。けれども前出の佐藤教諭のトリック対策の５番で

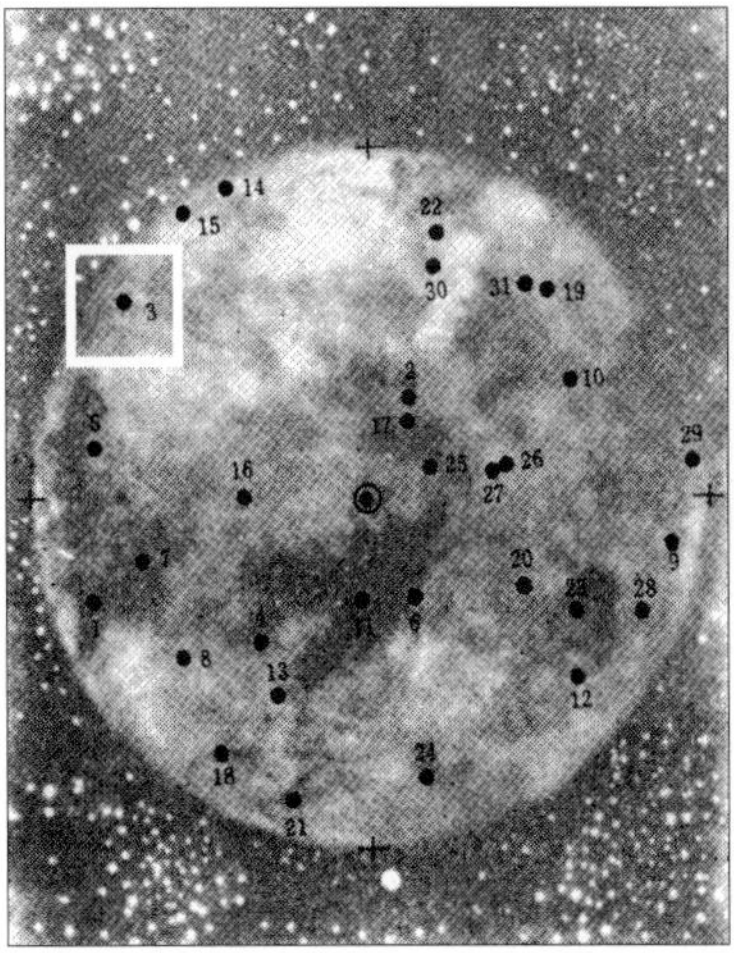

実際の月の裏はこのようになっている。左上に黒っぽく見える丸い部分が、月の裏で唯一目立つ「モスクワの海」。（出典：NASA「The Far Side of the Moon - And All the Way Around」）

後藤博士が念写像に対して示した月の裏のクレーターや海の位置番号。元来、月の裏で最も目立つのは「モスクワの海」とされる部分だが、それが念写像だと左上の３番になるという。はたして三田の念写像を見て、３番の位置が最も目立つと判断できる人などいるのだろうか？（出典：『日本心霊科学協会研究報告 第二号』日本心霊科学協会）

は、お題は事前に決めるべきではないとされている。お題がわかっている場合、すり替え用の乾板を用意できてしまうからだ。

そもそも三田は、乾板が写真店に置かれている段階で、ひそかにすり替えを行うことがあったと指摘されている。この場合、前述のごとくすり替えた乾板を使うように誘導できれば、「決められたお題が写った乾板」は実験前の段階で仕込み済みとなる。実験当日は、乾板がある現場に同席する必要はない。

そのため本来は、こうしたことへの対策がなされるべきだった。しかし残念ながら、福来博士の対策は不十分なままだった。

一方、後藤博士の分析と称するものにも問題があった。上左画像をご覧いただきたい。これは後藤博士の論文に掲載されているものだ。念写像に、博士が一致したとしている31のクレーターや海の番号を記したものだという。

ところが、この図を見ても、なぜその番号の場所にクレーターや海があると判断できるのか、まったく不明である。後藤博士は論文のほとんどを数式で埋めているが、その数式もまったく根拠になっていない。

実際の月の裏側は、57ページ右画像のようになっている。念写像とは少し位置がズレていると解釈しても全然似ていないことがわかる。それもそのはずで、月の裏側は、黒っぽく見える「海」と呼ばれる部分が2パーセントしかなかったのだ（表側は30パーセントもある）。

おそらく、月の裏側の念写像と称するものは、三田が想像で描いたものなのだろう。当時は写っているものが本当かどうか確認する方法がなかったため、適当に想像で描いても問題がなかった。その場さえ乗り切れれば良かったのである。

■信用を得るために必要なこと

このように三田の透視や念写について実験したものは、トリック対策が不十分だったり、報告内容が信用できなかったりするものが多い。

しかし、もともと福来博士は、多くの人から信用を得るためにも、トリックの余地がない厳密な実験の必要性を説いていた。

福来博士自身、そうした実験ができていると考えていたようである。たしかに、封を何重にもほどこしたり、離れた場所で実験を行ったりはしていた。けれども、それらは前述のように不完全なものだった。

相手が経験豊富な手練《てだ》れであれば、トリックの決定的な証拠はつかめないこともある。だからこそ、トリックができる余地は、前もってなくしておく必要があった。

そうすることで、実験はようやくスタートラインに立つ。そして、より良い結果を得るために何度も実験を重ね、偶然や記録の不備も排除していく。

三田の実験において、こうしたことが周知徹底されなかったのは残念なことである。

（本城達也）

【注釈】

ほかにも月の裏の念写像を分析したという人物に物理研究家の佐佐木康二氏がいる。佐佐木氏は1994年の月探査機クレメンタインの画像データを使い、念写像とクレメンタインの月面画像が8割も相関しているとした。

だが佐佐木氏の分析と称するものは、風水などで龍脈とエネルギーの流れを示すという「磁流ライン」なる独自の理論を用いており、机上の空論という意味では後藤博士と五十歩百歩だった。

【参考文献】

気仙沼町誌編纂委員会『気仙沼町誌』(1953年)
黒田正大「〝三田光一〟余聞録(一)—幼少時代—」『福心会報』(福来心理学研究所、第14号)
「念写問題の経過」『心理研究』(第13巻、第76号、1918年)
河合勝、長野栄俊『日本奇術文化史』(東京堂出版、2017年)
「明治座の奇術」『東京朝日新聞』(1911年8月15日付け朝刊、第7面)
「イカモノ教師」『東京朝日新聞』(1912年5月30日付け朝刊、第7面)
三田善靖『霊観』(八幡書店、1998年)
福来友吉『心霊と神秘世界』(心交社、1982年)
甲山繁造「この霊的巨人の足跡を見よ(1)~(6)」『心霊研究』(日本心霊科学協会、146~152号)
「海底から引揚げた黄金二百五十本のはなし」『東京朝日新聞』(1926年7月19日付け朝刊、第7面)
「五十萬圓の金塊を引揚げて来た手柄話」『東京朝日新聞』(1926年8月20日付け夕刊、第2面)
「金の延べ棒どころか現れた『なべ銭』の山」『東京朝日新聞』(1926年9月1日付け朝刊、第7面)
「吹きまくった金塊のうそ」『東京朝日新聞』(1926年9月2日付け朝刊、第7面)
「三田光一の判決」『東京朝日新聞』(1928年4月14日付け夕刊、第2面)
岩崎爾郎『物価の世相100年』(読売新聞社、1982年)
週刊朝日・編『値段史年表』(朝日新聞社、1988年)
東辰蔵「念写実見記」『心理研究』(第13巻、第74号、1918年)
向井章「三田氏の念写問題に就いて」『心理研究』(第13巻、第75号、1918年)
本田親二「三田光一氏の念写に就て」『心理研究』(第13巻、第76号、1918年)
大川定次郎「二月二十五日の念写実験について」『心理研究』(第13巻、第76号、1918年)
中桐確太郎「念写実験記」『変態心理』(第2巻、第1号、1918年)
佐藤富三郎「手品式の念写実験」『心理研究』(第13巻、第74号、1918年)
『福来心理学研究所報告 第3巻』(福来心理学研究所、1986年)
『福来心理学研究所報告 第5巻』(福来心理学研究所、2003年)
後藤以紀「月の裏側の念写の数理的検討」『日本心霊科学協会研究報告第二号』(日本心霊科学協会、1986年)

【PSI事件07】

出口王仁三郎

弾圧を受けたカリスマ

Onisaburo Deguchi
1871-1948
Japan

出口王仁三郎《でぐちおにさぶろう》は宗教家で、「大本《おおもと》」教主輔《きょうしゅほ》（事実上の教祖の一人）である。

丹波國《たんばのくに》南桑田郡曽我部村大字穴太《あのう》（現京都府亀岡市穴太）の農家・上田家の長男「上田喜三郎」として生を享ける。学歴は尋常小学校退学。長じてから搾乳・牛乳販売のための牧場を経営した。また、その頃、兵庫県多紀郡《たき》（現丹波篠山市）にあった御嶽《おんたけ》教《きょう》系の宗教・妙霊教会に出入りして祈祷を習った。

■新宗教「大本」を創設

1898（明治31）年3月、喜三郎が博徒との喧嘩で受けた傷のために家に籠っている時、天狗を名乗る男が訪ねてきて、そのまま彼を旅に連れ出した。数日後に喜三郎は実家近くの高熊山の岩窟で座っていることに気付いたという。以来、彼は牧畜業を止め、宗教家としての道を歩みだした。彼は静岡県清水（現静岡市清水区）の稲荷講社という教団で、神道家・本田親徳《ちかあつ》が再興したとされる鎮魂帰神法《ちんこんきしんほう》（霊媒になって神や霊魂と意を通わせるという術）を学ぶと、帰郷して霊学会という団体を設立した。彼は霊学会に近在の病人を集め、鎮魂帰神法を用いた治療を行っていた。

彼の神術をみくびった親戚の一人が、湯呑に銅貨を入れ、厚紙で蓋をして喜三郎にその枚数を当てさせようとしたことがあった。そこで喜三郎が「天眼通力」を用いて正解を言うと、その親戚のみならず集まっていた参詣者一同も驚いたという（服部静夫『大本教の批判』）。

1898年10月、喜三郎は京都府何鹿《いかるが》郡綾部町（現綾部市）の出口なお（「大本」開祖、1837～1918）を訪ね、翌年7月に綾部に移住、さらに1900年1月に出口家の入り婿となった。喜三郎

出口王仁三郎

はその結婚を機に名を出口王仁三郎と改めた。

なおには、陰陽道《おんみょうどう》の祟り神とされる艮《うしのとら》の金神《こんじん》が神懸りしていたが、王仁三郎は、なおとしばしば対立しながらも、その神を主神とする教団確立に尽力していく。

1916（大正5）年4月、なおを開祖（教祖）とする「皇道大本」が設立された。教主（なお没後の肩書は教主輔）の王仁三郎は信者たちに鎮魂帰神法による神秘体験をもたらし、軍人や知識人からも教団への支持を集めた。日本に近代心霊主義をもたらした浅野和三郎、「生長の家」初代総裁・谷口雅治、「神道天行居《しんどうてんこうきょ》」創始者・友清歓真《ともきよよしさね》、合気道開祖・植芝盛平《うえしばもりへい》、「世界救世教」教祖・岡田茂吉などはこの時期の「大本」で鎮魂帰神法を学んだ人々である。

1921（大正10）年2月、王仁三郎や浅野ら当時の教団幹部たちが不敬罪・新聞法違反容疑で検挙された第一次大本事件を機に「皇道大本」は「大本」と改称、王仁三郎は保釈期間中、新たな「大本」の教典となる『霊界物語』の口述を開始した。

『霊界物語』全巻（『大本七十年史』より）

『霊界物語』は１９３４（昭和９）年８月に完成した。その内容は主に全地球的規模で展開する神々の冒険譚である。王仁三郎によると、「霊界」とは顕界《げんかい》（私たちがいる現実的な世界）、幽界（霊的存在が潜む隠れた世界）、神界の三つの世界の総称で、その中には過去・現在・未来のあらゆる事象が書かれているという。つまり『霊界物語』は太古における真実の歴史であるとともに未来に関する予言でもあるというわけである。

王仁三郎は１９３４（昭和９）年７月、右翼系政治団体「昭和神聖会」を設立、軍部の青年将校運動と連動したかの動きを見せるが、これをクーデターの火種とみなした内務省では治安維持法違反・不敬罪容疑で大本を徹底的に弾圧した（第二次大本事件）。王仁三郎は晩年、陶芸などの芸術活動にいそしみながら静かな余生を過ごした。

■『霊界物語』の予言とは？

さて、現代において、出口王仁三郎の超能力ということで話題になるのは、主にその予言に関するものである。王仁三郎自身、信者たちに予言書としての『霊界物語』の的中ぶりを誇示していた。

たとえば、大本の機関紙『木の花』１９５１（昭和26年11月号は次のような王仁三郎の言葉を記録している（大本教典刊行会編・刊『霊界物語資料篇』１９７１）。

「今度の世界大戦に敗けて日本が領地の台湾や琉球を喪失することは、霊界物語　真善美愛に何十年も前から神示されている。大正十二年の一月二十七日に口述して示している」

「真善美愛」とは『霊界物語』の第49巻から第60巻までのことだが、その第51巻第16章には次のようなくだりがある。

「吾々《われわれ》雑兵《ざふひやう》を放《ほ》つたらかして、満鉄《まんてつ》で逸早《いちはや》く逃帰《にげかへ》つたらしいぞ。しかし幽霊内閣《いうれいないかく》の立去《たちさ》つた後《あと》は、何《なに》が出《で》るか知《し》れたものぢやないワ。どうしてもコリヤ吾々国民《われわれこくみん》が腹帯《はらおび》を締《し》め、国民外交《こくみんぐわいかう》をやる気《き》でないと、当局者《たうきよくしや》に任《まか》しておいても、肝腎《かんじん》の時《とき》になつたら逃《に》げられてしまふからなア」

「しまひには、ただ一《ひと》つよりない大《たい》椀《はん》（台湾《たいわん》）まで逃《にげ》出《だ》すかも知《し》れぬぞ。何《なに》ほど琉球《りうきう》そに言《い》うても、骨《ほね》のない蒟蒻腰《こんにやくごし》では駄《だ》目《め》だ」

『霊界物語』を口述する王仁三郎（『大本七十年史』より）

たしかにここには日本が追いつめられて台湾や沖縄を手放すだろうとある。だが、実際には、ここで非難されているのは権力者の弱腰外交である。つまり、ここでは政府が弱腰ですぐに撤退するようだと台湾や沖縄を失うことになると警告しているわけだ。現実の歴史において、台湾が日本の領土から離れ、沖縄がアメリカに占領されたのは、無理な戦線拡大のあげくの敗戦なのだからその経緯はまったくの正反対である。
『霊界物語』は全81巻83冊に、戦争、天変地異、陰謀から男女間のいざこざのような下世話な話までつめこんだ膨大なテキストである。手間さえ惜しまなければ、大抵の事件とこじつけられる記述を探すことができるだろう。なお、王仁三郎の大正時代の「神示」に潜水艦や航空機による戦闘を暗示するものがあることから、彼が第二次世界大戦の状況を予言したという説があるが、実際には潜水艦や航

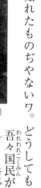

空機の実戦使用は、第一次世界大戦（1914〜1918）ですでに行われている。

■見え隠れするトリックの影

日本精神医学会設立者で心理学者の中村古峡《こきょう》は元大本信者の証言を集めていたが、それによると、王仁三郎は「寺内内閣の次は西園寺内閣、其次は松方内閣」といっていたが、実際に寺内正毅《まさたけ》に代わって首相になったのは原敬《はらたかし》で、西園寺公望《きんもち》、松方正義《まさよし》の出番はなかった。また、1918（大正7）年のインフルエンザ流行の際には大本本部のある綾部市に流行病は入らないと予言していたが、教団内から多くの罹患者《りかんしゃ》を出し、王仁三郎自身も倒れたという。実際には王仁三郎の「予言」は百発百中とはいかなかったようである。

中村は、大正時代の「皇道大本」で行われていた鎮魂帰神法は催眠術であり、霊が降りてきたというのは催眠状態にともなう人格変換であると断じている。

さて、中村が集めた証言には、なおのお筆先に「煎豆《いりまめ》に花が咲く」と出た時、王仁三郎は庭の一隅に人知れず生の豆を蒔き、それから信者の目の前で同じところに煎豆を蒔いた。そこから豆の芽が生えてきたところで信者にそれを示し、神の力の偉大さを信じさせたことがあるというものがある。

また、作家・今東光《こんとうこう》が1967年に書いたエッセイによると昭和初期に『右門捕物帖《うもんとりものちょう》』で有名な佐々木味津三《みつぞう》から聞いた話として、次のような話が書かれている。

佐々木が王仁三郎を訪問した際、同行した新聞記者に王仁三郎が次のように告げた。

「大本」の開祖、出口なお

「君の持っている財布の中身を当ててあげる。君は正確に小銭までわかっているかね」

記者が財布をぶちまけて中身を勘定してみると、それは王仁三郎の言った金額と一致した。新聞記者は、「おそれいりました」と畳に手をついて、王仁三郎に心服してしまったという。

疑われるべきは、この王仁三郎と記者のやりとりが、佐々木という有名作家を観客にしてのパフォーマンスではなかったかということである。もっとも簡単な説明は王仁三郎と記者とがあらかじめ示し合わせていたというものだ(もちろん他のトリックも想定し得る)。

先述した霊学会での「天眼通力」が事実だったとしても、王仁三郎が宣伝のために仕組んだ可能性がある。王仁三郎にとって、小銭の数当ては上田喜三郎時代からの得意な出し物だったのではないか。余談ながらヨガ指導者の沖正弘はインドでヨガ行者を称する老人に財布の中身を当てられたことがあったという。日常的な空間での小銭の数当ては相手を驚かせるのに効果的なパフォーマンスなのである。

出口王仁三郎の超能力なるものは、予言も含め、超自然的なものというよりトリックの産物とみなした方が妥当である。

(原田実)

【主要参考文献】
中村古峡『学理的厳正批判 大本教の解剖』(日本精神医学会、1920年)
服部静夫『大本教の批判』(新光社、1920年)
出口王仁三郎『霊界物語・校訂版』(天声社、1967年)
大本教典刊行会編・刊『霊界物語資料篇』(1971年)
出口京太郎『巨人出口王仁三郎』(講談社文庫、1967年[社会思想社、1995年]、[天声社、2001年])
出口王仁三郎『出口王仁三郎神示集・伊都能売神諭』(八幡書店、2002年)
飯塚弘明・窪田高明・久米晶文・黒川柚月『あらすじで読む霊界物語』(文芸社文庫、2019年)
原田実『トンデモ日本史の真相 人物伝承編』(文芸社文庫、2011年)
ASIOS・菊池聡・山津寿丸『検証・予言はどこまで当たるのか』(文芸社、2012年)
と学会『トンデモ本の新世界・世界滅亡編』(文芸社、2012年)
沖正弘『ヨガ入門』(光文社、1962年)
大本七十年史編纂会編『大本七十年史 上巻』(大本、1964年)

【PSI事件08】

ルドルフ・シュタイナー

神秘思想家

Rudolf Steiner
1861~1925
Austria

　ルドルフ・シュタイナーの名前は、現代では「シュタイナー教育」（日本ではシュタイナー学園／学校、欧米ではヴァルドルフ学校）で最もよく知られている。そのため、教育者及び教育思想家だと思っている人が多いだろう。オカルトに少し詳しい人でも、ブラヴァツキー夫人と（正確には後継者のアニー・ベサントだが）袂《たもと》を分かって人智※（じんち）学を創設したオカルト思想家という認識で、シュタイナーが超能力者だったと聞いて違和感を覚えるのではないだろうか。

　シュタイナーの時代にはまだ超能力者という概念はなく、霊媒あるいは霊能力者という認識だったわけだが、ゲーテ研究でキャリアを築いたシュタイナーは、人生の後半になって神秘思想や霊界について語るようになっても、霊視の結果を講演で伝えたり、友人や弟子にあたる人々に話したり、著作にまとめているだけで、超能力者としてステージに上がってパフォーマンスをするようなことはしていない。

　しかし、シュタイナーが教育家となったのはオカルト思想家だったから（最初のシュタイナー学校は、人智学会員が自分の工場で働く人々の子弟のために開いたものだった）で、オカルト思想家になったのは、自分が超能力を持っていると考えていたからだともいえる。現在も世界各地にある人智学会組織のメンバーや、シュタイナー思想の信奉者の間ではシュタイナーは「見える人」だったと言うのが共通認識となっている。

■生い立ち

ルドルフ・シュタイナー

ルドルフ・シュタイナーは1861年2月27日に現在のクロアチア領内にあるクラリェヴェクという町で生まれた。

両親はオーストリア人で、父は南オーストリア鉄道の電信技師。鉄道員は今でいう転勤族で、ルドルフ少年は両親とともにオーストリア南部の鉄道沿いの田舎町を転々としながら育つことになる。

やがて弟と妹が生まれ、自伝によると母親が育児に手を取られる間、鉄道の駅舎や田園の自然の中で一人遊ぶような幼年時代だったという。

自然の向こうに霊界があることを知ったのは、7、8歳の頃だというが、周囲に告げて大人を驚かすようなエピソードはなかったようだ。

鉄道技師の父は息子を自分と同じような技師にしたいと願っていて、シュタイナーもまた科学や数学に強く惹かれるようになっていた。その後、シュタイナーは実業学校へと進学。科学と数学、そして当時まだ科学と非常に近い存在だった哲学へと興味を広げ、実業学校卒業後は高等専門学校に進学して教員資格の取得を目指した。

だが、このころからシュタイナーは唯物的な科学思想に違和感を抱くようになる。そして、22歳のときに学校を中退。青年シュタイナーは19世紀の若いインテリがよくそうしたように、大都会ウィーンのサロンに出入りして知己を増やし、学問的な試行錯誤を始める。家庭教師や編集、執筆などの仕事を経て29歳から35歳までゲーテ＝シラー遺稿保管局で6年間働き、知識人としての社会的地位と人脈と評価を得た。またこの間にロストック大学で論文指導を受け、哲学博士の学位を取得している。

この時期のシュタイナーは、自分の霊能力を隠していたわけではないようだが、友人たちの反応がかんばしくなかったこともあって、積極的に自ら公言することはなかったようだ。そのため、本人の著作物以外に、シュタイナーの霊視のエピソードはあまり残っていない。

シュタイナーが最初に自分の霊視について書いたのは、１８９９年8月の『ゲーテの秘密の開示』※だとされている。そして１９０２年に神智学協会に加わると、さっそく『いかにしてより高次の認識を獲得するか』の連載を始めている。※また、数ヶ月遅れてオカルト界の共通概念であるアカシック・レコードの読解である『アカシャ年代記より』の連載も開始した。

シュタイナーは神智学協会ドイツ支部長となり、大陸ヨーロッパで精力的に講演を行った。その講演後、シュタイナーは人生相談を行っており、講演の参加者たちが列をなしてシュタイナーの回答を求めたという。このときにシュタイナーは相談を受けながら、「霊界を見る」こともあったという。

しかしその後、シュタイナーはブラヴァツキー夫人の後継者アニー・ベサントたちの思想を受け入れられなくなり、１９１３年に神智学協会を離脱。スイスのドルナハに人智学協会の本部を構え、１９２５年3月30日に64歳で亡くなるまでは人智学思想に基づく、出版、演劇（神秘劇）、ダンス（オイリュトミー）、建築、農園、医学、シュタイナー学校のための教員教育などの活動を次々と創出した。

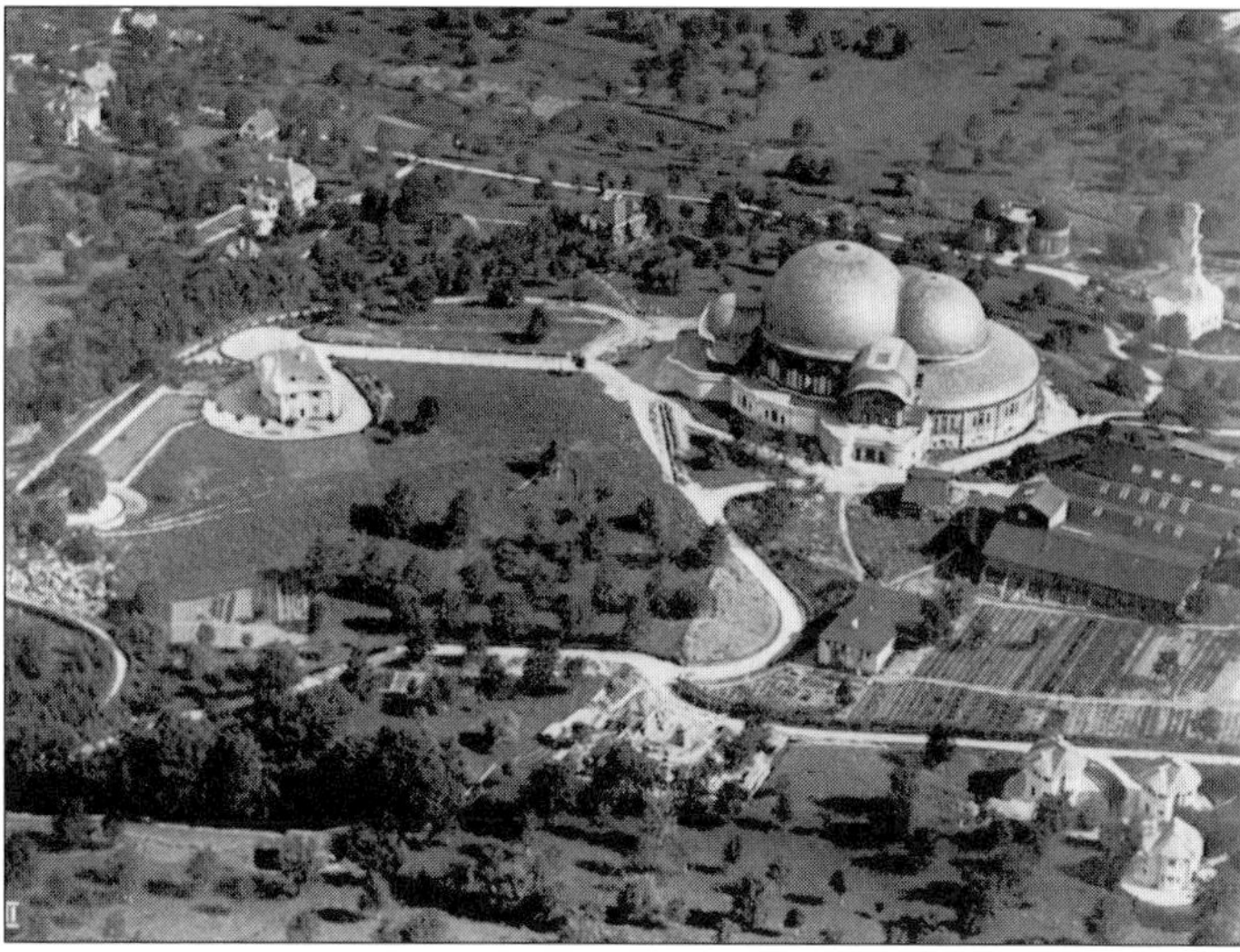

写真右にあるドーム状の建物がドルナハにあった人智学協会の本部「第一ゲーテアヌム」。シュタイナー自身の設計で、1922年に焼失後は同じ場所に「第二ゲーテアヌム」が建てられた。

■シュタイナーは超能力者か？

シュタイナーは膨大な著作を書き残していて、晩年には自伝も書いている。その記述を信じるならば、少年時代から霊界を見ており、時には死者の霊を見ることもあったという。同時代に心霊主義が流行しており、トランス状態になって霊視する霊媒たちが多数出現していたが、それらと違い、シュタイナーの場合は意識を保ったまま幻視が起こったそうだ。

少年時代のシュタイナーは、宗教や学問を学べば自分が見ているものについてもわかると期待していたようだが、それはかなわなかった。彼が見た世界について人に話しても空想の産物だと思われた。「そして私の霊界体験はいつもこういう反応をもって迎えられた。私の話を興味を持って聞こうとする人はいなかった」と自伝に書いている。

我々が「中二病」などと呼びならわしているように、思春期の少年がファンタジーの世界をあたかも現実であるように語ることはある。だが、シュタイナーは60代で亡くなるまで幻視を記録し続けている。科学技術に惹かれ、技師を目指した少年が、やがて宗教や哲学に興味を持ち、文筆家、知識人と認められた40代から神秘思想の世界に飛び込んでいった過程を見るに、単なる空想家というよりも、〝実際に何かを見ることができる幻視者〟であったと考えることができるかもしれない。

■シュタイナーの霊視

では、シュタイナーは本当に霊界を見て、彼の言う「超感覚の世界の認識」を得ていたのだろうか？　シュタイナーの霊視の中身については、作家のコリン・ウィルソンが客観的に検討している。ウィルソンは超能力を信じる立場だが、「シュタイナーの霊視内容には間違いが多いという事実は認めなくてはならない」としている。

例えばアーサー王伝説が残るコーンウォールのティンタジェル城址での霊視だ。

1924年にこの城跡を訪ねたシュタイナーは、この地に霊的存在が満ちているのが見えたと語り、アーサー王と12人の騎士たちがここで太陽から力を授かってヨーロッパを股にかける大遠征を行ったと語っている。

しかしながら、現在の歴史研究はアーサー王の伝説は後代のロマンチックな架空の物語に基づいていることを明らかにしているし、ティンタジェル城も13世紀にわざわざ古風な様式で建てられたものである。従ってシュタイナーが幻視を見たのが事実だとしても、その内容はシュタイナーの想像力が読書や伝聞によって得た知識にもとづいて産み出したものだと言わざるを得ない。

シュタイナー自身は、「霊界からの示現を受けていると信じている人の多くが実は自分自身の記憶――自分ではそれが記憶だとは思っていない――にとらえられているに過ぎないのは確かなことである」（『霊界の領域』の一節）と書いており、自分は正しくアカシック・レコードを解読していると繰り返し主張している。だが、信者ではない限りこれをそのまま受け取って信じるのは難しい。

■幻視とは何か

シュタイナーの時代から120年。現代では脳の誤作動で幻視が起こる仕組みが明らかになりつつある。皮肉なことにシュタイナーが影響を受けた神智学、そして彼が構築した人智学の大きな影響を受けて世界を席巻した※ニューエイジの担い手たちが、シュタイナーと同じように超感覚の世界を認識しようと、薬物、瞑想、感覚遮断などの手段を用いて幻覚を見たことで、脳が幻覚を産む仕組みについての研究が急速に進歩したのだ。

シュタイナーは肉体の感覚を意識しないように瞑想するように努めることで、精神を肉体から自由にする方法を説いているが、刺激を減らし感覚を遮断すると幻覚が起こりやすくなることがわかってきている。幻視は決して超能力ではなく、条件が整えば誰にでも起こり得る現象なのである。

シュタイナーは、肉体の一部である脳が精神を産み出しているという機械的唯物論に反対した。そして代わりに「霊／魂」（肉体と独立して自由に生まれ変わっては高みを目指して進化を続ける）こそが人間の本質であると説いた。しかしその活動の結果、彼の自信の拠り所であった幻視は、脳が産み出しているものであったと判明してきているのは、皮肉なことである。

（ナカイサヤカ）

【参考文献】
コリン・ウィルソン『ルドルフ・シュタイナー――その人物とヴィジョン』（河出書房新社、1994年）
ルドルフ・シュタイナー『いかにして人が高い世を知るにいたるか』（精巧堂出版、2016年）
ルドルフ・シュタイナー『いかにカルマは作用するか』（みくに出版、2009年）
※「日本人智学協会ホームページ」

【PSI事件09】

エドガー・ケイシー

眠れる予言者

Edgar Cayce
1877~1945
America

エドガー・ケイシーは「眠れる予言者」の別名でも有名な超能力者である。現在も熱心な信奉者がおり、20世紀最大の予言者というキャッチフレーズに惑わされがちだが、ケイシー自身は1945年に亡くなっている。

ケイシーが1960年代以降のニューエイジに大きな影響を与えたのは間違いないが、後述するように長男、ヒュー・リン・ケイシーが1931年に設立したエドガー・ケイシー財団（英名はA.R.E=Association for Research and Enlightenment／研究啓蒙協会）とトマス・サグルーによる伝記『永遠のエドガー・ケイシー』の力によるところが大きい。

エドガー・ケイシーは1877年にアメリカ、ケンタッキー州ホプキンスビルにほど近いビバリーの町で生まれた。著名人としてはイサドラ・ダンカンと同い年で、日本の超能力者、御船千鶴子、高橋貞子より9歳年上である。つまり、19世紀の心霊主義／神智学の時代の影響を強く受けている人物なのである。

■生い立ちとその人生

エドガー・ケイシーの生家は農家だったが、彼の

エドガー・ケイシー

父は経営に失敗して農場を手放すことになってしまった。未発達な資本主義が開拓農家を直撃していた時代で、貧しいアメリカ南部ではよくあることだった。エドガーはちょうど高校に入学したところだったが、家族を支えるべく9年生を終えたところで中退し、働きに出ることになった（現在もアメリカに多い8・4年制。日本の小中学校に該当する初級学校が8年、高校は4年。9年生は日本の中3に相当する）。勉強好きで、高卒後は上級学校に行って医者か聖職者になりたいと夢見ていた少年には辛い選択だったろう（大学はまだ都会の上流階級のもので、庶民が進学するところといえば、神学校か様々な代替療法の医学校だったのだ）。

エドガーはより良い給料と、将来性のある仕事を求めて、地元のホプキンスビルだけではなく近隣の町を転々とし、1900年に実家が保険販売業を始めたのでセールスマンとして働くことになった。

そして、おそらくはそのストレスにより声が出なくなる。当時はようやく細菌が発見されたころである。現在の医療でも難しい心身症の治療はなかなかうまくいかなかった。町の医者では治せなかった声の不調を一時的にだが取り戻すことに成功したのは、ちょうど町で催眠術のショーの公演をしていた、ハートという催眠術師だった。

あまり乗り気ではなかったエドガーだったが、催眠下では声が出た。ただ覚醒すると元に戻ってしまう。ハートは機会を見つけては治療を続けようとし、南ケンタッキー大学の心理学教授ジラオ、さらにコロンビア大学で心理学を教えているカッケンボスが興味を持ってやってきたが、治療は失敗に終わった。最後に町の住人で独学でメスメリズム（18世紀のドイツの医師、フランツ・アントン・メスメルが考案した治療法。動物磁気と呼ばれる特殊な磁気を操作することで身体の不調を治せるとした。催眠術のもとになったとされる）を学んでいた男性アル・レインと自己催眠を試みたときに、別人格が現れて声を取り戻すことができたという。

　レインは病弱なところがあり、自分の健康を向上させたいとメスメリズムとオステオパシー（整骨療法。南北戦争の従軍医師だったアンドリュー・テイラー・スティルが１８７４年に作ったアメリカ独自の医療で、オステオパシー医師（D.O.）は現在も医学学校卒の医師（M.D.）と同じく正規の医師として扱われている）を学んでいて、エドガーの最初のパートナーとなった。エドガーの声が出なくなるとレインが催眠導入をして、レインはエドガーの医療アドバイスに従うという関係である。

　以来、友人や家族に催眠導入をしてもらって、この別人格が「リーディング」※を告げるというエドガー・ケイシーの予言スタイルが確立していく。レイン以降、エドガーは誰かとパートナー関係を結んでは強い影響を受け、やがて関係が破綻して困難に直面するというパターンを繰り返すことになる。

　成長した長男ヒュー・リンが最後のパートナーとなることで、エドガーの周囲には家族と友人、信奉者だけが集まって他人に振り回され続けた人生は安定を迎えるが、その期間は短く、１９４５年に65歳で亡くなっている。

■予言は当たったのか？

　ケイシーの家族と財団の人々は、エドガーの能力を信じており、彼のリーディングは１９０１年以降１９４４年までの1万４０００件に及ぶ膨大なデータとして記録されている。これは超能力の分析可能なデータとしては稀有な状態であると言ってよいだろう。

　財団側は分析を通じて当たった予言があると主張しているが、※ジェイムズ・ランディ、マーチン・ガードナー、マイケル・シャーマーなど批判的立場の人々は、これを予言数が膨大で表現があいまいであるために当たったように思えるものがあるに過ぎないと結論付けている。

　エドガーは石油の採掘など様々なビジネスに手を出したが、肝心の油田を見つけられないなど、事業にことごとく失敗。仕事のパートナーにもしばしば裏切られている。本人は金銭的な成功を求めてはいけないからだ、と釈明しているが経済的な困窮が慢性化していた。そんな状況を見ると、とても20世紀最大の予言者とは呼べない。

　リーディングでは対象者の人生を予知するだけでなく、医療的なアドバイスも送ったが、それについても手紙によるやりとりであったために、対象者がすでに死亡していたケースが複数あった。『永遠のエドガー・ケイシー』を書いたトマス・サグルーはエドガーの長男ヒュー・リンの友人で、エドガーの元で長期療養をしていた患者でもあったが、エドガーの療法は従うのが難しく、その困難さを乗り越えないと効かないと述べている。ちなみに、トマスは１９４２年にエドガーの伝記を出版したのち、１９５３年に45歳で人工関節置換手術の途中で亡くなっている。エドガー自身も67歳のときに脳卒中で亡くなっていて、決して長生きではない。

　エドガーが医療アドバイスをしていた時代は近代医療が未発達で、人間の自然治癒力に頼る方が治癒成績が良かった。

　まだ開拓時代の気風が残るアメリカでは19世紀前半に、誰でも医療ができると説くポピュラーヘルス運動が起こり、衛生と栄養と健康的な生活

『永遠のエドガー・ケイシー』

に注目した自然療法が人気を集める基礎となっていた。

　エドガーの療法はこうした各種の療法を横断的に集めたもので、20世紀前半までであれば、思い込みによるポジティブな反応も含めてそれなりの「治療効果」をあげることもあっただろう。

　ジェイムズ・ランディはエドガー・ケイシーの予言の内容は旺盛な読書によって得られたものだとしているが、『永遠のエドガー・ケイシー』によればエドガーの知り合いには医師も多く、超能力を検証しようと好奇心にかられた研究者がしばしば彼のもとを訪れていたという。

W・H・ケッチャム

　ケイシーを売り込もうとした二番目のパートナー、ホメオパス（同種療法士）のウェスレー・ハリントン・ケッチャムがボストン医学会に報告し、１９１０年のニューヨークタイムズの記事で印象付けようとした「田舎の無学の青年」は、実際は多彩なブレーンを持っていたのだ。

　基本的に人の好い田舎育ちの青年であったエドガーのリーディング内容はその時期のパートナーに強い影響を受けている。

　レインがパートナーであった時期はオステオパシーに基づいた内容となっていて、オハイオ州で印刷業を営むアーサー・ラマースと出会ってからは、神智学信者だったラマースの求める神智学思想に基づいて、アカシック・レコードを読んでいるという想定で、輪廻転生の過去生を語るようになった。

　バージニアビーチに本拠地を移してからは当時非常に人気があり、60年代にＣＤＣ（アメリカ疾病予防管理センター）から営業禁止処分を受けたガンの代替療法「ホクシー療法（１９４０年代にアメリカのハリー・ホクシーが考案した特殊なハーブなどを使用するガン療法）」なども取り入れている。大予言者である割には、独自性に欠けていて、先駆者をなぞっているのもエドガーの特徴かもしれない。

■メスメリズムと超能力

エドガーの超能力を引き出したとされている催眠術は18世紀末にドイツ人医師メスメルが開発した治療法、メスメリズムにルーツがある。メスメルの後継者たちによって、トランス状態と暗示という科学的な理解へと繋がる発展があった一方で、公開実演や地方巡回治療はエンターテイメント化して催眠ショーとなっていった。

クインビーとバークマー

また、催眠によって霊媒のような能力を発揮する人々がいることは、比較的早くから知られていた。1836年にアメリカにメスメリズムをもたらしたフランス人アマチュア・メスメリスト、シャルル・ポワイヤンも女性霊媒をトランス状態にして自分の治療法を聞き出す体験をしていた。その実演を見てメスメリズムを始めたニューソート（聖書を従来とは違った内容で解釈しようとする運動）の租、フィニアス・クインビーは19世紀中頃までルーシャス・バークマーと言う助手を霊媒のように使う治療をしていた。また、自己催眠によって心霊能力を発揮するという、エドガーとそっくりな人物もあらわれていた。ポキプシーの千里眼として知られたニューヨーク州の住人アンドリュー・ジャクソン・デイビス（1826～1910）である。

A・J・デイビス

エドガー・ケイシー財団ことA.R.D.は超能力研究を目的の一つに掲げていて、現在はアンドリュー・ジャクソン・デイビスについてもウェブ

アメリカのバージニア州バージニアビーチにあるエドガー・ケイシー財団のビジターセンター。同じ敷地内にはリーディングなどを行うエドガー・ケイシー病院もある。

ページに詳細な記事を掲載しているが、エドガーの最初の伝記である『永遠のエドガー・ケイシー』には ヨーロッパの「センシティブ」と呼ばれた霊能力を発揮した人々の事例は載っているものの、デイビスには触れていない。

デイビスも当初は治療者だったが、のちに宗教的な神秘思想を語るようになった。デイビスとエドガーはほぼ同時代人でデイビスの著作も複数出版されている。エドガーが影響を受けていてもおかしくはないと思われる。

■予言は当たらずとも

19世紀末の心霊主義、神智学、ニューソートは、世界不況と二つの大戦による混迷期の休眠を経て、1960年代のカウンターカルチャー（主流の文化に反発する価値観を持つ文化）の時代にニューエイジとして再び注目を集めるようになった。秘儀を経たものだけが宇宙の秘密にアクセスできるとし、オカルト色が濃厚なオリジナルの神智学よりも、会費制のエドガー・ケイシー財団が発信するエドガー版の神智学神話は、業《ごう》や輪廻転生といったインド思想に初めて触れたこの時代の若者たちにもハードルが低くわかりやすいものだった。ニューエイジの旗手となった女優のシャーリー・マクレーンもベストセラーとなった『アウト・オン・ア・リム』でエドガーのリーディングを取り上げるなど、エドガー・ケイシーは死後、スピリチュアルの中心的人物になったのである。

最後にエドガー・ケイシーが間接的に成し遂げた偉業について紹介しておきたい。

エドガーもシュタイナーと同様に生まれ変わりの過去生として、エジプトでの記憶を語っているが、これに感銘を受けたマイク・レーナーという名の高校生が1973年に財団の援助でカイロ・アメリカン大学に留学して考古学を学び始めた。本物の考古学とエドガーのリーディングの違いに驚いたマイクは、ピラミッド周辺を地道にかつ丹念に調査する最初のエジプト考古学者となり、何もないと思われていた場所に巨大な都市遺構である、ピラミッドタウンを発見し、それまでのエジプト古代史の常識を覆した。エドガー・ケイシー財団はあまり喜んでいないようだが、エドガーが生きていればどう思っただろう？

生真面目で人の善意に振り回され続けた予言者は案外喜んだかもしれない。

（ナカイサヤカ）

【参考文献】

トマス・サグルー『永遠のエドガー・ケイシー――20世紀最大の予言者・感動の生涯』（たま出版、1994年）

※「エドガー・ケイシー財団ホームページ」

※「A Skeptical Investigation of Edgar Cayce's Association for Research and Enlightenment」

※ James Randi「Edgar Cayce: The Slipping Prophet」『Skeptical Inquirer』(Volume 04, No.1)

大田俊寛『現代オカルトの根源――霊性進化論の光と闇』（筑摩書房、2013年）

【コラム】

宗教者の超能力伝説

原田実

教祖・開祖や聖者とされる人物が超能力と解釈できる現象を起こしたという話はさまざまな宗教で見られる。

たとえば、新約聖書でイエス・キリストの伝記にあたる4福音書（マルコ伝・マタイ伝・ルカ伝・ヨハネ伝）は、水の上を歩いた（マタイ14章・マルコ6章・ヨハネ6章）、悪霊に憑かれた人からその悪霊を追い払った（マタイ4章、8章・マルコ4章、8章・マタイ8章・ルカ4章、9章など）、病人を癒した（マタイ8章・マルコ1章・ルカ6章・ヨハネ6章など）、死者を蘇らせた（マタイ9章・マルコ5章・ルカ7章、8章・ヨハネ11章）、結婚式で葡萄酒がなくなりかけた時に水を葡萄酒に変えた（ヨハネ2章）、わずかなパンと魚を分け与えて何千人もの群衆の腹を満たした（マタイ14章・マルコ6章・ルカ9章・ヨハネ6章）など、イエスが起こした多くの奇跡を記している。

１９９２年にヨハネ・パウロ二世教皇（当時）の指示に基づいて発表された現代カトリック教会の教義解説（カテキズム）では、これらの奇跡は人々を飢えや不正義、病気、死などのこの世の不幸から解放することを通して、罪の奴隷の状態から人々を開放するものであった、と意味づけられている（５４９節・５５０節）。

●キリスト教における奇跡と魔術

新約聖書においてはイエスばかりでなく、イエスの弟子たちやイエス没後に伝道者となったパウロも、イエスの名によって癒しを命じることで病気治しや悪霊祓いなどの奇跡を起こしたことが記されている。

（『使徒行伝』3章、5章、8章、9章、16章など）。

興味深いのは『使徒行伝』第8章にある魔術師シモン（シモン・マグス）のエピソードである。当時、サマリア（現パレスチナ自治区ヨルダン川西岸を中心とした地域）にはシモンという有名な魔術師がいた。イエスの弟子たちが伝道するのを見たシモンは、彼らから奇跡をもたらす権威を金で買おうとしたが、初代教皇とされるペテロに「お前は、このことについては、どんな分け前もないし、それにあずかることもできない。お前の心が神の前に正しくないからだ」と叱責され、悔い改めたというものである。

2世紀末頃成立とみられる新約聖書外典（教会から公式に聖書と認められていないテキスト）『ペテロ行伝』の現存分全41章のうち、第4章から第32章までの29章分はペテロとシモンの争いの記述に費やされている。

シモンは自分も、ペテロと同様に病人を癒したり死者を蘇らせたりできるかに見せかけ、さらに魔術で空中に浮かんで見せたが、ペテロが神に祈ると墜落してしまった。シモンは面目を失って逃げ出し、後にペテン師として処刑されたという。

この話は13世紀イタリアで書かれた聖人伝集『黄金伝説』の使徒聖ペテロ伝にもとられた。その中では、シモンが空中に浮かんでいるところでペテロが祈ると、姿を消してシモンの体を持ち上げていた悪魔が逃げ出したため、シモンは真っ逆さまに地上に落ち、頭を砕かれて死んだとされている。それにより、シモンの墜落はキリスト教美術でもしばしば取

17世紀のフランスの画家、セバスチャン・ブルドンが描いたシモンの墜落

り上げられる主題となった。

シモンの墜落は、魔術に対する、神への祈りによる奇跡の優位を示す物語であり、それはすなわち、キリスト教徒が魔術の巣窟とみなした異教に対する、キリスト教の優位を示す「実例」としても機能した。

●仏教における超能力の位置づけ

仏教でも釈尊やその弟子が超能力と解釈できる現象を起こしたという話は経典に数多くあるし、後世の僧侶や修行者の伝説にも見ることができる。

たとえば『維摩経《ゆいまきょう》』という経典ではヴィマラキールティー（維摩居士《ゆいまこじ》）という在家の修行者が、出家した仏弟子よりも高度の悟りを得ていたという内容の経典だが、その中でヴィマラキールティーは自分の部屋の空間を操って高さ340万ヨージャナ（由旬《ゆじゅん》）もの高さの師子座（ライオンの装飾がある椅子）を320基も収めたが全く邪魔にならなかったと記されている（ちなみに漢訳『維摩経』ではヴィマラキールティーの部屋は方丈《ほうじょう》、四畳半くらいの広さだと記されている。鴨長明《かものちょうめい》の『方丈記』の表題はこれに由来する）。

日本では、特にその種の伝説が多い人物としては聖徳太子（574～622?）や日本真言宗の祖・空海（弘法大師、774～835）が挙げられる。

仏教では、いわゆる超能力にあたるものは神通《じんずう》（アビジュニャー。「通」とも音写）といわれ、禅定《ぜんじょう》（瞑想による精神統一）を修め、世界への認識を変えることで得られるものとされている。

『大智度論《だいちどろん》』（ナーガールジュナ撰・鳩摩羅什《くまらじゅう》訳とされる経典註釈書）、『成実論《じょうじつろん》』（ハリヴァルマン撰・鳩摩羅什訳とされる論書）などによると、仏教の神通は六神通（六通、六旬）に分類される。

①神足通《じんそくつう》　思いのままに移動できる（飛行）、思いのままに姿を変えられる（変化）など、物事を思い通りに動かす能力
②天眼通《てんげんつう》　世界にあるすべての物事を見通す能力
③天耳通《てんにつう》　世界のすべての音を聞き取る能力

④他心通《たしんつう》　他者の心の中にある善悪すべての思いを読み取る能力
⑤宿命通《しゅくみょうつう》　自分および他者について前世を含む過去を見通す能力
⑥漏尽通《ろじんつう》　煩悩をすべて断ち切り迷いの世界から解脱する能力

面白いのは、仏教において、漏尽通以外の五神通については、生まれながらに会得している聖者や、外道（仏教以外の宗教）の修行者で会得した者がいることを認めていることである。仏教の他の宗教に対する優位性は漏尽通の存在によって保障されることになる。

●宗教家が超能力を発現する意味

キリスト教が成立した時代の中東・地中海方面にしろ、仏教が成立した時代のインドにしろ、さまざまな宗教がひしめいていた。その中で勝ち残っていくためには在来の神々や他の教団の教祖よりも自分たちの方が優位であることを主張していかなければならない。キリスト教の奇跡や仏教の神通は、この競争の中で伝説化していったものだろう。

仏教は結局、インドでは衰微に向かうが、移植された先の東アジアでも在地の信仰と競い合わなければならなかった。中国で仏教が広まっていくのは後漢・三国時代から晋代にかけての1～5世紀だが、この時代の中国で超能力めいたことを行う神々や仙人の存在が信じられていたのは東晋代（317～

海を渡る仙人たちの姿を描いた「八仙渡海図」。道教では特殊な修行を経て超能力を身につけた仙人という存在が信じられていた。

420）成立の『神仙伝《しんせんでん》』『捜神記《そうじんき》』からうかがえる。東アジアでの新たなライバルと競うためにも仏教は神通の存在を強調しなければならなかったのである。

さらにいえば現代における新興宗教の教祖たちについても、さまざまな超能力伝説があるのは、他の教祖に対して優位を求めようとするためだろう（結果として、教祖たちに関して似たような話が多くなり、差別化できなくなっているのは皮肉だが）。

なお、日本と（北米を含む）西欧との対比に限って言えば、近代以降の超能力研究は、西欧が宗教的解釈と峻別する方向に向かうのに対して、日本では仏教を含む宗教の教義で超能力を解釈しようとする傾向があるようだ。福来友吉が晩年、高野山大学で透視・念写の原理を真言密教の教理で説明する研究を行っていたり、戦後の超能力研究の草分けで日本超科学会を設立した橋本健（1924～2007）が「生長の家」の信者でその教義により超能力を説明しようと試みたりしたのはその典型である。

これはキリスト教における奇跡が、神の力に帰属するもので、人間に帰属する超能力の概念と相いれないのに対し、仏教の神通はもともと修行者に帰属するとされているせいかも知れない。

【主要参考文献】

フランシスコ会聖書研究所訳注『聖書』（サンパウロ、2011年）
日本カトリック司教協議会教理委員会訳・監修『カトリック教会のカテキズム』（カトリック中央協議会、2002年）
日本聖書学研究所編『聖書外典偽典7　新約外典Ⅱ』（教文館、1976年）
前田敬作・山口裕訳『黄金伝説　第2巻』、（人文書院、1984年）
劉向『列仙伝・神仙伝』（平凡社ライブラリー、1993年）
干宝『捜神記』（平凡社ライブラリー、2000年）
総合佛教大辞典編集委員会『総合佛教大辞典　全3巻』（法蔵館、1987年）
植木雅俊訳・解説『サンスクリット版全訳　維摩経』（角川ソフィア文庫、2019年）
原田実『黄金伝説と仏陀伝』（人文書院、1992年）
原田実・杉並春男『原田実の日本霊能史講座』（楽工社、2006年）
原田実『オカルト「超」入門』（星海社新書、2012年）

【第二章】1950、60年代の超能力事件

【PSI事件10】

L・ロン・ハバード

サイエントロジーの創設者

Lafayette Ronald Hubbard
1911~1986
America

ロン・ハバードは西欧オカルト系新興宗教サイエントロジーの創始者で、「SF作家が宗教を作った」というフレーズで知られている。

超能力者が神のお告げを受けて信者を集めたというようなタイプではないが、人間には誰にでも超自然的なパワーが宿っていて、自身の開発したメソッド（方法）に従えば使えるようになると説き、多くの信者を集めた存在なので、取り上げておきたい。

■生い立ちなど

ロン・ハバード、本名ラファイエット・ロナルド・ハバードは、1911年に海軍士官の息子として生まれた。アメリカの海軍将校は転勤が多い。一人っ子のロンは各地を転々とする暮らしで父の同僚たちが語る海の男の冒険譚に胸を躍らせ、いつか自分も恐れ知らずの偉大な冒険家になる日々を夢見る少年だったようである。

両親は息子も海軍士官となることを望んでいて、ロン自身ももちろんそのつもりだったが、数学に全く興味を持てず、海軍士官学校の受験に失敗してしまう。一般の大学に進学後は、冒険家を志し、グライダーに夢中になってパイロットを自称。出資者を集めて沈没船の宝探しなどを行っている（宝探しは

「ダイアネティクス」を考案した1950年頃のL・ロン・ハバード。その思想を発展させ、のちに世界的な広がりを持つ宗教団体「サイエントロジー」を創設する。

失敗)。

ハバードは、この後も夢想的な計画と事業の失敗を繰り返していくことになるのだが、彼自身の中ではどんな失敗も素晴らしい冒険物語に改変されてしまったらしい。サイエントロジーによる公式伝記の中では創立者ハバードは彼の記憶のままに、〝素晴らしい英雄〟として描かれている。

その後、ハバードは大学を中退し、ジャーナリストを志したが就職に失敗する。結局、当時大ブームとなっていたパルプ雑誌に冒険物語を書き、生活費を稼ぐことになった。冒険ファンタジーは夢想家のハバードにぴったりの分野だったし、幸い彼が量産した作品は好評で、誰もが名前を知る作家となっていった。

欧米には酒場や親戚友人の集まりで「話の面白い男」がトールテール(ほら話)と呼ばれる嘘とも本当ともつかない奇想天外な体験談を語って皆を楽しませる伝統があった。「ほら吹き男爵の冒険」や「ガリバー旅行記」などもこうしたほら話の伝統を踏

ハバードの冒険小説

まえた作品だ。パルプ雑誌作家仲間の回想によれば、ハバードはこうした話の名手で、作家たちが集まると20代の彼が経験できたはずがない多彩な冒険譚を披露していた。

冒険小説の執筆は好調だったがパルプ小説の原稿料は安く、飛行士仲間の女性と結婚したハバードはハリウッド映画の脚本家への転身を図る。だが脚本は採用されず貧乏文士の暮らしから脱出できなかった。

彼が次に目を付けたのが、新たに登場したサイエンスフィクション分野だった。SFの原稿料が高いというわけではなかったが、本物の科学者や技術者もいるSF作家と言う肩書が魅力的だったのかもしれない。数学が苦手なハバードはハードSFは不得手だったが、SF育ての親と呼ばれる編集者ジョン・W・キャンベルに超能力などを取り扱う分野で見込みがあると認められ、SF作家としてのスタートを切った。

■オカルトとの出会い

間もなく第2次世界大戦が始まり、海軍に志願したハバードは、ようやく憧れの海軍士官になる。だが、本人の意気込みとは裏腹に軍人としての適性はなかったようで、戦争末期に体調を崩し、長期の療養生活に入る。この時に出会ったのが、カリフォルニア工科大学の固体燃料ロケット開発者のジャック・パーソンズだった。

ジャック・パーソンズ

パーソンズは裕福な一族の末裔で、広い家を利用して大学関係者のための下宿を経営していた。パーソンズは科学技術者でありながら、アレイスター・クロウリーの魔法秘密結社のロサンゼルス支部長を務めていて、彼の下宿はオカルトと自由恋愛をテーマにした、後のヒッピーコミュニティーのような若いインテリたちのたまり場となっていた。

海軍のままならぬ日々で心が折れかけていたハバードは、パーソンズと意気投合してここに移り住み、秘密結社のメンバーにもなってオカルトの世界の住人となっていく。ハバードはここでも海軍士官としての冒険体験を売り物にしたが、実際は海軍に居場所はなくなっていた。十二指腸潰瘍の手術で入院したハバードは退院後、1945年の年末に除隊となった（サイエントロジーの主張では、この後も1950年ごろまで海軍士官であったことになっている）。その後、1946年にパーソンズと共同出資で購入したヨットで、パーソンズの恋人サラと逃亡するというスキャンダラスな事件を起こし、双方とも破産状態となった（サラはハバードの二人目の妻となっている）。

■ダイアネティクス 成功と崩壊

除隊と破産とスキャンダルで、さすがのハバードもひどいうつ状態に陥ったが、独学で学んだ心理学に基づく、おそらく人生初の自己分析と徹底的な自己肯定をすることでうつ状態を抜け出した。自信を取り戻したハバードはこの体験にフロイトやユングなどの心理学を加え、1948年ごろに疑似心理療法のダイアネティクスを作り上げた。

アメリカでは1930年代にデール・カーネギーやナポレオン・ヒルといったニューソート系の作家が、自己啓発メソッドを解説した本を出版。セミナーを開催するというビジネスモデルで成功しており、戦後のこの時期にはポジティブシンキングのノーマン・ピールも積極的に活動していた。

このビジネスモデルで成功できそうだと考えたハバードはヒットを目指してダイアネティクスを

『DIANETICS』(1950)

売り込み始めた。ハバードは自信満々で心理学の専門誌にもダイアネティクスを投稿したが、当然のことながら無視されている。ＳＦ作家仲間の反応は真っ二つだったが、作家のヴァン・ヴォクトや編集者キャンベルは熱心な支持者になり、ＳＦ雑誌『アスタウンディング』がダイアネティクスの最初の発表の舞台となった。これから後のハバードのＳＦ作品はどれもダイアネティクスをテーマにするようになる。１９５０年に書籍出版に漕ぎつけると、ダイアネティクスはベストセラーになり、各地でのセミナーも盛況となった。ハバードが長らく待ち望んで、信じていた成功がようやく訪れたのだ。

ダイアネティクスは産まれ出たときのトラウマ（バーストラウマ）がその後の人生に影響を及ぼすとして、退行催眠で出生時の記憶を思い出して克服するというようなものだった。だが、大衆心理学の療法としては強力で、ひどく傷つく人も出てきた。またビジネス展開に不慣れなハバードは、この急激な成功を継続的に発展させることができなかった。

ハバードにとっては、あってはならない失敗だった。ここから彼は人生で初めて現実的な成功と夢の実現の両立に取り組むようになった。自信家の彼は自分以外に失敗の要因を求めては一種の執念深さを持って排除に向かうようになる。この過程で多くの仲間は去り、ハバードの猜疑《さいぎ》心はどんどん大きくなっていったが、孤独な教祖となった彼は、とうとうフランチャイズによる一大宗教ビジネスを実現させてしまう。

■サイエントロジーの創設

１９５２年、ハバードは次の展開に手を付ける。ダイアネティクスは自分が生まれた時点までの遡行《そこう》だったが、人間の本質は「魂として機能する不滅の精神体＝セイタン」であり、魂の本質を知るハバードのメソッドを使えば、過去生の記憶を思い出せる。過去の記憶を取り戻せば、セイタンは人間の肉体に宿り、鈍化した本来の機能を取り戻すことができる

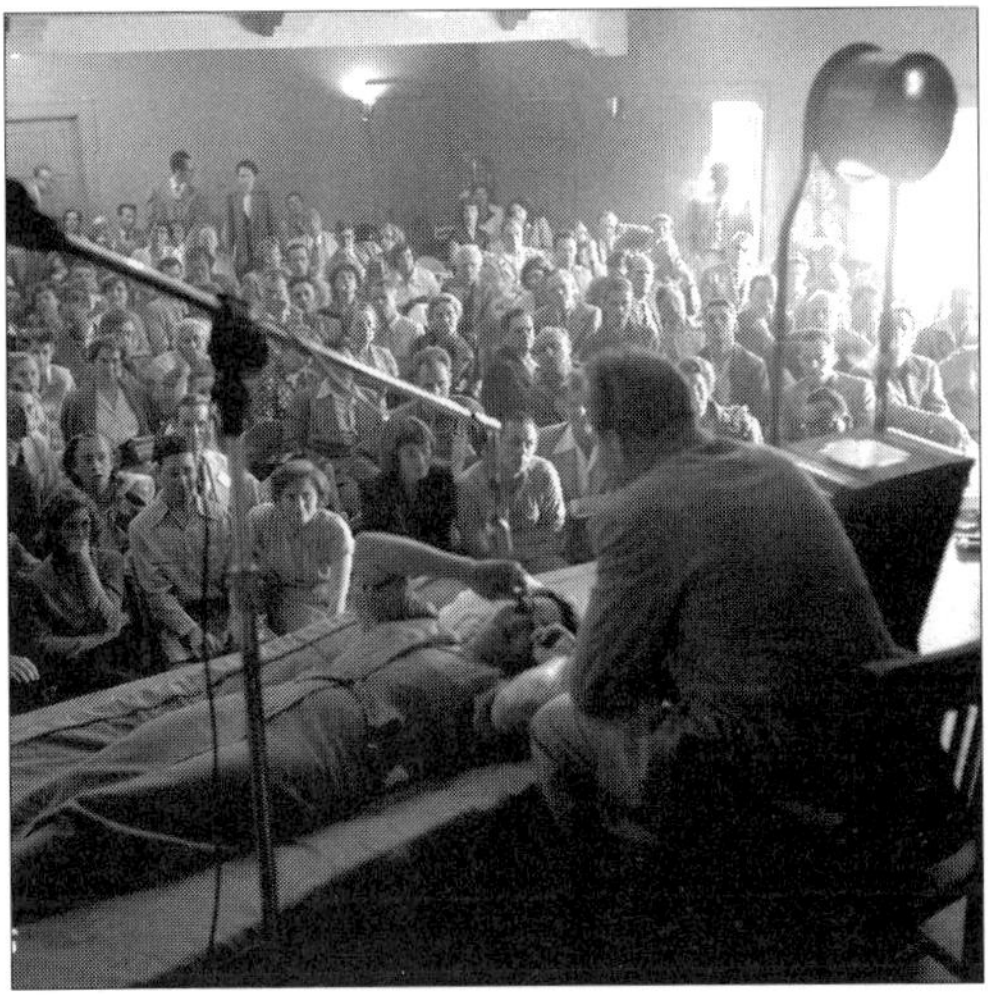

『ダイアネティクス』は大ベストセラーとなり、ハバードは全米で講演を行った。写真は『ダイアネティクス』のセミナーを写したもの。

と説き、このメソッドをサイエントロジーと名付けた。そして、ニューエイジのブームにあわせて新興宗教としてのビジネス展開を試みたのである。

ダイアネティクスの失敗は、メソッドを全部公開したのが原因と考えたハバードはサイエントロジーのメソッドを口外不可の秘密とした。ダイアネティクスのように本やセミナーで学ぶのではなく、サイエントロジー教団に加入しなければオーディティング（指導）を受けて過去生を思い出す体験はできないし、このメソッドを習得してオーディティングを導くオーディター（指導者）になることもできない。各地の教会、支部、関連団体、関連会社から収益が本部に確実に流れ込むようにネットワークが作られ、教団は急速に成長した。

サイエントロジーのオーディティングが、一種の洗脳なのか、それとも、自己の内面を見つめて気付きをもたらす手助けをしてくれるメソッドなのかは、評価の分かれるところだ。ハバードはサイエントロジービジネスを展開しつつ、何年もの間ボランティ

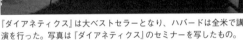

ア信者たちとサイエントロジーメソッドの実験を繰り返し、熱心に改良に取り組んでいる。超能力／オカルト分野では珍しい取り組みだと言っていいだろう。こうやってメソッドはハバードの考えをより反映したものに変化していった。

この変化を受け入れられないメンバーは組織を離れていったが、ハバードのカリスマ的な魅力は、次々と新しい信者を惹きつけていった。ハバードはいつも熱心な信奉者に取り囲まれて、経済的にも成功した一方で猜疑心《さいぎ》に苛《さいな》まれ、古い友人を次々と失い、家族を置き去りにして結婚しては離婚し、孤独を深めて行った。

サイエントロジー教団と関連団体のネットワークを作り上げたハバードは税務調査をはじめとする国家からの干渉を恐れ、本拠地をイギリスからニュージーランド、南アフリカ、オーストラリア、カナダ、ローデシアと転々と移動させ、最後に客船数隻からなる船団を作ってここを本部とした。この本部船団は1967年からの7年間、主に地中海の公海上を彷徨うことになる。1973年ごろ海上生活は終わり、ハバードはアメリカに戻り、ニューヨーク、フロリダなど教団が秘密裏に購入した隠れ家を転々とする。この間に交通事故、心臓発作などで健康を大きく害し、1986年に教団が入手したカリフォルニア州の牧場で脳卒中で亡くなった。サイエントロジー教団ではハバードの本質であるセイタンは不死の存在なので、別の銀河に存在していると表現されている。

■サイエントロジーは超能力者を生んだのか？

サイエントロジーはアメリカでもっとも秘密主義の宗教と呼ばれていて、サイエントロジー信者が外に向けて派手なパフォーマンスはすることもない。従ってサイエントロジー信者の中から超能力者が生まれていても、信者ではない我々は知る由もない。

サイエントロジー公式サイトによると、信者としてのステップを重ねていくと、OT（オペレイティング・セイタン）というステータスに達して、「物理的手段としての身体を使わなくても物事を処理することができる」とされている。

マダム・ブラヴァツキーの神智学、シュタイナーの人智学はいずれも秘儀を継承することで超能力を身に付けられると説いており、シュタイナーはそのための瞑想法などを解説している。エドガー・ケイシー財団もトレーニングでケイシーのような透視能力を開発できると主張し、センターの訪問者はESPカードを使ったトレーニングも体験できる。それらに比べると、サイエントロジーの提供するシステムは修行でもオカルトでも訓練でもないという点で現代的でユニークだ。

ハバードは自分はクロウリーの魔術をマスターして魔術師になったと述べており、不死のセイタンが記憶する宇宙史を書いているが、彼自身がセイタンの本来の力を得て超能力者となったかどうかは不明である。

無一文の貧乏文士だったハバードがサイエントロジーで成し遂げたことは、その無謀さ、破天荒さ、経済的な成功でも群を抜いている。しかも自分は超能力者の域に達していると述べていても、超能力を使って見せることもなく、その力によるお告げや予言を語ることもあまりなかった。晩年は猜疑心に苛まれて決して幸せではなかったようだが、若い二世信者が幹部となった教団は、急成長した新興宗教によくあるように、教祖の死で揺らぐこともなかった。

正直なところ、L・ロン・ハバードは一種の超人だったと言ってもいいかもしれない。今後サイエントロジーから彼のようなカリスマが生まれてくるのかは、注目しておく価値があるだろう。

（ナカイサヤカ）

【参考文献】

Janet Reitman『Inside Scientology: The Story of America's Most Secretive Religion』(Mariner Books, 2011)

※「サイエントロジー東京　ホームページ」

※「サイエントロジー日本　ホームページ」

【PSI事件11】

ブルーノ・グレーニング

奇跡のヒーラー

Bruno Gröning
1906~1959
German

ブルーノ・グレーニングはドイツの心霊治療者で、主に第二次世界大戦後の1940年代後半から1950年代にかけて活動した。彼が超能力者として活躍したのは人生の後半の約10年間である。

グレーニングは1906年に現在はポーランド領であるグダニスク（当時はドイツ領ダンツィヒ）で生まれた。実家はレンガ職人であったが、様々な職を転々とし、やがて結婚し妻との間に二児をもうける。第二次大戦中には従軍するが1946年までソ連軍俘虜収容所に抑留され、その後帰国すると二人の息子のうち一人は死去し、残るもう一人も翌47年に亡くなった。

妻との二人暮らしとなったグレーニングはヘッセン州のディレンブルクに移住し、様々な職に就いていたが1948年にアダム・シュヴァルツなる占星術師と知り合い、その影響を受けると心霊治療を行うようになった。このころグレーニングは女性の患者と男女関係を持ち、そのトラブルの結果妻と離婚している。

■9歳の少年を癒した奇跡の治療

グレーニングの評判を高めたのは1949年3月にドイツ北西部の都市ヘルフォルトで筋ジストロ

ヘルフォルトのヘルムート・ヒュルスマン邸のバルコニーに立つグレーニング。庭には治療を求めて人々が集まっている（この項目の画像はすべて「ブルーノ・グレーニング交友会」のＨＰより）

フィーに侵された9歳の少年を心霊治療したことである。このディーター・ヒュルスマン少年はそれまで3ヶ月以上寝たきりの状態だったが、グレーニングが立ち上がって歩くよう話すと立ち上がってよろめきながらも数歩あるいてみせたのだという。少年の父親ヘルムートはグレーニングの心霊治療にいたく感銘を受け、彼のパトロンとなって車や家を提供した。

グレーニングの起こした「奇跡の治療」の噂はたちまち町の内外に広まり、ヒュルスマン邸には心霊治療を求める病人や興味を持った民衆が押し掛けた。また同時に郵便による治療依頼も多数寄せられた。1949年7月までのわずか4ヶ月間でなんと約6万通の治療依頼（と依頼料）が届いたとされる。ヘルムートはグレーニングのマネージャー役を買って出たが、他に何人ものスタッフが必要になるほどの盛況であった。

やがてヘルフォルト市当局は多数の病人がヒュルスマン邸付近に集まり治療待ちの行列を作るこ

グレーニング

とに難色を示し、グレーニングの治療行為の継続に警告を発した。１９４９年６月末に心霊治療を受けぜんそくが治ったことに感謝した商人がハンブルク郊外の別荘をグレーニングに提供すると、彼は活動拠点をハンブルクに移した。そして彼の治療を求める多数の病人たちもハンブルクに向かった。集まった群衆たちに悪性の伝染病が発生する危険性があることと、グレーニングが医師資格を持っていないことなどからこの後も行く先々の自治体から彼と彼の治療行為は問題視され、その活動はしばしば禁止された。一方でグレーニングの心霊治療は医師団によってテストされ、心理療法として効果があると評価されることもあった。

■暴露されたスキャンダル

以後、グレーニングはシュレースヴィヒ＝ホルシュタイン、ノルトライン＝ヴェストファーレン、ハイデルベルクと各地を転々とし治療を行っていく。ミュンヘンでは信者から提供を受けた邸宅の広大な庭園が治療を求める病人たちで埋め尽くされ、その中の重病人たちを保護しようと赤十字が応急テントを設置するような状況であった。バイエルン州議会の議員の中にはグレーニングの名声と影響力に注目し後援する者もいたようで、１９４９年９月にはバイエルン内務省がグレーニングの治療活動は医療行為ではなく慈善活動とみなされるものであるとの旨の声明を発表している。

しかしここにきてグレーニングの周囲にスキャンダルが持ち上がる。グレーニングの第一マネージャーとして活動していた前述のヘルムート・ヒュルスマンが他のマネージャー役スタッフを一方的に解雇したことに端を発し、解雇された側もヒュルスマンの横領行為を暴露した。さらにはヒュルスマンの妻とグレーニングが不倫関係にあることまでが表面化してしまった。ヒュルスマンは妻とグレーニングの関係を「彼の霊力を保つため」に認めていたという。それればかりか、グレーニングとヒュルスマン、そして解雇されたマネージャーの三人がスタッフのひとりの女性を巡って争い、マネージャーと婚約したその女性は結局グレーニングの愛人になってしまったというグレーニング側の乱れた内幕がいっそう明るみに出てしまった。

■富裕層相手の治療家に転身

1949年の12月にグレーニングはヒュルスマンの解雇を宣言した。かわりに彼のマネージャー役に納まったのはオットー・メッケルブルクという元ナチス親衛隊員であった。メッケルブルクは保養地・観光地であるヴァンガーオーゲ島の高級ホテルと契約し、オフシーズンとなる冬季にホテルを療養所として使用する計画をグレーニングに持ち掛け採用されたのである。

以降、1955年までグレーニングの活動の拠点はヴァンガーオーゲ島となった。スキャンダルによって大衆の支持は以前ほどではなくなってしまったが、少数の富裕顧客を相手に治療を行っていく戦略へと切り替わったのである。余談であるが、調べてみたところグレーニングと契約したホテルの中には2020年時点で現存しているものもある。この間グレーニングは時にアメリカや他のヨーロッパ諸国を訪れて活動していたようだが詳しいことはわからない。1955年には新しい妻ジョゼットと結婚している。

1956年に、肺結核の少女を治療目的で長期間収容し過失致死させた（この事件自体は1949年）との嫌疑で刑事事件の被告となり再び世に動向が知られることとなった。裁判は翌1957年に始まり、法廷での結果はグレーニングとメッケルブルクがお互いに罪をなすりつけあう展開となった。

第一審の判決は過失致死の点では無罪、ただしハイルプラクティカー法（代替医療等に関するドイツの法律）違反により2000ドイツマルクの罰金。そして1958年1月の検事控訴審では過失致死とハイルプラクティカー法違反の罪で懲役5年（執行猶予8ヶ月）と5000ドイツマルクの罰金を言い渡された。

メッケルブルクとも袂を分かったグレーニングはその後オーストリアの信者たちのところへ一時身を寄せたがやがて妻とともに消息を絶ってしまう。一年後の1959年1月にパリの病院で発見されたグレーニングは胃がんにより死去した。遺骨は「遺体は息子たちの傍らに置いてほしい」という彼の遺言に基づいてディレンブルクの墓地に埋葬されたが、葬儀に立ち会ったのは前妻と未亡人、弟の三人のみであった。

■能力は本物だったのか？

グレーニングは自らの心霊治療を「ハイルシュトローム（Heilstrom）」という聖なる力を体内に取り込むことにより病が治ると説明している。病者はハイルシュトロームをうまく体内に取り込めなくなっているが、グレーニングとの接触により彼から放射されるハイルシュトロームを浴びて健康になるというのだ。またグレーニングの治療にはしばしば錫箔《すずはく》紙で作られた卵大のボールが使われた。錫箔のボールを握ることにより治療効果が上がるという触れ込みで信者の集会などで配布・販売されたが、メッケルブルクによればこのボールにはグレーニングの毛髪や血液、足の爪などが含まれていたという。

グレーニングの超能力については前述のように医師団によって何度かテストされているが、心理療法としての効果を評価された程度である。彼の名声を高めるきっかけとなった筋ジストロフィー患者のディーター少年も病気そのものが完治したわけではなく6年後に病死している。また「奇跡のヒーラー」と謳われた彼自身も晩年はあっけなく胃がんで病死している事実を指摘しておく。

グレーニングが一時的にではあるが多くの民衆から熱狂的な支持を受けたのは、終戦後の混乱した社会状況の中でヒーリングという伝統的な奇跡を示すことによって、救いを求める人々に対して一種の救世主として受け入れられた側面があるのではないだろうか。

■意外なところで名前を発見

グレーニングの死後も彼の思想を継承する団体は活動を続けており、かつてグレーニングのスタッフであったグレテ・ホイスラー（1922〜2007）による「ブルーノ・グルーニング交友会」は日本でも主に関西地方でグレーニングに関する記録映像などの上映会活動をしている。

日本では知名度が低い印象のブルーノ・グレーニングであるが、意外なところでその名が使われている。『アニマムンディ　終わりなき闇の舞踏』（花梨エンターテイメント、2005年）というPC用のゴシックホラーアドベンチャーゲームの中に、ブルーノ・グレーニングという名の医師にして錬金術師が登場するのだ（担当声優は子安武人氏）。

このゲームは他にも「サン・ジェルマン伯爵」「ティモシー・リアリー」などといった名前のキャラクターが登場するが、グレーニングに元ネタがあると分かったプレイヤーはどのくらいいたのだろうか。なお、このゲームはその後、英語版が欧米で発売されている。


（小山田浩史）

【参考文献】
種村季弘『詐欺師の楽園』（岩波書店、2003年）
Monica Black「A Messiah after Hitler, and His Miracles: Bruno Gröning and Postwar Popular Apocalypticism」『Revisiting the "Nazi Occult"』(CAMDEN HOUSE 2015)
※ブルーノ・グレーニング交友会

【PSI事件12】

ジーン・ディクソン

20世紀最高の予言者

Jeane Dixon
1904~1997
America

「ジーン・ディクソン効果」という言葉をご存じだろうか。

本書の他の項目にあるように、マスメディアを賑わせてきた占い師の中には、外れた予言ばかりなのに、よく当たると評判だった者たちがいる。そう信じられる背景について、数学者のジョン・パウロスは、少数の当たった予言が大々的に喧伝される一方、残りの外れた予言は忘れられるからだと説明し、「ジーン・ディクソン効果」と名付けた。

その効果名に使われているジーン・ディクソンこそ、かつてはケネディ大統領暗殺などの世界史的大事件について、人名などを明示して次々に予言したとされ、「20世紀最高の予言者」「世界三大予言者の一人」等と持て囃《はや》されたアメリカ人女性である。

ジーン・ディクソンには、自伝的要素が含まれる共著『私の人生と予言』（邦題『アポカリプス666』）と、ルース・モンゴメリーによる評伝『予言の賜物』（邦題『水晶の中の未来』）がある。特に後者は300万部売れたとされ、名声の確立に大きく寄与した。だが、それらで喧伝された半生に対し、実証的な疑問も寄せられている。

■米国大統領との最初の接点は？

ジーン・ディクソンは移民のピンカート夫妻の間に生まれた。本人は1918年生まれと主張しており、1997年に亡くなった際のワシントンポストの訃報でも79歳となっていたが、ピンカート夫妻の娘に「ジーン」はおらず、該当しうる消息不明の娘が1904年生まれのリディアのみなので、その子がジーンと見なされている。

彼女は若い頃に離婚歴があったことも明らかになっているが、本人はそれを伏せていた。敬虔なカトリック信徒を標榜していた立場上、都合が悪かったからだろうとも言われている。

自著『The Call to Glory』(1973)に掲載されたディクソンの写真

1939年にジェイムズ・L・ディクソンと再婚した。当時、彼女は舞台女優をしていたが、太平洋戦争開戦後、傷病兵の慰問を行う家庭歓待委員会に参加して軍人相手に披露した占いが評判になり、1944年にワシントンの新聞にとりあげられたらしい。

そして、同年11月と翌年1月にF・ルーズベルト大統領の執務室を訪れ、その生命が半年も残ってないことを告げて的中させたという。しかし、ルーズベルトの執務室を訪れた件は公式な記録に残っておらず、秘書官たちもディクソンの面会予約はなかったと証言した。ただ一人、当時ホワイトハウスで大統領を補佐していた女性エステル・フリードリックスのみ、面会はあったが、占い師との面会を公表したくなかった大統領の意向で記録を残さなかったと証言している。ルーズベルトの子女の中では、晩年に同居していた娘アナが父とディクソンの繋がりを全否定する一方、ディクソン予言に好意的な息子エリオットは、父とディクソンの面会はあったと語っている。

いずれの証言の信頼性が高いのかは判断しかねるが、さしあたり、初期のディクソンには傷病兵への占いがきっかけで社交界での名声が高まっていった面が、確かに見られたようである。ただ、その占いも具体的内容がよく分からないので、洞察力や話術など様々なテクニックを利用していた可能性もある。少なくとも、舞台女優としてのキャリアは、占いの信頼性を高める演出に寄与したものと思われる。

■ケネディ暗殺予言者の虚実

ディクソンの予言的エピソードで最も有名なものは、ケネディ暗殺の的中だろう。邦訳書『水晶の中の未来』の副題も「ケネディ暗殺を予言した女」だったし、1984年に来日した時の『週刊平凡』や『週刊サンケイ』の報道でも「ケネディ暗殺予言者」の肩書で報じられた。だが、この予言は有名な分、繰り返し検証されてきた。それらの結論はおおむね共通しており、「1960年の大統領選で当選するのが共和党、民主党どちらの候補か」「暗殺か、暗殺以外の死因か」「死ぬのは一期目か二期目か」など様々な選択肢について、どちらでも当たりと判断されるような曖昧な（または相互に矛盾する）予言をしていたというものである。無条件に支持できるものではないだろう。

ディクソンはその後も様々な予言を披露したが、かなり曖昧な予言以外、その大半は外れている（例えば、米国初の女性大統領誕生や後述の第三次世界大戦勃発が、20世紀の間に実現するはずだった）。それらは、日本でも度々検証されてきたので、ここでは繰り返さない。ただ、ディクソンは予言の多くを外しつつも、ニクソン大統領と会談したり、レーガン大統領の妻ナンシーに重用されたりと、その名声は高かった。

また、唯一の来日時には、10日ほどの滞在中に政財界の有力者との会合が何度ももたれ、京セラ、大

1963年11月22日金曜日、テキサス州ダラスをパレードするケネディ大統領夫妻。ディクソンはこの直後に起こる大統領の暗殺を予言したとされるが、内容はひどく曖昧だった。

和証券、佐川急便などの重役らが出席したという。出席者の中には、徳洲会の徳田虎雄氏のように、政財界のパイプ作りの場としての意義を強調した者もおり、占いだけが目当てとは言い切れないにせよ、ディクソンの人気ぶりを物語る例と思われる。
「ジーン・ディクソン効果」は、まさにそうした成功の大きさと、予言の低い的中率とのギャップから生まれた言葉と言えるだろう。

■反キリストの予言

さて、彼女の予言の宗教的モチーフについても触れておきたい。彼女の予言には、個別に「当たり」「外れ」を判定しやすい事件予言が多く、そちらばかりが検証されてきた結果、彼女の思想的背景はあまり注目されてこなかった感がある。しかし、彼女は自らの予言を「天啓」と「占い」に分け、占いは外れることはあっても、天啓は外れないと主張していた。その彼女が天啓と位置付けていたのが反キリスト誕生に関する予言であった。一連の反キリストが関わる世界大戦の予言は相互に関連性を持ち、まとめると大体こんな感じだった。

1962年2月5日に中東で反キリストが生まれる。その者は幼い頃は目立たないが徐々に頭角を現す。1999年に第三次世界大戦が起こり、欧州勢と中東勢で争われるが、ローマの指導者になっていた反キリストが欧州を勝利に導き、英雄と崇められる。2005年からは中国が欧州に侵攻するが、2020年頃にクライマックスを迎えるその戦争では、反キリストがまたも欧州を勝利に導き、崇拝されることになる。反キリストは独裁的な世界帝国を築き上げるが、その後、2037年までに本物のキリストが再臨し、世界が真に救われる。

大ハズレとなった今では、これに真の天啓が含まれるとは考えがたい。そうなると、彼女は一体、何からこんなシナリオを導いたのだろうか。

その主たる典拠が新約聖書であろうことに疑う余地はない。そこでは、イエスの再臨に先立ち、人々を惑わす偽救世主の出現が語られているからである。ただし、そこには当然、1999年などの時期指定はない。

絵画に描かれた反キリスト。聖書での「反キリスト」は、直接的にはキリスト教を否定する者の意味でのみ使われている。だが後世、「偽救世主」「不法の者」等、聖書の他の語と同一視され、終末に現れる悪の権化という印象が形成された。

さて、ディクソンの死後、彼女の所持品や蔵書を展示した記念館が存在していた（2009年に閉館）。その展示品には、ノストラダムスやエドガー・ケイシーに関する一般書が含まれていたという。

米国では第二次大戦以降、ノストラダムス関連書籍が数多く出されており、1999年の予言詩を反キリストと結びつける解釈を展開するものもあった。彼女の未来描写には、そうした通俗的なオカルト本や宗教書をもとに（意識的か無意識的かはともかく）再構成された面があったのかもしれない。ディクソンの未来シナリオに他の論者の焼き直しが含まれる点は、歴史学者ジョルジュ・ミノワも指摘しており、１９９９年の大戦や、ソ連が最初の月面到達国になる等のディクソンの外れた予言について、「伝統のなせる業《わざ》」と皮肉っている。
　アメリカ人名事典『ＡＮＢ（補巻）』ではディクソンについて、「その超能力が疑われているものの、20世紀のノストラダムスとしての成功したキャリアを育《はぐく》んだ」とある。超常現象研究家の志水一夫も指摘していたように、彼女が「優れた予知能力者」かはともかく、「20世紀で最も有名な予言者の一人」であったことは確かだろう。

（山津寿丸）

【参考文献】

Paul Betz & Mark C.Carnes（Eds.）『American National Biography: Supplement 1』（Oxford University Press, 2002）
Denis Brian『Jeane Dixon : The Witnesses』（Doubleday & Co., 1976）
Curtis D. MacDougall『Superstition and the Press』（Prometheus Books, 1983）
Robert Damon Schneck「America's Psychic : Jeane Dixon」（Fortean Times, December 2008）
「Celebrity Astrologer Jeane Dixon dies」（The Washington Post, 1997.01.27）
「Auction House Prepares for Sale of Famous Psychic Jeane Dixon's Belongings」（Washington Post, 2009.07.16）
ジーン・ディクソン『アポカリプス666』（自由国民社、１９８３年）
ジーン・ディクソン『ジーン・ディクソンの霊感星占い』（たま出版、１９８５年）
ジョン・A・パウロス『数学するヒント』（白揚社、１９９７年）
ジョルジュ・ミノワ『未来の歴史』（筑摩書房、２０００年）
ルース・モンゴメリイ『水晶の中の未来　ケネディ暗殺を予言した女』（早川書房、１９６６年）
ＡＳＩＯＳ・菊池聡・山津寿丸『検証　予言はどこまで当たるのか』（文芸社、２０１２年）
志水一夫『トンデモ超常学入門』（データハウス、１９９７年）
山本弘・志水一夫・皆神龍太郎『トンデモ超常現象99の真相』（宝島社文庫、２０００年）
矢追純一「来日した世界最高の予知能力者　ジーン・ディクソン夫人の実像に迫る」（『トワイライトゾーン』１９８４年７月号）
＊超常現象情報研究センター「超常事典」

【PSI事件13】

ピーター・フルコス

レーダーの頭脳を持つ男

Peter Hurkos
1911~1988
Netherlands

予言やサイコメトリー※の能力で「レーダーの頭脳を持つ男」と呼ばれたピーター・フルコス。彼は1911年5月、オランダの首都アムステルダムにほど近いドルドレヒトという街に生まれた。

彼が超能力者となったのは、1941年の30歳の時。屋根のペンキ塗りをしている時に梯子《はしご》から転落、頭を強く打って意識不明の重体となった。人事不省のまま4日の間死線をさまよい、どうにか意識を取り戻したが、その時彼はもはやそれまでのフルコスではなくなっていた。すべてを見通す能力を授かった「レーダーの頭脳を持つ男」へと生まれ変わっていたのだ。

■嘘と誇張だらけの自伝

フルコスの伝記『ピーター・フルコスの超能力の世界』のカバーには、「フルコスの超能力が87%から99%の的中率を誇っていたことは、否定しがたいことだ」と書かれている。だが、フルコス

『ピーター・フルコスの超能力の世界』(1970)

殺人事件の捜査についてマイクを向けられるフルコス（Ann Arbor District Library より）

の主張がどこまで事実に基づいているのか、オランダのジャーナリストのピート・ハイン・フーベンスが詳細な調査を行ったところ、フルコスが語っていた自らの自慢話は、嘘と誇張に満ちた虚言であったことが判明した。

例えば、フルコスが最初にその超能力を発揮してみせたという事例からして嘘だった。

彼が頭を打ってまだ入院中だった時、彼のもとに退院の挨拶をしにある患者が訪れた。その患者と握手をした瞬間、フルコスはその男の正体を英国の諜報員だと見抜いた。また同時に「数日以内にカルバー通りで撃たれて死ぬ」と男の運命までを予知した。そして2日後、その諜報員はフルコスの予言通りに、カルバー通りでゲシュタポ（ナチスの秘密警察）に狙撃され死亡した、とされていた。

だが、フーベンスがアムステルダムにある戦争資料館に問い合わせたところ帰ってきた回答は「1941年夏に英国のスパイがゲシュタポに撃たれたという記録はカルバー通りに限らず、どこにも残っていない。そのようなことが現実にあったとは考えられない」ということだった。

■華々しい経歴も嘘

また怪我から復活したフルコスは、戦時中極秘のレジスタンスとして大活躍し、ナチスに捕まり収容所に送られていた仲間を、ドイツ将校に変装することで単身収容所へと乗り込み無事救出したとしていた。これらの活躍を高く評価され、宮廷に招かれてオランダのユリアナ女王から直々にゴールドメダルを授与されたとも語っていた。

だが、この「大活躍」はオランダの戦争資料館に何も記録が残っていない。資料館側からは「空想による絵空事ではないか」と指摘される始末だった。王宮へと招かれ女王からゴールドメダルを頂戴したという話も何も記録がない。戦時中のレジスタンスの勇士であったという話がもしデッチ上げであったなら、それ以後の超能力者としての活躍も、どの程度信用できるものかは自ずと見当がつくだろう。

■最初の事件も作り話だった

1946年10月、フルコスがその超能力を犯罪捜査の場で示した最初の事件がオランダのリンブルグ市で起きた。若い石炭鉱夫が何者かに射殺され、担当の刑事が、殺された鉱夫のコートを持ってフルコスの元を訪ねてきたのだ。

フルコスはコートを手にすると「犯人は老人。眼鏡を掛け、ひげを生やし、そして松葉杖をついている。犯行の動機は、被害者の妻を手に入れようとしたものだ」と直ちに指摘した。犯人の容貌は殺された少年の継父にそっくりで、フルコスは継父の取調べにも同席し、被害者の家の屋根を探せば、凶器の銃があると警察に告げた。そしてまさにその場所で、継父の指紋が付いた銃が発見され、事件は見事解決された、と一般には信じられている。

だが、アムステルダムの『デ・テレグラフ』紙の記者が1958年に、この事件について再調査を行い、屋根で凶器の銃が見つかるなどとフルコスは一言も言っていなかったことを突き止めた。フルコスは屋根ではなく、小川で銃が見つかると警察に告げていたのだ。フルコスの透視を本気にした警察は小川を浚《さら》ってみたが、何も見つかりはしなかった。屋根から銃が見つかったのは、その翌年のことであった。

そもそもフルコスが透視を行った時には、継父は容疑者としてすでに警察に身柄を拘束されていた。刑事がフルコスを訪ねたのは、容疑の裏付けとなる銃のありかを透視してもらうためだった。だが銃の発見場所が事実と違っていた以上、事件の解決にフルコスが何の役にも立たなかったことは明らかだ。

■ボストン絞殺魔事件の透視

戦後フルコスは、劇場などでサイコメトリーの能力を見せるショー芸人として生計を立てていた。後にユリ・ゲラーを見い出したことで知られる超心理学者アンドリア・プハリッチにフルコスもまたその能力を見いだされ、1956年に米国へと渡った。以後市民権を取って米国の犯罪調査に協力するようになった。

米国でフルコスが解決した最も有名な事件としてよく挙げられるものが、ボストン絞殺魔事件だ。

1962年から64年にかけ、13人もの女性が暴行の末にストッキングで首を絞めて殺されるという凶悪な事件が起き、ボストン市民を震え上がらせた。なかなか犯人を逮捕できない警察に業を煮やしたある実業家が、フルコスをボストンへと招き、彼にサイコメトリーをやってもらった。

アンドリア・プハリッチ

警察官から手渡された1通の手紙に、フルコスは非常に強く反応した。

「この手紙の差出人

が、絞殺魔に間違いない」

　フルコスによると、その手紙の主は僧侶のような服装をしたホモセクシャルで女を憎んでおり、犠牲者から搾り取った血で自らの手を洗っている、という恐るべき指摘まで行った。市街地図を睨んで地図上の一点をおもむろに指すと「犯人はここにいる」と告げた。半信半疑だった警察は、とにかくフルコスが指摘した地点へと出向き、そこで不審な人物を発見し、その人物がまさにボストン絞殺魔事件の犯人だった、というのである。

　だが実際はフルコスの透視は、まったくの人違いだった。彼は事件とまったく関係ない人物を犯人と勝手に決めつけていたのである。彼が犯人とした手紙の差出人は、精神に障害のある人物で、事件とは何の関係もなかった。

　ボストン絞殺魔事件の真犯人は、ホモセクシャルどころか数々の強姦罪で訴えられていたアルバート・デザルヴォという元軍人だった。後年、ＤＮＡ鑑定によって、被害者に付着していたＤＮＡとデ・ザルヴォのＤＮＡが一致することが確かめられている。だがフルコスは、自分が見つけた手紙の差出人こそが絞殺魔の真犯人だと主張して譲らず、警察は誤認逮捕をしたと生涯主張し続けていた。

アルバート・デザルヴォ

　実は、フルコスの失敗談は、この他にも枚挙にいとまがない。
　例えば、１９５０年にエリザベス女王が戴冠《たいかん》式の儀式に使う予定だった戴冠石が盗まれるという珍事件が起きた。フルコスは戴冠石はグラスゴーで見つかると予言し、彼の透視が元となって石を盗んだ大学生６人が逮捕された、としていた。だが実際は、戴冠石はグラスゴーから１３０キロも離れた港町で発見されており、フルコスの透視は犯人逮捕の役には何も立たなかった。

　また1964年2月には、フルコスはFBIの捜査官だと偽りの肩書を名乗った罪で逮捕されている。当時の新聞には「超能力探偵、自分を追ってきたFBIを透視できず」などと書かれた。もっともこの件では、「自分はFBIだと言ったのではなく、FBI以上の者だと言ったのだ」と訴え、無罪放免されている。

　フルコスには、ウィリー・ヘンリー・ベルグという米国商業界の大立て者がパトロンとしてついていた。だがベルグは、フルコスの言うままにユタ州でウラニウム鉱を探索して2万ドルを失い、アトランタとマイアミに支店を出せば大儲けできると言われ、その通りにして逆に大損をしてしまった。

ウィリー・ヘンリー・ベルグ

　1955年には、ベルグの10歳になる娘が突然姿を消し、フルコスは「お嬢さんは無事です。すぐに帰りますよ」と告げていた。だが、実際はボート小屋の近くで水死していることが発見され、この件以降ベルグはフルコスと縁を切った。

　1965年には、超心理学者のチャールズ・タートから超能力についてテストを受けている。封筒の中に入れた毛髪からその持ち主を見つけるというテストであったが、フルコスの能力はまぐれ当たりを上回るものではなかった。

　また、フルコスは1952年には、「スペインの列車の中で、僧に変装しているヒットラーに出会った。ヒットラーは生きている」などと奇妙なことを言いだし、マスコミを喜ばせてもいる。

■フルコス、日本の大予言を行う

　1985年にオカルト雑誌「トワイライト・ゾーン」の別冊「恐るべき超能力の世界」の誌上で、フルコスは同年内に日本で何が起きるのか、次のように予言した。

・当時の中曽根首相　多少の波風が立つが乗り切っていく

・グリコ森永事件　共犯の女が分け前の不満から警察にすべてを話し、6ヶ月以内または翌年の初めに犯人が逮捕される

・田中元首相は、これからも政界のドンであり続ける

またイラン革命の直後で当時注目を集めていたイランのホメイニ師については

・イランのホメイニ師は、6ヶ月以内に自分が信用している人間によって殺される。1985年7月までにイランで革命が起きる。私には見えるのだ。

このうち中曽根首相の動向に関する予言については、同年末に内閣改造を行い第二次改造内閣を発足させているので当たりと言えよう。だが残りは、全て大外れだった。

グリコ森永事件は、犯人の逮捕どころか2000年2月にすべての事件に対する時効が成立して、未だ解決を見ていない。

田中角栄元首相は、ちょうどこの年の2月に脳梗塞を起こして倒れ、政界から消えている。イランのホメイニ師が亡くなったのは、この予言から4年も後の1989年6月3日のことだ。1985年にはもちろん、イラン革命など起きていない。

「私には見える」とまで自信満々に宣言しておきながら、短い四つの予言のうち三つを大きく外してしまうようでは、彼に未来が見えているとは言い難い。

またフルコスは、1961年11月17日に自分は死ぬと、伝記『未来への扉』の中で予言していた。だ

フルコスの予言が掲載された「トワイライト・ゾーン」

が、この伝記が出版された1963年に彼はまだ生きており、結局、1988年6月1日にロサンゼルスの病院で亡くなったのだが、自らの予言より27年も長生きしてしまった。またフルコスは、自分の能力を使って金鉱石を発掘する財団を設立したことがあったが、この財団も、フルコスの妻が財団の管理人と駆け落ちしてしまって解散となった。

　こう見てくると、彼の能力云々というより前に、妻の駆け落ちや自分の死期など、自らの身の回りのことすら読めていなかったフルコスが、どうしてみ

自らの死の予言を掲載し、見事に外してしまった『未来への扉』(1963)

んなから「レーダーの頭脳を持つ男」と生涯呼ばれ続けていられたのか、ということが一番不思議に思えてくる。

（皆神龍太郎）

【参考文献】

コリン・ウィルソン『サイキック』（三笠書房、１９８９年）

『ムー別冊　世界超能力大百科』（学研、１９８５年）

『トワイライト・ゾーン別冊　超能力の世界』（ＫＫワールドフォトプレス、１９８５年）

Piet Hein Hobebs「The Mystery Men From Holland :Peter Hurkos . Dutch Cases」(Zetetic Scholar July 1981)

Milbourne Christopher『Mediums Mystics & The Occult』（Thomas Y.Crowell Company, 1975）

Arthur Lyons,Marcello Truzzi『The Blue Sense』（Mysterious Press, 1991）

Edited by Joe NIckell『Psychic Sleuths』（Prometheus Books, 1994）

【PSI事件14】

テッド・セリオス

念写の先駆者

Theodore "Ted" Judd Serios
1918~2006
America

ポラロイドカメラのレンズに向かって念を送り込むことで、脳内の画像をフィルムに感光させてみせる「念写」を得意とした超能力者。念写はユリ・ゲラーなど他の超能力者も行いはするものの、念写のみを専門とする超能力者は西洋では珍しい。

念写専門の能力者はあまりいなかったが、念写という現象そのものが、セリオスの発明物というわけではない。ダギッドという心霊写真家が1878年に撮影してみせた念写写真が、念写の最初だとされている。1890年代には、フランスの軍人だったダルゲット司令官がブランディのボトルを写したと称する一連の念写写真を発表している。念写は欧米の心霊研究では1880年から1920年にかけてそこそこ重要視され、心霊協会や新聞社などによって調査をされている。日本の福来友吉博士が1910年代に行った念写に関する一連の有名な研究は、時代的にいえば、これら欧米で行われた研究に続くものと言える。

■遅咲きの能力者

念写の先駆者テッド・セリオスは1918年11月、米国のミズーリ州カンザスシティに生まれた。10代から念写ができたという説もあるが、彼の念写

大きなアクションを伴い、念写を行うテッド・セリオス

能力が世に知られるようになったのは40代だった1960年代のこと。シカゴのホテルでベルボーイとして働いた後に失業中の時だった。

セリオスの能力を最初に見出したのは、イリノイ心霊研究協会の会員らであった。セリオスに関する彼らのレポートがオカルト雑誌「フェイト」に掲載され、その記事がデンバーの精神科医で、超心理学者でもあったジュール・アイゼンバット博士の元に送られたことが、セリオスが世に出るきっかけとなった。念写に興味を持ったアイゼンバットはセリオスの能力を3年間調査し、その結果を『テッド・セリオスの世界』という本にまとめ1966年に出版。それまで無名だった彼は、アイゼンバットのこの本のお陰で一躍有名になった。

■疑惑のアイテム「ギズモ」

セリオスが念写した写真は大抵ボケており、何を写したものかはっきりしないものが多かった。だが、

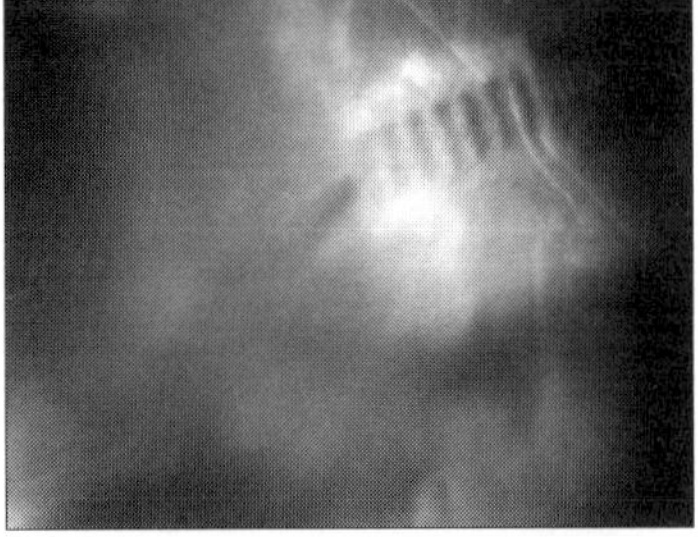
セリオスの念写写真（UMBC図書館より）

セリオスの念写に関係して最も議論を呼んだのは、念写写真そのものより、彼が念写を行う際に握りしめていた、「ギズモ」と呼ばれる丸めた紙の玉やプラスチックの筒であった。

　セリオスはギズモについて、精神集中を助ける器具などと説明をしていたが、彼の能力を疑う人々は当然のように、このギズモが念写を行うトリックのタネに違いないと考えていた。

「ギズモ疑惑」については、オカルト雑誌であってもさすがに無視はできなかったようで、『ムー別冊世界超能力大百科』では、次のように書かれている。

「エイゼンバド（＝アイゼンバット）博士をはじめとするシリオス（＝セリオス）の研究者たちは、マイクロフィルムを隠しているのではという〝ギズモ〟に浴びせられる非難に対抗して、厳格な実験手続きを考えだした。シリオスが、念写できると感じたときにのみ、〝ギズモ〟がわたされ、念写が終わると直ちに〝ギズモ〟は、詳細に点検されるという実験手続きだ。（中略）エイゼンバド博士は、こうした実験手続きをもとに、〝ギズモ〟に仕掛けはないといいきるのだ」

　セリオスが隠し持っていた筒の穴の片側には拡大用の凸レンズが、もう片側の穴には標準的な35ミリスライドから切り抜かれた画像が仕掛けられ、この装置をカメラのレンズの前にかざすことで端にあるスライドの画像が、ポラロイドカメラのフィルムに投影されると懐疑論者たちは考えていた。だがアイゼンバット博士らは、ギズモも厳密に調べ点検しているので「ギズモに仕掛けはない」としていたというのだ。

『ムー別冊　世界超能力大百科』は、セリオスの念写能力を否定するプロマジシャン、ジェイムズ・ランディの意見として以下のような解説も載せている。

「直径1・2センチ、焦点距離4センチの小型レンズを長さ4センチの筒の一端にとりつける。スライドフィルムをまるく切って筒のもう一方の端に糊付けする。疑われないように紙でこの部分をそっとカバーする。これが〝ギズモ〟だ。〝ギズモ〟を焦点距離を無限大にしたポラロイドカメラのレンズにくっつけてシャッターを押すと、スライドフィルムがポラロイド・カメラのフィルムに写される。終わったら、スライドフィルムと小型レンズを、紙の中に落とし込む。空っぽの筒が実験者に提出される」

　ここまでタネが明らかに分かっていれば、トリックだと断定しそうなものなのだが、流石にムー別冊ということで、上記の文章に続いて「こうして写された写真は、通常画質が悪くなってしまい、シリオスの念写写真とは比べようもない。やはり、シリオスは、単なる奇術師ではないのだ」とコラムを締めくくることで、「セリオスは本物の超能力者」という記事に無理やり仕立て上げている。流石はやはりムー!!

　しかし、セリオスはまさにこの方法を使って撮影をしていたので、彼の念写写真はほとんど「画質が悪くなってしま」っていた。たまたまレンズの真ん中に装置が乗ったときにキレイな写真が写ることがあっただけであった。

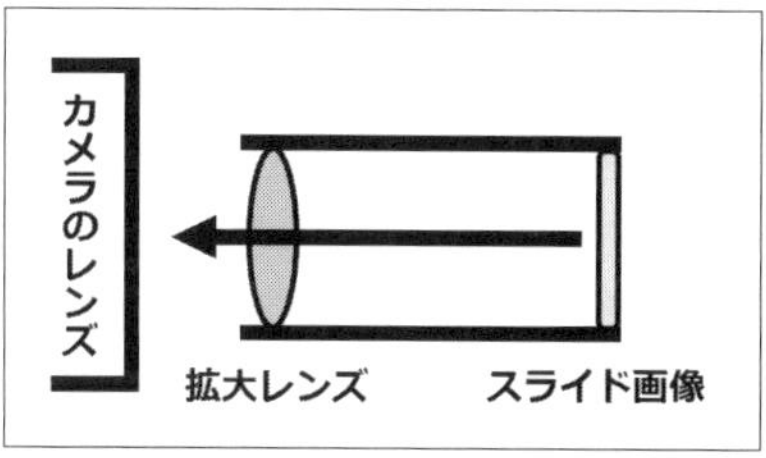

ギズモの構造（『フリム・フラム！』を参考に作成）

　また、上記のムー別冊の記事をさらに注意深く読んでみて欲しい。

「疑われないように紙で『この部分』をそっとカバーする。これが〝ギズ

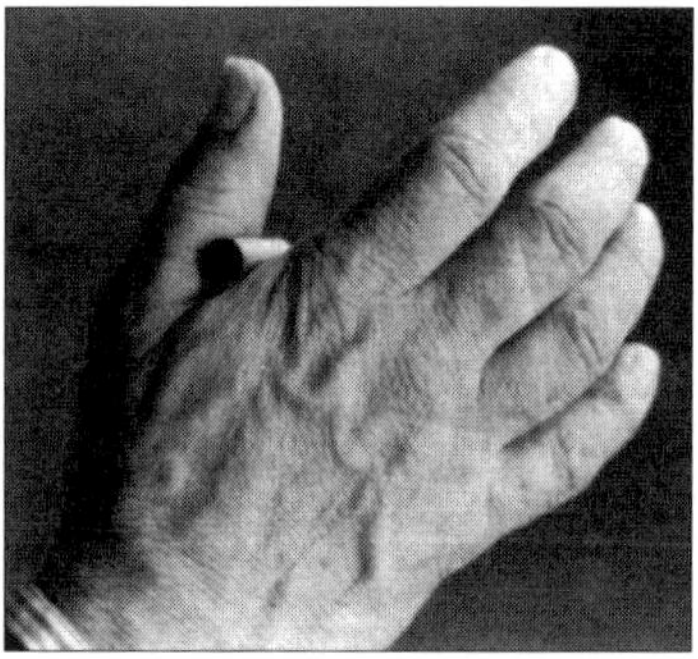

セリオスが使っていたと思われる念写のタネの核心装置（『フリム・フラム！』より）

モ〃だ」と書かれている。

つまり、正確に言えば、ギズモとは、セリオスが念写に使っていたトリック装置そのものを指す言葉ではない。本当のトリックのタネは、ギズモ内部にさらに隠された「この部分」にあって、ギズモとは「本当のタネの部分」をカバーし隠すための目隠し用紙筒を指しているに過ぎなかった。

つまり、セリオスの念写のトリックはギズモと、その中にさらに隠されていた本当のタネ部分という二重構造でできていた。だから念写が終わった後、アイゼンバットらに「空っぽの筒」となった「ギズモ」を詳細に点検させても、念写マジックのタネがバレることはなかった。重要なタネの「この部分」は、紙筒の中からセリオスの手の中へとすでに滑り落ち、隠されてしまっていたからだ。

■暴かれたトリック

目立つようなタネをわざと使ってみせ、そのタネを相手に点検させることで本当のタネから注意をそらし、本当のタネはこっそりと手の中に落として処分してしまうという、巧みな技術をセリオスは使っていた。

だが、この目くらましに誰もが騙されていたわけではなかった。1967年、米国の科学雑誌『サイエンティフィック・アメリカン』誌が、写真家やマジシャン、統計学者などからなるチームを、セリオスの元に送り込んで調査を行わせた。

セリオスの動きをプロの目で観察していたマジシャンは、念写の際にセリオスが「ギズモの中へと何かを滑り込ませている」ことを見抜いた。だが、何をしたのかそれ以上調べようとしたところ、セリオス側から拒否されてしまったのだ。

これらの調査結果は1967年10月号の『ポピュラー・フォトグラフィー』誌に2本の論文として発表され、セリオスがトリックを使って念写を行っていたことが明るみに出た。

また『テクノロジー・レビュー』誌の写真家が、セリオスが使ったのと同じ方法によって念写を試み、セリオスと同様の写真が撮れることも証明した。これら暴露の後も、セリオスはしばらく活動を続けていたが、1969年に念写の力を失ったとしてメディアから消えた。

■再現された念写写真

セリオスが使っていたトリックについては、世界最強の超能力バスターとして知られる米国のマジシャン、ジェイムズ・ランディがその著『フリム・フラム!』の中で詳しく解説を行っている。

ランディは1989年にテレビ局の招きで来日し、当時刊行されていた月刊誌『DAYS JAPAN』から超能力者が行うトリックについてのインタビューを受けている。インタビューの場でランディは、スプーン曲げやカードの透視、時計の念動力実験など超能力者が定番とする技の数々を、マジックのテクニックを使って次々と披露してみせ、カメラマンが持っていたカメラに向け「念写」も行っている。

念写画像を見せられたカメラマンは、誌上で

『テクノロジー・レビュー』誌に掲載されたセリオスの念写写真の再現写真(『フリム・フラム!』より)

こう証言している。

「カメラを空に向けろっていうから、いわれた通りにしたらファインダーの中に古い建物が見えたんだ。びっくりしたね。現像した写真より、もっとはっきり見えたよ。考えられるトリックは指の隙間でピンホールを作るとか、屈折レンズで焦点距離をずらせるとか……でも、どの方法もあの状況では使えない。プロの写真家として念写は否定する方だけど、ああズバリ決められちゃうとまいったね」

「指の隙間でピンホールを作る」と言っているので、ランディは、事前に用意していた「ギズモ」の中身を手の中に隠し、カメラレンズの前にかざしてみせたのだろう。ギズモの事前用意があれば、相手が持つカメラに対して「念写」画像を送り込むことは、マジシャンの技があれば、そう難しくはないらしい。

セリオスは、念写の実験時からアルコール中毒者と言われ、酔っ払いながら行うことが実験をさらに難しくしていた。

念写能力を無くした後のセリオスの足取りについては、はっきりしていない。だが2006年12月に、イリノイ州クインシーで友人らに見守られながら亡くなったようである。享年88だった。

（皆神龍太郎）

【参考文献】
『ムー別冊　世界超能力大百科』（学研、1985年）
「Mr.マリック現象と『超能力』の謎」『DAYS　JAPAN』（1989年8月号）
Leslie A. Shepard『Encyclopedia of Occultism & Parapsychology』(Gale Research,1978)
Robert L. Morris『Foundation of Parapsychology』(RKP,1986)
Gordon Stein『The Encyclopedia of Paranormal』(Prometheus Books, 1996)
James Randi『Flim-Flam!』(Prometheus Books, 1987)
Terence Hines『Pseudoscience and the Paranormal second edition』(Prometheus Books, 2003)

【PSI事件15】

藤田小女姫

奇跡の天才少女

Kototome Fujita
1938~1994
Japan

事件が起きたのは1994年2月23日のことだった。

この日の午後3時頃、ハワイの中心都市ホノルルにある高級コンドミニアムの最上階、33階のペントハウスに住む日本人女性から、取引のある日系金融機関、セントラルパシフィック銀行に電話が入った。

電話に出た頭取は、彼女から奇妙な要請を受けた。今すぐ2万ドルの現金を自宅まで持ってきてほしいというのだ。しかしハワイ州の法律で、現金の配送はできないことになっている。頭取がそう答えると、彼女は「隣にいる人物に日本語でそう説明してくれ」と述べた。頭取は電話口で同じことを話したが返答はないまま、電話は突然切れた。

この奇妙な要請、電話が突然切れたという状況、さらに女性の口調が非常に切羽詰まったものだったことに、頭取は何か異常な事態が起こっていると直感し、すぐにホノルルの日本総領事館にこの出来事を連絡した。

なにしろこの女性はハワイでも有名人であったから、総領事館の領事がただちに彼女の住まいに駆けつけた。

午後5時頃コンドミニアムに到着した総領事館員は、管理人に用件を告げて彼女の部屋に赴いた。すると室内から煙が出ていた。火災らしい。

そこで消防隊の到着を待って室内に入り、捜索すると、クローゼットの中から女性の死体が見つかった。

その約6時間後、コンドミニアムから3キロほど離れたワイキキビーチ沿いのパークショア・ワイキキ・ホテル地下1階駐車場で、胸を銃で撃たれ、後ろ手に縛られて車ごと火をつけられた状態で、養子である女性の息子の遺体も発見された。

この女性の名は、藤田小女姫《こととめ》（小乙姫とも）という。12歳の少女時代から霊感占い師として有名になり、日本の歴代総理や政財界の大物とも親交のあった人物だ。

■謎多き天才少女の半生

藤田小女姫は、本名を東亜子《とあこ》といい、1938（昭和13）年1月4日、福岡県福岡市で生まれた。

本人によれば、2歳のとき両親が離婚し、横浜の実家へ引き上げるが空襲や疎開で各地を転々とし、戦後は母親の久枝が進駐軍相手のランドリーをして生活を支えたという。

やはり本人が語るところでは、幸徳秋水《しゅうすい》が母方の祖父のいとこであり、母方の先祖は尾崎忠治《ただはる》男爵だという。しかし尾崎家の系図を見ても、久枝なる女性は登場しない。

この藤田の生い立ちに光をあて、その知られざる側面を暴いたとされるものが、藤田の実弟を称する藤田洋三氏が著した『東亜子と洋三』である。

本書は、雑誌『月刊自由』に連載された内容を改訂・出版したものであるが、これによれば東亜子と洋三氏はともに、ただ「怪物」とだけ記されている人物と、同じく「眼鏡橋の人」と呼ばれる女性の実子だという。この「眼鏡橋の人」は、戸籍上は、遊郭を営む藤田源左右衛門とリハの子となっていた。つ

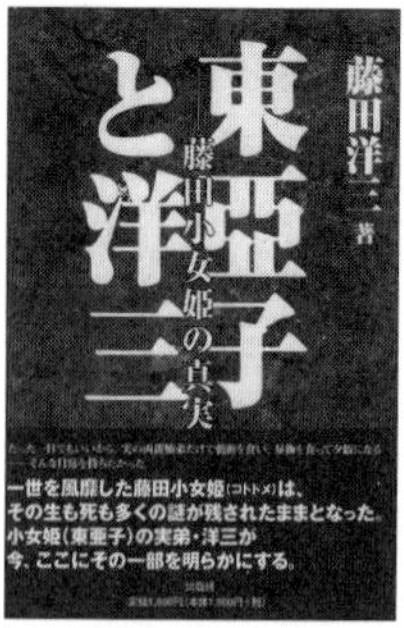

『東亜子と洋三』

まりは、この「眼鏡橋の人」も遊女のひとりであったらしい。そこで師弟はその出自を隠すため、源左右衛門の子である藤田常吉と、その妻久枝の子として届けられたという。

戸籍上の親は常吉であったが、実際には東亜子は源左衛門の家で育てられていた。しかし1944（昭和19）年、東亜子が6歳の時、久枝がこの東亜子を誘拐するようにして自分の家に連れてきたという。その後久枝は常吉と離婚、東亜子だけを連れて東京に出ると、江戸川区役所の臨時職員となったが、その後周囲の女性たちを使って売春斡旋のようなことをしていたとされる。

藤田小女姫（写真提供：時事通信社）

しかし、本書を一読すると幾多の疑問が生じた。

まず、東亜子がさらわれたとき、著者の洋三氏は2歳で、それ以来久枝や姉とは一切面識がなかった。したがって姉の消息や動向についても、一般人以上に知りうる機会はなかったはずだ。証拠となるべき戸籍も本書では紹介されておらず、本書の中でも、戸籍上の父常吉は何度も転居を繰り返して戸籍を改ざんしたため、信頼できるものではないと記してある。実の父親である「怪物」なる人物は日本の労働争議にほとんど関係した労働運動家あがりの右翼で、岸信介元首相の盟友でもあると記されているが、岸信介の評伝を何冊読んでもそういう人物は確認できなかった上、それほどの実力のある人物が、実子を連れ去られて何もしなかったのかという疑問も生じる。さらに藤田小女姫の動向についても、同時代の報道等から確認できる情報と齟齬《そご》があったりするのだ。

要は、本書の内容は全面的に信用できそうにないのである。

■事実から浮かび上がるもの

そこで以下には、当時の報道等に基づいて、藤田の人生をたどってみる。

彼女が霊感少女として世に出たのは、1950（昭和25）年5月1日、横浜市立小学校6年だった12歳の時、『産業経済新聞』に報道されたのがきっかけだった。

「奇蹟の少女現る」と題したこの記事では、12歳の少女がどんな悩みにも答えると報じている。またこの記事によれば「小乙姫」と書いて「ことゞ姫」と読むとされており、4年前、つまり8歳のとき、ハワイから一匹の狐がやってきて耳元で「ことどひめ」と囁《ささや》いたときから霊感を発揮するようになったという。

他方本人によれば、子供の頃から他人の病気の診断をしたり、盗まれた物のありかを当てたりしており、10歳の時はこうした占いを専門に行うようになったという。だが東亜子と名乗っていた頃は身体が弱く、よく病気をしていたという。そこで小学校二年生の時「コトトメ」という言葉が口をついて出たという。

『週刊　よみうり娯楽』（読売新聞社、1956年6月）に掲載された藤田小女姫。当時18歳だった。

さらに当時藤田を訪れた作家の芹沢雅子が、その場で母親から聞いた話では、6、7歳の頃母親と外を一緒に歩いているとき、母親には天から小さな白蛇がまっすぐ落ちてきて彼女の頭上に吸い込まれるのが見えたという。

　当初は自宅で依頼者の相談に乗っていたが、すぐに産経会館に相談室を設けた。そのお告げがよく当たると評判になり、岸信介、松下幸之助、小佐野賢治といった政財界の大立て者を顧客として派手な服装やアクセサリーでテレビや週刊誌にもしばしば登場、まるで映画俳優か、今でいうアイドルのような存在となった。当然芸能界にも多数友人がおり、親しい者からは「おコトちゃん」の愛称で親しまれていた。さらには、俳優の田宮二郎などと浮名も流したこともある。１９５９年にはアメリカの雑誌『ＴＩＭＥ』でも占い師として紹介されている。

記事が載った『TIME』

　このように占い師でありながら政財界、芸能界にも通じ、社会的にも認知された形で人気絶頂だった１９６１年４月３日、実業家の夏目龍喜と結婚する。媒酌人は産業経済新聞社社主の水野成夫《しげお》夫妻で、徳川夢声《むせい》や中村メイコなどの芸能人も披露宴に参列している。しかしこの結婚は長く続かず３年で離婚、さらに１９６８年３月には、経営していたサウナで火災が起き、３人が死亡する事件が起きた。その結果１９７４年になって、執行猶予付の有罪判決を受け、その直後藤田はハワイに移住した。

　ハワイ滞在中、吾郎という人物を養子に迎えるが、吾郎の実の親について藤田は一切語ろうとせず、さまざまな憶測が生まれている。１９８１年に母親が死亡すると、藤田は翌年日本に帰国、「先見師」や経営コンサルタントを名乗るようになる。

　この頃もそれなりに後援者がいたようで、自宅ではしばしば芸能人や実業家を大勢招いたホームパーティを開催していたようだ。その後はアメリカの永住権も取得し、殺害されるまで日本とハワイを往復する日々だった。

■予言は当たったか

では、彼女の予言というものはどの程度信用できるのだろう。

彼女については、明仁親王（現・明仁上皇陛下）のご成婚、朴《パク》正《チョン》熙《ヒ》暗殺事件、周恩来中国首相の死などの予言を的中させたと言われる。また岸信介や佐藤栄作、福田赳夫、中曽根康弘など歴代首相も彼女の助言を求めたという。実際、こうした人物と面識はあったようであるが、彼女の助言が政局運営にどの程度役立ったのかは明らかでなく、こうした人物の側からの証言はない。

しばしば紹介されるものとしては、日米安全保障条約批准の際当時の岸総理に会って、安保条約は通るが通った暁には岸内閣はないと述べたというものがある。

このときは、安保条約改定に反対するデモが全国に波及し、実際に条約批准後岸内閣は混乱の責任をとって総辞職した。ところが藤田の予言について、岸側はなにも書き残していない。

岸信介は、怪異や神秘に対してかなり寛容な人物だったらしく、巣鴨刑務所収監中にしたためた『我が青春　生い立ちの記　思い出の記』では、祖母や地元のいたずらっ子がキツネに化かされたという話を記しており、岸が語った内容を記した『岸信介最後の回想』等では、踊り念仏で知られた北村サヨが、戦犯として逮捕された岸がすぐに釈放されると予言したことなども述べている。

連載
藤田小女姫が語る
私を通り過ぎた男たち
豊田章一郎さまのこと
名古屋財界の方々との縁
ホテルの部屋に呼ばれて

雑誌『月刊経営塾』では著名人との交友録を連載

ところが藤田の予言については、今のところ岸側の視点で書かれたどの書物でも確認できないのだ。また『産業経済新聞』が一時『サンケイ新聞』に、また野田醤油がキッコーマンと改称したのは彼女の助言に基づくものだというが、この点についても、彼女の助言がどの程度影響したのか確認できない。

有名な予言者であるから、1960年1月10日の『日本経済新聞』のインタビュー記事など、年頭にその年の出来事を予言したことも何度かあるようだ。しかしこの記事の内容を見ると、「岸さんには今年二度くらい穴がある」とか、「(内閣改造に)近いような話も出る」などかなりあやふやなものが多い。実際この年岸内閣は安保条約改定をめぐって総辞職したのだが、この程度ではコールドリーディ※ングの域を出ない。

冒頭の藤田殺人事件に話を戻すと、犯人として逮捕されたのは養子・吾郎の友人である福迫雷太であった。

警察は事件当日、吾郎が彼のアパートを訪れたが出て行った映像は確認できなかったとする。また、福迫は台車でシーツにくるんだ大きなものを運び出していること、台車から吾郎の血痕が発見されたこと、地下のゴミ捨て場にあった福迫のソファから見つかった銃弾が、藤田の胸を貫いた弾丸と同じ銃から発射されていること、藤田の持ち物である装飾品や拳銃を福迫が質屋に持ち込んだことなど数多くの証拠から警察は彼が犯人だと断定した。

福迫は1995年8月23日、ハワイの裁判所で有罪判決を受け、死刑のないハワイ州では最高刑となる終身刑となって現在も服役中である。彼は、自分は犯人ではなく日本の闇組織の仕業と主張するが、具体的に何者が犯行を行ったのか、一切明らかにしていない。結局、藤田の霊感は、自分の未来を示すことはなかったということになる。

他方、『週刊平凡』(1983年2月17日号)に掲載された観相家・大竹省二との対談では大竹の側から、藤田が「子供のことで命を絶つかもしれない」と判定している。犯人とされた福迫は吾郎の友人であったから、大竹の方こそ藤田の未来を正しく予言していたと言えるかもしれない。

（羽仁礼）

【参考文献】

藤田洋三『東亜子と洋三』（出版研、２００４年）
芹沢雅子『生きている霊人たち』（弘文出版、１９８９年）
藤田小乙姫『あなたの運を3倍よくする本』（山手書房、１９８２年）
「幽霊は生きている」『吉田健一対談集成』（小沢書店、１９９８年）
『別冊宝島日本「霊能者」列伝』（宝島社、２００５年）
「権力と男を操った「黒幕女」列伝」『別冊宝島　日本の「黒幕」２００人』（宝島社、２００９年）
金沢京子『橋龍が愛した女』（鹿砦社、１９９６年）
加瀬英明監修『岸信介最後の回想』（勉誠出版、２０１６年）
塩田潮『岸信介』（講談社、１９９６年）
岸信介、矢次一夫、伊藤隆『岸信介の回想』（文藝春秋社、２０１４年）
岸信介『我が青春　生い立ちの記　思い出の記』（廣済堂、１９８３年）
「The Girl from outside」『TIME』（TIME Inc. 23, 3, 1959）
「大竹省二の観相人生対談」『週刊平凡』（平凡社、１９８３年2月17日号）
「占いの神さま藤田小乙姫さんがお嫁さんになる」『週刊平凡』（平凡社、１９６１年2月1日号）
「藤田小乙姫の『悔恨の涙』」『週刊文春』（文藝春秋社、１９６８年4月1日号）
「ハワイから帰国した〝先見師〟藤田小乙姫さん霊感を生かし、経営コンサルタントで再起！」『週刊宝石』（光文社、１９８３年5月13／20日号）
「小乙姫さんが殺害直前不動産会社社長に明かした「死の予感」」『サンデー毎日』（毎日新聞出版社、１９９４年3月20日号）
福迫雷太「真犯人は日本の闇組織だ」『文藝春秋』（文藝春秋社、１９９６年5月号）
藤田小乙姫「身の上相談室」『別冊週刊サンケイ』１９５８年3月号～１９６１年2月号）
「幸運への招待」『別冊週刊サンケイ』（産経新聞社、１９６１年3月号～１９６２年3月号）
「藤田小乙姫の生と死」『月刊自由』（自由社、２００２年6月号～２００３年8月号）
「日曜対談」『日本経済新聞』（日本経済新聞社、１９６０年1月10日付夕刊4面）
「占い師。藤田さん不審死」『毎日新聞』（毎日新聞社、１９７４年2月13日付朝刊14面）
「藤田小乙姫さんハワイで死亡殺人か」『毎日新聞』（毎日新聞社、１９９４年2月25日付朝刊31面）
「福迫被告に終身刑の判決」『朝日新聞』（朝日新聞社、１９９５年8月24日付夕刊P19）
※「世界仰天ニュース15周年記念ＳＰ」（２０１６年4月13日放送）
※尾崎家系図
※産経新聞社
※ＦｉｎｄＬａｗ

【PSI事件16】

クリーブ・バクスター

バクスター効果の提唱者

Cleve Backster
1924~2013
America

クリーブ・バクスターは、植物がテレパシー能力を持っているとするバクスター効果の提唱者だ。元々ウソ発見器（ポリグラフ）のオペレーターだったが、これで植物の反応を見ることを思いつき、この結果を超心理学分野で発表し大きな反響を集めた。

バクスター効果は、超心理学分野では、追試を試みている研究者もいるが、主流科学者からは厳しい批判を浴び、再現実験も不成功に終わっている。

植物には神経も知覚も思考する仕組みがないと反論されたバクスターは、自分が検知したものを「原始知覚（primary perception）」と呼び、やがて生物は細胞レベルでコミュニケーションする能力を持つと主張するようになった。

バクスターはポリグラフの分野では重鎮の一人で、超心理学のバクスター効果のバクスターとしてよりもポリグラフ専門家として揺るがない評価を得ている人物である。

■生い立ちなど

クリーブ・バクスターは1924年、アメリカニュージャージー州に生まれた。父は教会の日曜学校の校長を務める熱心なクリスチャンの家庭で、クリーブも毎週休まずに教会に出席させられたが、反

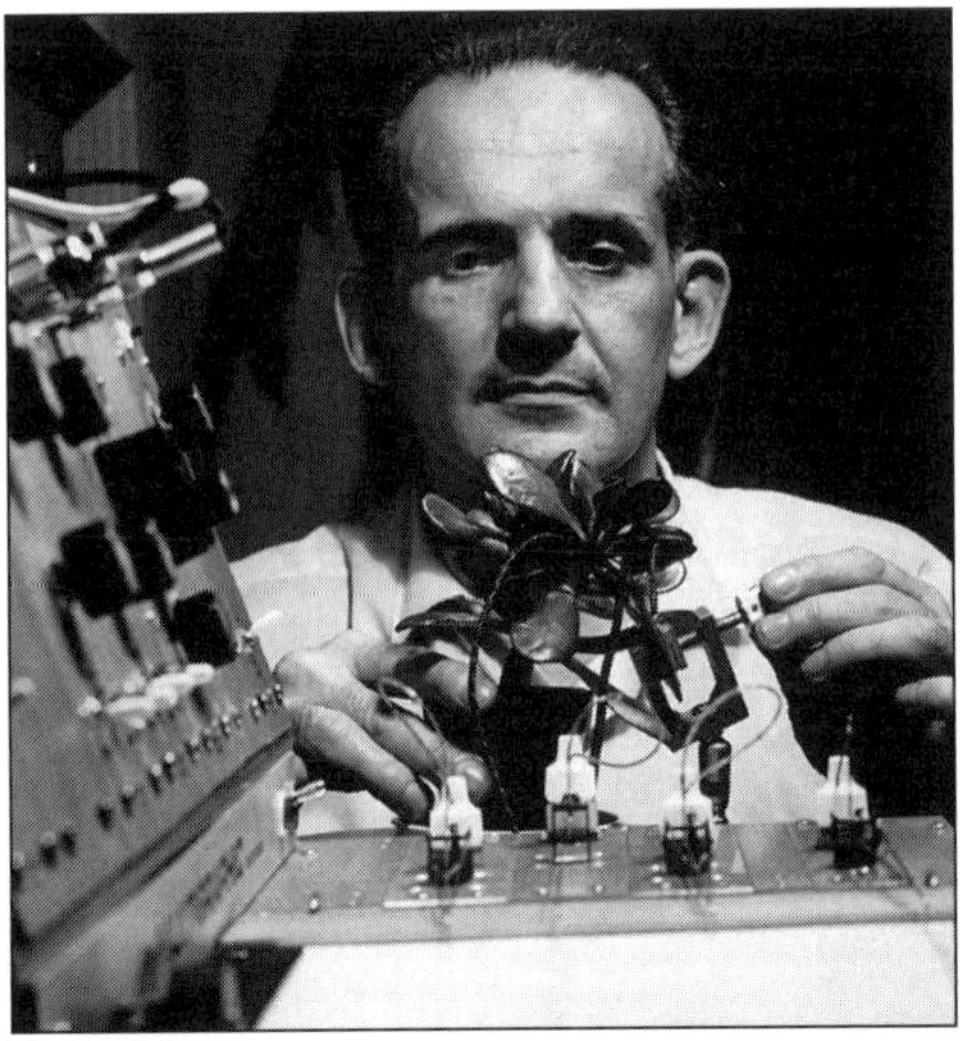

実験するバクスター（「The New York Times」より）

発を覚えたのみだったようで、後に無神論者となった。血気盛んな少年だった彼は、高校時代は高飛び込みの選手になったが、最初に飛び込み台から飛び降りる勇気を得ようと、友人に水着のお尻に火をつけてもらうというような無茶をしている。

高校卒業後は、テキサス大学の土木工学科に入学するも、すぐにテキサスA&M大学に移って農学と心理学を専攻に選んだ。

テキサスA&M大学はテキサス大と並ぶ名門州立大学だが、予備役将校訓練課程があり、卒業後は軍の士官となる学生も多い。在学中に第二次世界大戦が始まると、バクスターは海軍に志願し、洗脳や尋問などに強い興味を持って諜報部隊を希望した。その希望が受け入れられ、バクスターは軍隊で心理学の教育訓練を受けている。

大戦後は海軍を除隊し、陸軍諜報部に移り、洗脳や催眠術などについて士官に教育する仕事に就く。1948年にCIAに引き抜かれると、ポリグラフに興味を持ち、キーラー式ポリグラフ開発者のレナード・キーラーから直接教えを受けている。1959年にCIAを退職すると、サンディエゴでポリグラフ検査官養成校のバクスターウソ発見器学校を設立して校長を務めた（この学校はその後ニューヨークに移り、2017年にカナダのIT企業が買収したため、現在はカナダ、オンタリオ州キングストンにある)。

そんなバクスターの人生が大きく変化したのは、1965年を過ぎてからのこと。1965年、ポリグラフ研究のためにバクスター研究財団を設立したが、ポリグラフの研究をする中でバクスター効果を発見。その後の人生を効果の解明に注ぐことになる。

バクスター効果は主流科学からは受け入れられなかったが、超能力信奉者には熱心な支持者がいる。このためか、バクスターは代替医療にも興味を持つようになり、1990年代には日本の宗教家・本山博が創設したカリフォルニア人間科学大学院大学に所属、また潜在能力と超能力を開発するというシルバメソッドの開発者ホセ・シルバのグループとも親交を深め、2013年に89歳で亡くなっている。

■アメリカのポリグラフ信仰

バクスターを語るうえで外せないのは、アメリカにおけるポリグラフの占める特殊な位置だろう。

一般にウソ発見器と呼ばれているが、哺乳類の多くが緊張／興奮で掌《てのひら》に汗をかく生理現象を皮膚の電気抵抗によって測定するのが基本となっている。この仕組みはアメリカの人々を魅了した。科学が嘘を暴き、正直さを保証し、善悪に白黒つけてくれるのだ。

バクスターが軍の諜報部員／CIA職員であった冷戦下の時代、ポリグラフはターゲットになった人

ポリグラフのデモンストレーションを行う、開発者のレナード・キーラー（左）

が共産主義者であるという証明に使われたり、公職追放に利用されたりもした。

しかし、当時すでにポリグラフが反論不能な科学的装置だとするイメージに対して、それが誤った信仰であることが明らかになりつつあった。

実際のところ、ポリグラフは設問を作りこれを被疑者に問いかける検査官の腕次第で、狙った答えを引き出せるツールに過ぎなかった。現在、日本をはじめ各国で裁判での証拠として採用されていないのはこのためである。

ポリグラフ技術者たちは複数の測定器を組み合わせたり、検査官の職務に対する姿勢を改善することでポリグラフの信頼性を上げようと努力を重ねた。一般の人々はまだポリグラフに絶対の信頼を寄せていたので、取り調べで有用な道具であった。これを使って得た証言が裁判でも引き続き証拠として採用されるようにしたかったのだ。バクスターもこうしたポリグラフを時代遅れにしたくない技術者たちの一人だった。だが、ポリグラフはもはや科学の象徴としての輝かしい地位に戻ることはできなかった。

■バクスター効果とは？

バクスター効果は、有り体にいうと、植物が意志を持っており、テレパシーで交信をしている、という現象である。

この現象は、バクスターが植物の葉にポリグラフをつないだとき、予想外の反応を読み取ったことか

この観葉植物のドラセナをポリグラフにかけたことでバクスターの人生は変わった。（『植物は気づいている』より）

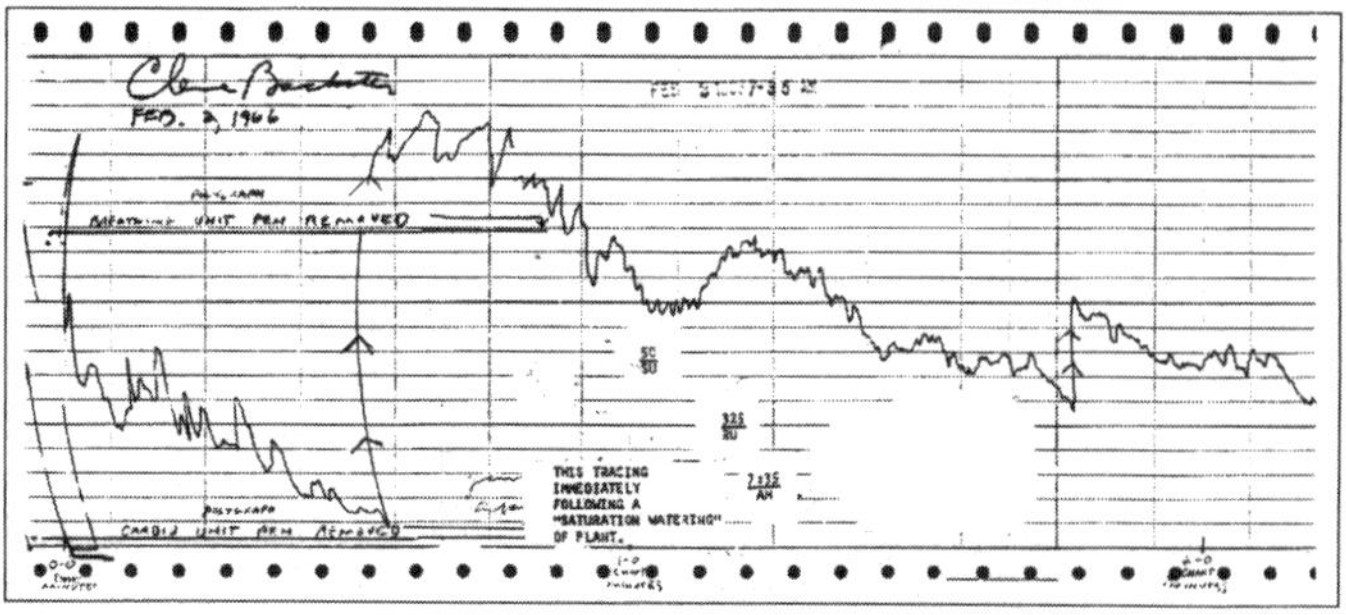

バクスターが最初にポリグラフをドラセナにつないだ時に得た波長。この波長の動きを人間の波長の動きに重ね合わせ、バクスターは植物にも人間同様に意思があるのではないかと推測した（『植物は気づいている』より）

ら始まっている。

バクスター効果は発表されると大きな注目を集め、主流科学の科学者によっても検証や追試が試みられた。こういった事例は超心理学の分野では稀有な出来事といえる。しかし、バクスターの実験デザインが科学的な水準に達しておらず、バクスター効果もまた再現できなかったため、主流科学で認められることはなかった。

そもそも、バクスターが当初、植物にポリグラフをつないだ動機は、検査対象物の水分量によってポリグラフの反応が変化することを調べるためだった。対象の水分が増加すれば電気抵抗が減るという機械の仕組みも、植物が水を吸い上げるという生理現象も理解したうえでの実験だったはずだ。

ところがバクスターは、ポリグラフが描く予想外の曲線を見て、一足飛びに人間の感情変化と同じことが起こっていると考えた。そうして植物に働きかけるうちに自身の思考に反応している、テレパシーだ！　と結論づけてしまった。

多少なりとも科学実験の訓練を受けた人物なら、「何がその反応を引き起こしているのかを見極めなくては」と考えて次の実験を組み立てるだろう。対照群、二重盲検の必要は学生でも考えることだ。

だが、バクスターはそうはしなかった。自分は十分有効な実験をしていると考えて、よりはっきりとした反応を引き出すべく実験を続けた。植物を尋問にかけ続けたのである（植物に最大のストレスを与えようと小エビを殺して見せる実験など、バクスターの軍歴を考えるとヒトコマ漫画のようなシーンが浮かんできてしまう）。

ポリグラフ技術者としては当然のことだったのだろうが、科学的にはより無意味な方向へ進んでしまったと言える。このときにバクスターがすでにキャリアを積んだ40代であったことも関係しているかもしれない。そして自分の「発見」に対する科学者たちの反応を理不尽だと感じて退けるようになった。このころまだ存命だった超心理学者の※J・B・ラインとも分かり合えずに絶交している。

1973年にアメリカで発売された『The Secret Life of Plants』（Peter Tompkins and Christopher Bird、Harper & Row）。バクスター効果はこの本で紹介されたことで、世間に広まった。

バクスター効果は超能力信奉者と一般のアメリカ人の目には、ポリグラフという誰もが知っている強力な装置が植物という身近な存在から思いがけない反応を引き出した興味深い現象に映った。そして、植物好きの人々が無意識にやっていた「植物に語りかける」という行為の意味を裏付けてくれるものでもあった。

この「行為の意味付け」は、自分が信じたい神話を補強する働きをしてくれるものなので、科学的検証がいくら行われようと、これからも繰り返し蘇ってくるだろうと予想される。

■交信する植物と細胞

さんざん批判を浴びたバクスターだが、諦めずに次の仮説を考え、それを証明すべく新たな実験に取り組むようになった。

個々の細胞にはテレパシー能力である「原始知覚（primary perception）」があり、動物の場合はこれを用いて脳と交信しているというのである。

バクスターは植物がエビの死に反応したところから、細菌や微生物の死にも反応するのではないかと対象を広げ、さらに人体から採取して取り出した白血球細胞が持ち主の興奮に呼応して反応すると主張するようになった。実験は当初、細胞と本人は別室程度の距離に置かれたが、その距離は徐々に延びていき、ときには100マイル（約160キロ）以上離れた対象物を実験することもあった。細胞がテレパシーを使っていると考えれば、「神経組織のない植物には感情の伝達はできない」という批判にも応えられるというわけだ。

だが、この実験を行っていた頃には、すでに主流科学の科学者たちは関心を失っていた。バクスターの意気込みに反して、その実験の内容は超能力信奉者だけが知るものになり、評価するものになってしまった。

この実験に白血球を使っていたことから、晩年のバクスターの興味は人体の免疫システムに移る。免疫細胞同士や脳と免疫細胞はテレパシーで交信しているとしたが、その主張も主流科学では受け入れられていない。

皮肉なことだが、1990年代半ば以降、人体の細胞同士の情報交換、植物の知性と情報交換などが、主流科学の領域でも扱われるようになってきた。

晩年のバクスターはインタビューに答えて、植物学者が使う手法が自分のポリグラフとは少し違うことに不満を表明しているが（ポリグラフとは抵抗計ではなく、筋電計などを使う研究者が多い）、生物が発しているかすかな信号が注目されればもっと興味深いことがわかるだろうとも言っている。

その見方自体に間違いはないだろうが、植物生理学も、免疫医学も、細胞は心を読まないし、テレパシーも使わずに、香り、ホルモン、電気信号などのコミュニケーション手段を使っていると主張し、またそのことを明らかにしつつある。そうしたコミュニケーションがあるならば、テレパシーは必要ない。身体から取り出された細胞が持ち主と交信するか否かは確かめるまでもないだろう。

とはいえ、植物や免疫細胞について主流科学が明らかにしつつある事実は、バクスターが説いた以上に複雑で興味深い。

そして、こうした世界への扉を開け、多くの人々の関心を集めたバクスターは今や先駆者として取り上げられる存在となり、相応の評価を受けている。

（ナカイサヤカ）

【参考文献】
ロバート・B・ストーン『あなたの細胞の神秘な力―バイオ・コミュニケーションが発見した生命の謎―』（祥伝社、1994年）
ステファノ・マンクーゾ、アレッサンドラ・ヴィオラ『植物は〈知性〉をもっている　20の感覚で思考する生命システム』（NHK出版、2015年）
※「The Psi Encyclopedia」
※Silva ESP Research「Primary Perception Research」
クリーヴ・バクスター『植物は気づいている　バクスター氏の不思議な実験』（日本教文社、2005年）
※Ben Bendig「Primary Perception: Look Into 'The Secret Life of Plants'」（The Epoch Times）
※日本植物生理学会「葉面電位について」（みんなのひろば）
※Michael Pollan「The Intelligent Plant」（The New Yorker）

【コラム】

超心理学における超能力者の扱い

石川幹人

●超心理学とは

テレパシーや念力などの超能力を科学的に究明しようとする研究分野は「超心理学（Parapsychology）」と呼ばれている。超心理学は、米国デューク大学教授のジョゼフ・バンクス・ライン（1895~1980）によって1930年代に確立され、学術誌『超心理学（Journal of Parapsychology）』の刊行や、国際的な研究団体「超心理学協会（Parapsychological Association）」による年次大会の開催が続けられている。今日まで80年以上にわたり学術分野としての体裁を完備しているものの、いまだに科学的な取組みとして広く認知されているわけではない。

筆者は、2002年にデューク大学の客員研究員の身分を得て、故ライン教授の研究活動拠点であった「ライン研究センター（Rhine Research Center）」に1年間滞在し、超心理学の科学的方法論の実態を調査した（詳しくは、拙書『超心理学』を参照されたい）。

超心理学では、ガンツフェルト※と呼ばれるテレパシー実験が半世紀近くにわたり続けられ、有無を言わさぬデータが蓄積されている。このデータの信頼性は、医学や薬学で近年使用されるようになった証拠水準（エビデンスレベル）では最上位に相当する。その結果、ふたつの可能性が議論されている。第一に、テレパシーと呼ばれてきたような、現在の物理法則では説明できない情報伝達方法が存在する可能性。第二に、厳密に管理したつもりのテレパシー実験に、検出できていない情報漏洩が潜んでいるだけの可能性である。

J・B・ライン

超心理学者の多くは第一の可能性を支持しているが、テレパシーが存在するのなら、それはどのような性質や特徴をもっているか、それと物理法則とはいかなる関係をもつかを理論化せねばならず、研究はそこまで進展してはいない。一方の懐疑論者は第二の可能性を支持しているが、決定的な情報漏洩の可能性を指摘できてはいない。両者の議論は平行線のまま推移している。

筆者の実態調査によれば、超心理学ではきっちりとした科学的方法によって研究がなされており、実験研究においては証拠水準の高いデータを得ている。ところが、そのデータを説明する理論の観点からみると、これまで高い実績をあげている物理法則を修正しなければならず、十分な進展がみられていない。超心理学はきわめて困難な研究を対象にしてしまったがゆえに、超心理学者も苦労が絶えないという実情なのである。

●「超能力は万人がもつ能力」という仮定

さて、そうした超心理学は「超能力者を研究している」と思われがちであるが、そうではない。J・B・ラインは、むしろ「超能力者を研究しない」方向性を打ち出したのである。その経緯をたどるには、心霊研究の時代にさかのぼらねばならない。

１８８０年代の英国では霊魂の研究がさかんになり、１８８２年に設立された「心霊現象研究協会（The Society for Psychical Research）」では、複数のノーベル賞受賞者を迎えて、科学的な研究がなされた。その主要な研究方法は、交霊会を開催して霊魂を呼び出し、霊魂とのコミュニケーションを通じて霊魂や霊界の実態を探るものであった。そこで鍵となる役割を果たすのが、「霊魂との対話」ができるとされた霊媒師である。

J・B・ラインは、みずから交霊会に参加した経験から「霊媒師の問題」を認識し、交霊会でない新たな研究方法を開発し、それをもとに超心理学を立ち上げたのである。その新たな研究方法とは、研究者が管理した実験室の状況下で一般人を相手に超能力を測定するという方法であった。

この着想に至る背景は少しこみいっているので、わかりやすく整理して解説したい。まず「霊媒師の問題」とは、霊媒師が超能力者なのか、奇術師なのか、はたまた普通の人なのかという問題である。

もし霊媒師が奇術師の場合、交霊会の暗闇にまぎれてトリックを使い、参加者を煙に巻いている可能性が大である。研究としてはトリックを使えない状況設定にすべきであり、その点では交霊会という枠組みはたいへん都合が悪い。だから、研究を実験室で行って奇術師が入りこむ余地を極力排除することに、大きな意義がある。

もし霊媒師が超能力者の場合、霊魂と対話する超能力をもっていることになる。ならば霊媒師を被験者にして実験室に隔離し、別の部屋にいる人の状況を霊魂に見てきてもらい報告できる。そう考えると、テレパシー実験は成功をおさめるはずである。ところが、霊媒師を実験室に連れてきても、交霊会のような劇的なテレパシー現象は現われなかったのである。

奇術師であればトリックが使えない実験室のテレパシー実験に協力するはずがないので、霊媒師は奇術師でも超能力者でもなく、対話能力が高い普通の人にちがいない。交霊会の場では自他ともにうまく

写真は1930年代に活躍したアメリカの霊媒師コリン・エヴァンスの空中浮遊。交霊会ではしばしばトリックが用いられた。この写真もトリックが指摘されている。

ESPカードを使った実験

いっているように思っていただけだ、という可能性が高まった。

　そこでJ・B・ラインは、普通の人でもまれにはテレパシーが働くのではないかと仮定し、不特定多数の被験者による繰り返し実験を行い、その結果を統計分析して超能力を実証する方法を提唱したのである。さらに、この仮定が実証されれば、霊魂という未知の存在を仮定しなくとも、被験者が持つ超能力として研究が進められると考えたのである。先に述べたように、この方向で超心理学は今日までに一定の成果をおさめていると超心理学者たちは考えている。

　さて、霊媒師を普通の人とする見方に異議も唱えられた。たとえテレパシー実験に失敗しても、それは「実験室という特殊環境に慣れていないためだった」という指摘である。超能力者には能力発揮にふさわしい環境があるはずだから、実験室でなくフィールド調査に出るべきだと、ライン流の研究方法に疑問を呈する動きが、超心理学者の中でも巻き起こった。

　ところがJ・B・ライン自身は、その動きを強く牽制した。目撃者の記憶は先入観や事後的な情報で歪められてしまっているので、フィールド調査で超能力現象の目撃証言をとっても当てにならない。それに、不正確な情報でもって、あたかも誰かが超能力者であるかのような報告を超心理学者がしてしまうと、超能力に〝お墨付き〟を与えたように見られかねないと、彼は考えた。

　さらにラインは、超能力者と目されるような人を招いて実験することにも消極的であった。超能力者は新興宗教などの教祖などに起用されることが多く、研究者が意図しない形で、研究結果が悪用されることを危惧したのである。

以上のような、普通の人に対する実験室実験へのこだわりが、超心理学を支えてきた。「超能力は万人がもっている普遍的能力」と仮定したことなどの諸般の理由により、あえて「超心理学では超能力者を研究していない」のである。ただ、絵を描く能力に上手下手があるように、個人による超能力の高低はあるとは考えていることを申し添えておく。

●自称超能力者への対応

筆者は、ライン研究センターでの滞在を終えて帰国後、著書やホームページサイトでの情報公開を通じて、超心理学の現状と課題を広報してきた。以来15年以上が経過しているが、その間、数十人の自称超能力者から「自分の超能力を確認してほしい」という依頼を受けている。

それらの人々の実験はどれも成功していない。というか、実験に入る前段階のチェックで、悲しいかな「超能力者と思っているだけ」と判明してしまうのである。

たとえば、オーラ視能力があるという方には、私の指の先から出るオーラが見えることを確認した後、私の開いた手がちょうど隠れる大きさの本で手を隠し、いま手を開いている状態か握っている状態かを、オーラをもとに判定してもらうようにしている。オーラが見えるのであれば、手を開いている状態のときのみ、本の外側にオーラが見えるはずである。残念なことに、誰も成功していない。

パワーストーンのパワーを感じるという方には、ブレスレット用に加工された石玉5種類をそれぞれ10個ほど入れた布袋から、よく混ぜた後で同じ石玉を袋の中から目をつぶって2個ずつ繰り返し取り出してほしいとお願いしている。うまくいかないので、布袋ごと持って帰って練習し「できるようになったらまた来てくださいね」と言っても、その後の連絡はない。

方位磁石や、針の上に立てた紙を念力で回せるという方からもよく連絡がくる。今ではお会いすることなく、その方位磁石などを四つ用意して四角形に配置し、お友達が見ている前で、お友達がランダムに指定する一つだけを、次々に動かしてください、できるようになったら教えてくださいねと言ってあるが、連絡が来たことはない。

他者に示せるような超能力が自分にあるかどうかは、比較的簡単に事前チェックできる。上述のようなことは、研究者としては当たり前の方法なのであるが、私がお願いすると、ひとしくかなり驚かれる。自称超能力者にとっては「考えてもみなかったこと」のようである。

超能力研究の進展のためには、まずは「超能力者である」という思いこみを排除しなければならない。そのためには、科学的な方法を多くの人々に理解してもらうことが大切である。筆者は現在、そうした啓蒙運動を進めている。

【参考文献】
石川幹人『超心理学―封印された超常現象の科学』（紀伊国屋書店、2012年）
ステーシー・ホーン『超常現象を科学にした男―J・B・ラインの挑戦』（紀伊国屋書店、2011年）
ジョン・ベロフ『超心理学史―ルネッサンスの魔術から転生研究までの四〇〇年』（日本教文社、1998年）
ディーン・ラディン『量子の宇宙でからみあう心たち―超能力研究最前線』（徳間書店、2007年）
※石川幹人「メタ超心理学研究室」

【第三章】1970年代の超能力事件

【PSI事件17】

ニーナ・クラギーナ

最強のサイコキネシス

Nina Kulagina
1926~1990
Soviet Union

1960年代末から70年代にかけて、ソ連のレニングラードに住むある女性の超能力が世界的に話題となった。

現在もインターネット上には、その女性の特別な能力を示す動画が溢れている。

最も多く出回っているものは、テーブルの上にマッチ箱やタバコ、マッチ棒などの小品を置き、その上に女性が両手をかざしているもので、女性が両手を震わせるように動かすと、テーブル上の物品が次第に彼女の方に近づいていく映像だ。

こうした物品の上に透明な、直方体の覆いをかけた実験も行われているが、内部の物品は同じように動いていく。

他の画像には、彼女がコンパスの上で手を揺らすと、コンパスの針がそれにつれて揺れるというものもある。

さらには、透明な容器の中にコイル状の金属でつるした球体に、女性が容器の外から手をかざすと、この球体が揺れ始めるというものもある。

女性の名はニネル・セルゲイヴナ・クラギーナという。世界的にはニーナ・クラギーナとして知られ、ネリヤ・ミハイロヴァという別名で紹介されることもある。

彼女は旧ソ連時代の代表的な超能力者であり、ユリ・ゲラーが登場するまでは、世界的にも※サイコキネシスの第一人者と目されていた。

■ソ連最強の超能力者の半生

彼女が示した能力は冒頭に述べたものの他にも、※皮膚光知覚、テレパシー、念写、※ヒーリング、発熱現象など多岐にわたり、サイコキネシスについては他にも水に浮かべた卵の黄身と白身を分離したり、カエルの心臓を止めたり、さらには生きた人間の鼓動に影響を与えることまであった。

球体を浮かしてみせるニーナ・クラギーナ

世界的には「ニーナ」という通称で知られるが、正式な名は「ニネル」であり、これは「レーニン」という綴りを逆にしたものだ。彼女が生まれた当時のソ連では、珍しい名前ではなかったらしい。

第二次世界大戦の転回点となったレニングラード包囲戦が始まったとき、彼女はまだ14歳の少女であったが、祖国を守るため軍隊に志願、T34戦車隊の無線係として活躍した。1944年1月に負傷したが、終戦までには上級軍曹に昇進し、戦闘功労賞とレニングラード防衛記章を授与された。

その後、戦争中に知り合った技術者のビクトル・クラギンと結婚し二児をもうけている。

彼女の能力については、幼い頃から不思議な能力があったとか、戦争中も彼女が負傷者に手を当てると症状が改善したなどの逸話が残るが、公式に彼女の能力が確認されたのは１９６３年12月のことである。

若かりし日のクラギーナ

このとき彼女はノイローゼで入院していたのだが、入院中編み物をするために様々な色の糸が入った袋に手を入れ、中身を確認することなく望んだ色の糸を取り出したのだ。その頃、ラジオで皮膚光知覚について語る番組を聴き、自分の能力の何たるかを確信したという。

■共産党機関紙からの批判

そこで、病院で彼女を診察していた2人の医師、Ｓ・Ｇ・フェインバーグとＧ・Ｓ・ベリヤエフに自分の能力を報告したところ、フェインバーグが関心を持ち、彼女のことを超心理学者のレオニード・ヴァシリエフに伝えた。そこでニーナは、ヴァシリエフの調査を受けることになった。

ヴァシリエフは当初、彼女の皮膚光知覚の能力を調査しようとしたのだが、ある女性が両手をコンパスの上にかざすだけで針を回転させたという報告を思いだし、同じことをニーナにやらせてみた。すると彼女はコンパスの針だけでなく、小さな物体も動かすことができた。

１９６６年にヴァシリエフが死去すると、彼の同僚であったゲナーディ・セルゲイエフやエドアルド・ナウモフといった超心理学者が彼女の研究を継続し、ナウモフによる実験の模様は１９６８年に一般公開された。

この結果彼女の存在とその能力が、ＡＰのモスクワ支局を通じて世界に報じられることとなった。

ところが同じ１９６８年、ソ連共産党機関紙の『プラウダ』に、彼女をペテン師として批判する記事が掲載された。

この記事は、ニーナが1964年に闇物資の売買を行って有罪判決を受けたという個人攻撃にはじまり、彼女の能力は目に見えないほど細い糸を用いたトリックだと決めつけていた。

■排除できないトリックの可能性

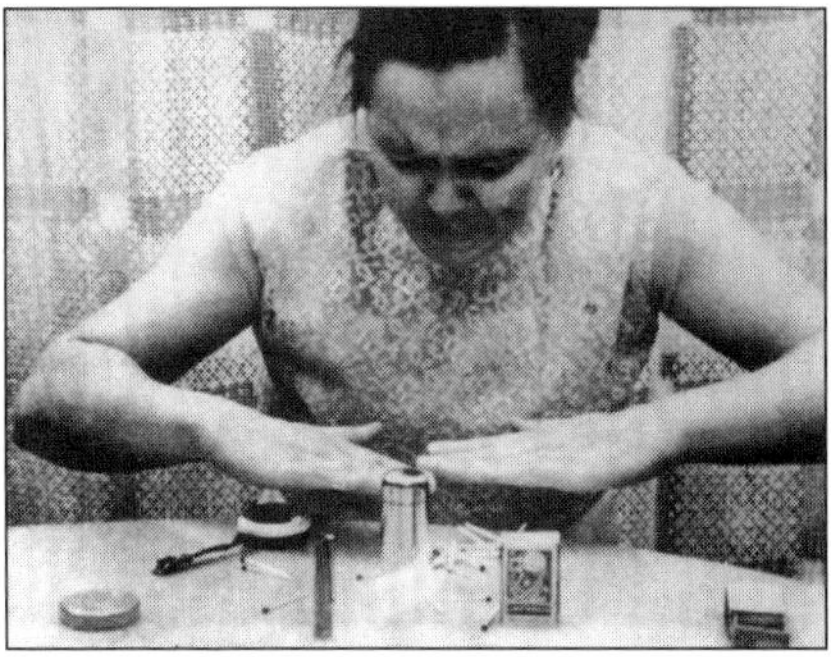
マッチなどを動かすクラギーナ

いわゆるスケプティック（懐疑論者）が著した書物の中には、この『プラウダ』の報道を引用したのか、彼女が糸を用いている、と詳しい検証もなく決めつけているものもある。

実際のところ、彼女の能力は本物だったのだろうか。それとも、『プラウダ』などが主張するようにトリックだったのだろうか。

彼女が示した能力はかなり多彩である。

冒頭に述べたものの他、軽い球体を宙に浮かせたこともあるという。さらには、実験中彼女の頭の近くに感光板を持って行くと感光していたり、彼女が能力を発揮していると皮膚が高熱を発してやけどするという現象も報告されている。

あるときなどは、イギリスの超心理学者ベンソン・ハーバートの腕をつかんで熱を加えたことがある。ハーバートは、耐えられないほど強い痛みを感じたと報告している。

彼女が能力を発揮するにはかなりの集中力を必要とし、実験中彼女の脈拍は250にまで上昇することもあり、体重も700グラムから2キロも減少し、実験後一時的にしゃべることも見ることもできなくなり、数日間腕や足が痛み、めまいを覚え、眠ることができなくなったこともあったという。

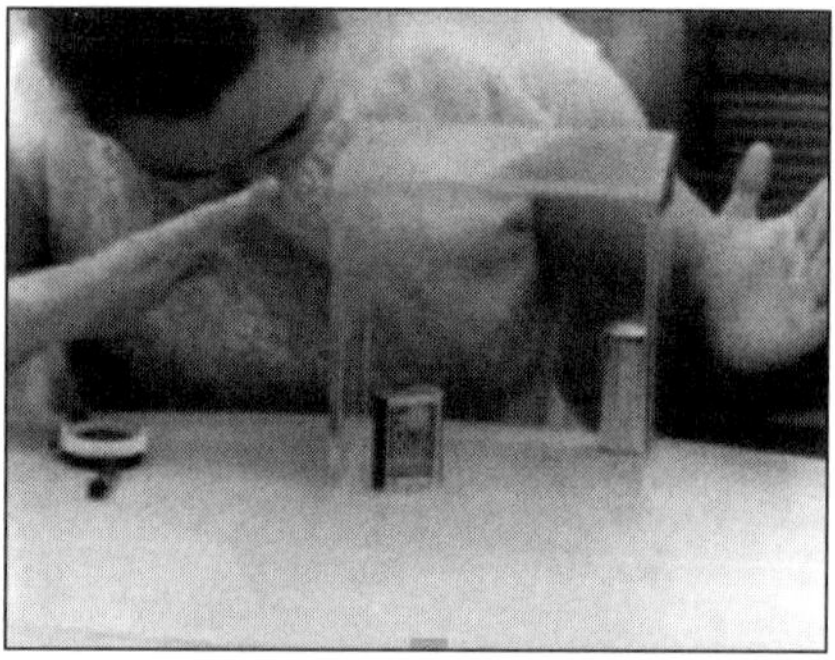
動画の中では透明カバーの中に置いた物品も動かした

こうした数々の実験中、彼女がトリックの現場を押さえられたり、糸や磁石が発見された記録はないようだ。ロシアの度量計測協会が彼女を調べて、彼女の身辺に磁界の増加を検出し、磁石を隠しているものとされたことはあるようだが、磁石そのものは発見されていない。

他方、実験を行うに際しては、彼女が能力を発揮するまでに何時間もかかることがあり、彼女の体調に応じて実験の開始ややり方が調整されたこともあった。つまり、実験において彼女がコントロールできる部分がかなりあったようなのだ。

さらに、物体が動く動画を見ると、いずれも彼女の側に動いて行っている。つまり、細い糸を物体の向こう側に置き、それを次第に引き寄せるやり方でも同じことができそうなのだ。

物体の上に透明なカバーをかぶせた場合も同様の現象が起きているが、残された動画を見る限り、彼女が自分でカバーをかぶせたり、既に両手を構えた状態でカバーをかぶせたりしているようだ。これでは、すでに糸を準備した状態でカバーをかぶせたという可能性も否定できない。

■機関紙を名誉毀損で訴える

ともあれ、ニーナは、高度な集中力を必要とする実験のせいもあったのか、１９７７年頃心臓発作を起こし、以後大衆の面前に姿を見せなくなった。

しかし、彼女についてはまたしてもソ連の公式筋から批判が加えられた。ソ連司法省が発行する雑誌『法と人間』が１９８６年と１９８７年の２回にわたり彼女を詐欺師と決めつけた記事を掲載したのだ。
当時61歳になっていたニーナは、この雑誌を名誉毀損で訴えた。体調を崩していたためレニングラードからモスクワの裁判所に出頭できない彼女に代わり、第二次世界大戦中の戦友や科学者などが証言台に立ち、彼女のために証言した。

裁判の結果、モスクワにあるゼルジンスキー区裁判所は1987年12月14日、『法と人間』に対し判決確定後1ヶ月以内に訂正記事を掲載するよう命じた。雑誌側は、モスクワ地方裁判所に控訴したが棄却され、判決は確定した。

少なくともこの裁判においては、雑誌側が彼女のトリックを立証できなかったということになる。

（羽仁礼）

【参考文献】

S・オストランダー、L・スクロウダー『ソ連圏の四次元科学（上）』（たま出版、1982年）
中岡俊哉『ベールを脱いだソ連の超能力者』（祥伝社、1991年）
ヘンリー・グリス、ウィリアム・ディック『クレムリンの超常戦略 続』（ユニバース出版社、1981年）
『ムー特別編集事典シリーズ1超能力』（学研、1991年）
ゆうむはじめ『どこが超能力やねん』（データハウス、1992年）
Martin Ebon『Psychic Warfare』(Mc Graw Hill, 1983)
Martin Gardner『Science』(Prometeus Books, 1989)
Pamela Rae Heath『The PK Zone』(iUniverse, 2003)
Charles Panati『Supersenses』(Quadrangle, 1974)
Levy, Joel『K.I.S.S Guide to the Unexplained』(DK Publishing, 2002)
※「The Ninel Kulagina Telekinesis Case: Rebuttals to Skeptical Arguments」
※「The Cold War/KGB Archives」(Nina Kulagina)

【PSI事件18】

ユリ・ゲラー

不世出の超能力者

Uri Geller
1946〜
Israel

ユリ・ゲラーはイスラエルの超能力者。代名詞ともいえるスプーン曲げで一世を風靡《ふうび》し、世界で最も有名な超能力者の一人となった人物。

親日家でもあり、2006年には日産自動車のCMに出演。これまでに来日した回数は100回を超える。山中湖の近くに1年ほど住んでいたこともあったという。

■現在までの主な経歴

ユリ・ゲラーは1946年12月20日、イスラエルのテルアビブで生まれた。子どもの頃から、時計の針が勝手に動いたり、スプーンに触れただけで曲がったりしたなどのエピソードを持つ。

1964年、18歳のとき、イスラエル軍の落下傘部隊に入隊。軍務中にケガを負い、その療養の間にキャンプ場で働くが、そこでシムソン・シュトラング（通称シピ）という少年と知り合い、意気投合。のちにシピはゲラーのマネージャーとなった。

軍は1968年に除隊。その後、織物工場で働くかたわら、モデルの仕事を行い、さらに劇場などでテレパシーや金属曲げのパフォーマンスも行うようになる。

すると、ゲラーのパフォーマンスはイスラエルで人気を呼び、その話を聞きつけたアメリカの発明家アンドリア・プハリッチが、イスラエルへやって来て実験を行う。そして催眠術による記憶の呼び出しを行い、ゲラーの超能力は地球から遠く離れた宇宙船「スペクトラ」にいるナインという宇宙人から授けられたものだとの情報を得る。

こうした話を信じたプハリッチは、より本格的な実験を行うべく、ゲラーをアメリカへ招待。

1972年の春には、渡米前に一度、ドイツへ行ってパフォーマンスを成功させ、知名度を上げる。

同年8月、ついにアメリカへ渡ったゲラーは、スタンフォード研究所（SRI、現在はSRIインターナショナルへ改称）などで実験を重ねていく。1974年には、その内容が論文にまとめられ、世界的に有名な科学誌『ネイチャー』に掲載された。また70年代には、アメリカで超能力スパイをやっていたともいう。

初来日は1974年2月21日。日本テレビの番組『木曜スペシャル』（同年3月7日放送）に出演し、フォーク曲げや透視を実演した。また、日本の視聴者へ向けてテレパシーを送り、家にあるスプーンなどを視聴者自身に曲げさせるパフォーマンスも披露。これらは大きな話題を呼び、日本中にスプーン曲げブームを巻き起こした。

1979年には、シピの姉だったハナと結婚。一男一女をもうける。1985年にはイギリスへ移住。

1990年代から2000年代にかけては、自らへの批判者などに対して訴訟を繰り返す。けれども

ゲラーの自伝『ユリ・ゲラー　わが超能力』（これは邦訳書。原題は『My Story』）。表紙には本人の写真が使われている。

敗訴が続いて以降は態度が軟化し、批判者は自らの知名度を上げてくれた存在として位置づけるようになった。

2015年に居住地を数十年ぶりにイスラエルへ戻す。2017年には、アメリカのCIAが機密を解除した文書にゲラーを実験したものがあり、その能力を認めていたとして話題となった。

2020年現在は、ゲラー自ら、イスラエルにユリ・ゲラー博物館を建設するなどしているが、近年は真偽論争を避けるためか、「超能力者」（英語ではサイキック）とは自称せず、「エンターテイナー」と名乗ることが多くなっている。

■超能力スパイをやっていた？

ゲラーにまつわる超常的なエピソードは、本人が各所で吹聴していることもあり、枚挙にいとまがない。そのため、ここからはよく話題になるものに絞って取り上げる。

まずは、超能力スパイをやっていたという話について。これは、ゲラーがアメリカの諜報機関に雇われ、超能力を使ったスパイ活動をしていたというもの。

一見すると突拍子もない話に思えるが、ジョー・マクモニーグルの項目（250ページ）で触れているとおり、役に立ったかはともかく、超能力スパイというもの自体は実在していた。

では、ゲラーの場合はどうなのだろうか。この話は、『実録・アメリカ超能力部隊』という本の著者で、ジャーナリストのジョン・ロンスンが、ゲラーや諜報機関の幹部に取材している。

それによれば、まずゲラーは1970年代だけでなく、2000年代にも超能力スパイとして活動していたと主張したのだという。

ところが、この話をロンスンが調査してみると、裏付けとなる証言は信用できる第三者から得られなかったとしている。つまり、ゲラーの話は本人が吹聴しているだけの状況で、今のところ事実と考えることは難しいようだ。

なお、他の国のスパイだったという話もあるが、それらも残念ながら裏付けとなるようなものは見つかっていない。

■科学的に超能力が認められた？

次に、ＳＲＩの実験について。これは実験者が描いた絵を、隔離された部屋にいるゲラーが透視したり、無作為に開いた辞書に載っている単語を当てたりすることなどが行われた実験である。

こうした実験はおおむね成功したとされ、その結果は『ネイチャー』誌に掲載。ゲラーの超能力は科学的に認められたと思われることもあるようだ。

しかし、実情はかなり違う。ＳＲＩの実験については心理学者のデイビッド・マークスとリチャード・カマン、それにマジシャンのジェイムズ・ランディが調査している。

彼らの調査によれば、ＳＲＩで行われた実験は相当にお粗末な内容だったという。

たとえば実験は、外部から完全に遮断された「シールド・ルーム」と呼ばれる部屋で行われたといわれていた。ところが、その部屋の壁には、コードを通すために約8センチの穴があいていた。さらにその上にはハーフ・ミラーの窓があり、室内には外と会話可能なインターホンまでついていたという。

また実験の際は、マネージャーのシピの同行が許可されていた。このシピとゲラーの間では、イスラ

SRIの実験で使われたシールド・ルームの様子
(CIA FOIA「EXPERIMENTS – URI GELLER AT SRI, AUGUST 4-11, 1973」より)

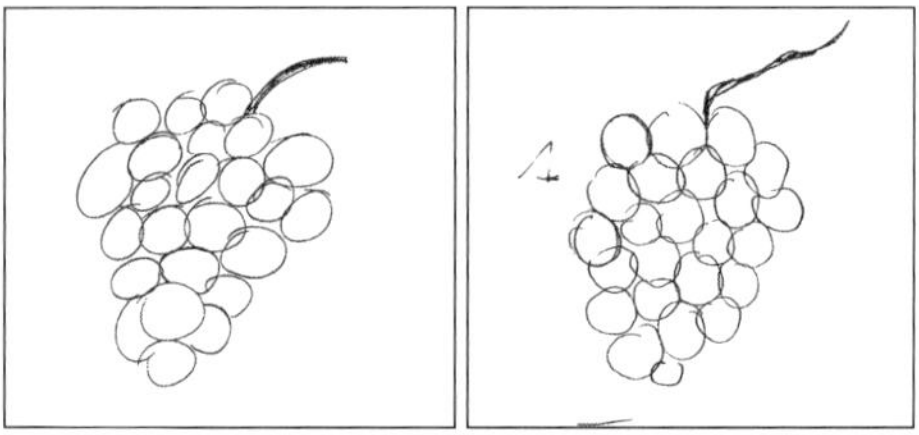

【左】SRIの実験でターゲットとなった「ぶどうの絵」。
【右】ゲラーが透視によって描いたという「ぶどうの絵」。24個の房の数まで一致しているが、ターゲットの絵をシールド・ルームに隣接する部屋の壁に貼っていたことが判明しており、のぞき見が疑われている。

エルの劇場時代からブロックサインなどを送るトリックが指摘されており、１９７８年には、もう一人のマネージャーだったヤシャ・カッツが、マネージャーを利用して行われていた具体的なトリックを明らかにしている。

さらに、論文が掲載された『ネイチャー』でも実験について次のような指摘があった。

・実験のデザインと提示方法が弱く、その正確な方法についての詳細も困惑させるほど曖昧。

・こうした領域を研究する研究者たちによって過去に学ばれた教訓を活かしていない。

・辞書をランダムに開いてターゲットを選ぶ方法は、浅はかで漠然としている。

・このような弱点は、彼らの実験能力の欠如を示している。彼らの書いていないところで、他にミスを犯しているかもしれない。

・意識的、もしくは無意識のイカサマに対して導入された様々な予防策が、「不快に感じるほど甘い」。

つまり、有名な『ネイチャー』に論文は載ったものの、実験は穴だらけで酷評されているというのが実情だった。

ちなみに、２０１７年にＣＩＡが公開した文書として話題になったのも、この『ネイチャー』で酷評された実験の報告書である。その内容は、１９７０年代当時の前出の論文や関係者の本などで書かれているものと同じで、新情報と呼べるものは何も含まれていない（ＣＩＡがゲラーを本物と認めていたという事実もない）。

ＣＩＡは70年代に、旧ソ連が超能力研究を行っているとの情報から、超能力に関する話を肯定・否定を問わず、片っ端から集めていた。２０１７年に公開された文書というのは、そうした活動の中で当時集められた情報のうちのひとつだったと考えられる。

■任天堂との裁判で超能力を示せなかった？

続いては、ゲラーが起こした訴訟について。これは、主に１９９０年代と２０００年代に行われたものがある。

90年代の方で話題となったのは、アメリカの懐疑的調査団体「サイコップ」（現在はＣＳＩ）と、前出のジェイムズ・ランディを相手取って起こした裁判。

この裁判でゲラーは、サイコップ側から中傷とプライバシーの侵害を受けたとして１５００万ドル（約16億円）もの賠償金を求めた。

しかし、裁判は１９９５年に和解が成立。ゲラー側が「軽薄な告訴」をしたとして、12万ドル（約１３００万円）をサイコップ側に支払うよう裁判所から命じられて終決している。

一方、２０００年代に話題となったのは、ゲラーが任天堂（正確には日本の方ではなく、アメリカにあるニンテンドー・オブ・アメリカ）に対して起こした裁判。こちらは任天堂の商品「ポケットモンスター」のなかで、超能力を持つ「ユンゲラー」というキャラクターがゲラーとよく似ているとして、アメリカの任天堂を相手に総額1億ドル（約１１０億円）もの賠償金を求めた裁判である。

日本では、この裁判に関して、次のような話がネットを中心に広まっている。

「裁判中、任天堂の弁護士がゲラーに問いかけた。『問題のキャラクターは超能力が使えますが、もしあなたと似ているとおっしゃるなら、今ここで超能力を使ってみせてください』と。だが、ゲラーはその場で超能力を示すことができずに敗訴した」

この話はゲラーの超能力を否定するために持ち出されることも多い。だが、実話なのだろうか？

出所を確認してみると、この話がネット上で書き込まれたのは、オンライン・フリー百科事典のウィキペディアのページが最初であることがわかった。日付けは2005年4月3日で、「ポケットモンスター」のページ内である。そこには、最初から根拠となる情報源は一切示されていなかった。

ところが話としては面白かったせいか、ここから各所に転載され、日本のネットで広まっていくことになった。

しかし、実際はデマであることがはっきりしている。2018年、デジタルメディアの「ヴァイス」が、ゲラー本人と、裁判で彼の弁護を担当した弁護士のジェフリー・ブリッグスに取材を行い、さらに裁判記録も取り寄せて裁判の内容を報じている。

「ヴァイス」の記事によれば、裁判は2001年から2003年にアメリカのカリフォルニア州中央地区の地方裁判所で行われたという。

ゲラーは、裁判でまずプライバシーの侵害を訴えた。ところが当時、彼はイギリスに住んでいたため、カリフォルニア州におけるプライバシーの権利は適用されないとして、2001年8月16日に訴えは却下されてしまった。

次にゲラーは、名前が勝手に使われたことで、自身のブランドが傷つけられたとも訴えた。けれども、そちらは「ユンゲラー」というキャラクターの名前が日本でしか使われておらず（海外では「カダブラ」という名前がつけられていた。「アブラカダブラ」という呪文に由来）、アメリカの任天堂が関わっていないことや、ゲラーのブランドが傷つけられたと言えるだけの根拠がなかったことなどから、2003年3月3日に訴えが却下されている。

このように、裁判でゲラーが超能力を示せなかったという事実はない。もちろん、それはゲラーの超能力が本物であることを意味しないが、だからといって根拠のないデマで否定していいということにもならない。

先述のとおり、ゲラーにまつわる逸話は非常に多く、その検証や選別は難しいこともある。しかし面白さを優先することで、内容が肯定的・否定的かは問わずに逸話は独り歩きし、やがてそれが「実話」のように流布していく。

エンターテイナーを自称するゲラー自身、それらをうまく利用しているところもあるが、私たち外部の人間はそうしたことに踊らされるばかりではなく、冷静な対応もしていきたいものである。

（本城達也）

【参考文献】

ユリ・ゲラー『ユリ・ゲラー わが超能力』（講談社、１９７５年）
※「Uri Geller. The New Official Uri Geller Website」
『ＳＭＡＰ×ＳＭＡＰ』（フジテレビ、２００９年8月31日放送）
『アナザーストーリーズ 運命の分岐点』（ＮＨＫ ＢＳプレミアム、２０１６年12月14日放送）
ジョン・ロンスン『実録・アメリカ超能力部隊』（文藝春秋、２００７年）
「Investigating the paranormal」『Nature』Volume 251, 559-560 (October 18, 1974)
R. Targ, H. E. Puthoff「Information transmission under conditions of sensory shielding」『Nature』Volume 251, 602-607 (October 18, 1974)
Russell Targ, Harold Puthoff『Mind Reach』(Delacorte Press, 1977)
James Randi『Flim Flam!』(Prometheus Books, 1982)
David Marks『The Psychology of the Psychic』(Prometheus Books, 2000)
「元の相棒（マネジャー）が〝インチキ・７つの手段〟を大暴露!!」『週刊プレイボーイ』（集英社、１９７８年７月４日号）
※ CIA FOIA「EXPERIMENTS - URI GELLER AT SRI, AUGUST 4-11, 1973」
※ CIA FOIA「APPENDIX I, EXPERIMENTS - URI GELLER AT SRI」
Barry Karr「The Geller Case Ends : Psychic' Begins Court-Ordered Payment of Up to $120,000 to CSICOP」『Skeptical Inquirer』(May / Jun 1995 Vol.19, No.3)
※ Wikipedia「『ポケットモンスター』の版間の差分」（２００５年４月２日４時７分時点における版と２００５年４月３日12時６分時点における版）
※ VICE「Uri Geller vs. Kadabra: Die bizarre Geschichte hinter der verschwundenen Pokémon-Karte」

【PSI事件19】

関口淳

スプーン曲げ少年の元祖

Jun Sekiguchi
1962〜
Japan

関口淳《じゅん》氏は日本の超能力者。1974年のスプーン曲げブーム以降、雨後《うご》の筍《たけのこ》のようにたくさん現れた「スプーン曲げ少年・少女」「超能力少年・少女」の元祖的存在。

世間の注目を集めたのは、1974年1月から6月にかけての期間と意外にも短いが、当時はアイドル並みの人気があった。

スプーン曲げの基本スタイルは、後ろ向きの状態から「曲がれ！」と言ってスプーンを放り投げると、床に落ちたときには曲がっているというもの。ユリ・ゲラーのように手でこする間、何分も待たされることはなく、早くできるのが特徴だった。

■スプーン曲げブームまでの主な略歴

関口氏は1962年11月15日生まれ。小学3年生だった1971年、学校の先生から幽霊や四次元ミステリーの話を聞いたことをきっかけに、それらについての本をよく読むようになったという。

スプーン曲げを初めてやるようになったのは1973年12月のこと。『まんがジョッキー』（日本テレビ）という子ども向け番組を見ていたときだった。

この番組には、ユリ・ゲラーの真似をしてスプーン曲げを始めたイギリスの少女が出演しており、関口氏はそこでスプーン曲げに興味を持って自分でも真似してみたところ、できるようになったのだという。

翌年の1月には、父親がテレビ番組の構成に関わっていたことから、お昼のワイドショー番組『13時ショー』（NETテレビ、現在のテレビ朝日）に初出演。当時、まだ日本人でスプーン曲げを披露できる人物は少なかったことから、一躍、メディアの寵児《ちょうじ》となる。

関口氏がメディアに登場しはじめた頃の記事。ここから一気にメディアの寵児となっていく（出典：『週刊新潮』1974年1月31日号）。

そして１９７４年2月。ユリ・ゲラーが初来日をはたし、翌3月にはゲラーが出演した番組が高視聴率を獲得。日本中でスプーン曲げブームが巻き起こると、関口氏の注目度もさらに高まった。

ところが絶頂期の同年5月。『週刊朝日』が関口氏と行った実験で、インチキがあったと写真つきで紹介。その特集記事（１９７４年5月24日号）は反響がすさまじく、わずか半日で当該の号が売り切れたほどだったという。

これにより、スプーン曲げの真偽論争に火がついたが、飽きられるのも早く、１９７４年の夏頃には沈静化。スプーン曲げブームも同じく沈静化したことで、関口氏がメディアに出る機会は急速に減っていった。

それ以降の動向については、後半にまとめて紹介する。

■関口氏のトリックとは

前記の経歴のなかで、とくにターニングポイントとなったのは『週刊朝日』による記事だった。ここでは、そのときの実験について書いておきたい。

まず、実験が行われたのは1974年5月7日の午後5時30分から。場所は東京・港区の芝にあるスタジオだった。

実験には写真が使われた。関口氏の説明によれば、スプーンは念力によって空中で曲がるのだという。そこで、連続写真を撮影して、本当に空中で曲がっているのかを検証するのが実験の狙いだった。

当初、『週刊朝日』側はカメラを正面に置かせてほしいと要望。しかし関口氏の両親から、「子どもの精神状態を乱す恐れがある」と言われ、拒否された。そのため、撮影は関口氏の後方から行われている。

実験に要した時間は、途中に休憩をはさみながら約2時間。次のように前半はスプーン曲げ、後半は針金曲げが行われた。


【実験の前半】


用意されたスプーンは約100本。それを最初に関口氏が選り分けるが、はじかれたスプーンは手で簡単に曲げられない高級品ばかりだった。また、手品師の立ち会いは両親が拒んだために実現せず。

実験は真っ暗なスタジオ内で行われた。まず関口氏は座った状態で合図。すると後ろにセットされたカメラ（1秒間に24回発光し、1回の発光時間は5万分の1秒というマルチプル・ストロボを使用）の撮影が始まる。

関口氏は右手に持ったスプーン（暗闇でもよく写るように白いペンキが塗られている）を体の横に出してから、一度、体の陰に隠す。その後、右上方にスプーンが投げられて、「曲がれ」と言う。すると落ちてきたスプーンは曲がっている。これが一連の流れだった。

ところが撮影された写真には、関口氏の体の陰からスプーンが出てきた時点で、すでにスプーンは曲げられている様子が写っていた。これはつまり、背後からスプーンが見えなくなったときに、腹のベルトか床にスプーンを押しつけて曲げている可能性が考えられた。
実際、関口氏が座っていた場所の床には、スプーンを押しつけなければできない弓形の白いペンキ跡がいくつも付いていることがわかり、トリック説は裏付けられた。

【実験の後半】

夕食休憩後には針金を曲げる実験が行われている。

話題となった『週刊朝日』の記事より。これはスプーン曲げのときの連続写真。スプーンを空中に投げる前の手に持っている段階から、すでに曲げられている様子がわかる。

これも一連の流れはスプーン曲げとほぼ同じ。違いがあるのは、曲げられる針金の形（単純なU字形から3本の針金をつなげた複雑な形まで複数のパターン）によって、撮影開始までの待ち時間が変わることだった。

本来は投げたあとに念を込めて曲げるはずが、なぜか形が複雑になると暗闇の中で待たされるのである。しかも関口氏の前にはあらかじめ予備の針金が何本も置いてある状態だった。

これでは待ち時間の間に針金を曲げておき、投げる前に未加工の針金と加工済みの針金を体の陰ですり替えているのではないか、と疑問がわく。

そこで、関口氏の前に置いてあった予備の針金はなくし、1本だけを使って曲げてもらうことになった。すると、できたのはU字形の単純なものだった。

実はこのとき、関口氏の体の陰に隠れている部分を少しでも写そうと、カメラの位置が少し横にずらされていた。その結果、重要な瞬間がとらえられることになる。

同じく『週刊朝日』の記事。これは針金を手に当てて曲げている様子を連続写真として撮ったもの。記事では「Ａ少年」となっていて、直接、名前はわからないようになっていた。

関口氏が右手に持った針金を、左手に当てて曲げている瞬間が撮影されたのである（右画像）。これは決定的だった。

証拠を見せられた関口氏はトリックを認め、実験は終了。

けれどもその後に、「トリックを使ったのは疲れていたから」というよくある弁解を行い、他の週刊誌もそれに追随する。

なお、『週刊朝日』の記事が出たあとに、関口氏がメディアから一斉に大バッシングを受けたかのように思われていることもあるが、そのような事実はない。

また当時、『週刊朝日』編集部には、超能力者を自称する人たちからの脅迫電話が相次ぎ、なかには「お前たちを呪い殺してやる」といったものまであったという。やれやれ、である。

■ブーム沈静化後の関口氏

さて、こうした実験によってターニングポイントを迎えた関口氏は、先述のようにその後のメディア露出が激減する。結果として、スプーン曲げ少年としての関口氏の活動期間は、わずか半年ほどになった。

それでも、当時を知る人たちにとっては、強く印象に残る少年だったようである。メディアから姿を消したあとも、「あの人は今」のように、たびたび追跡記事が書かれている。

それらによれば、ブーム沈静化後の関口氏の動向は次のようなものだったという。

1974年6月から9月にかけては、超常現象肯定派として有名な電気通信大学の佐々木茂美教授らの実験に参加。夏休みにはアメリカへ渡り、デューク大学のJ・B・ライン博士の実験にも参加。

1975年には関口氏の父親が、超能力関連の企画をする会社「P・S・I・C」（潜在能力開発センター）の専務となり、関口氏も学校が休みの日曜日には実験などに協力していたという。

ただし普段はサッカーに熱中。中学、高校とサッカー部に所属し、レギュラーとして活躍。学校ではスプーン曲げのことで特別扱いされることはなく、周囲から浮くこともなく、持ち前の明るさとユーモアで人気者だったそうだ。

高校卒業後の1981年には六本木のパブでバイトをはじめ、その後、母親が開店したスナックを手伝う。しかしうまくいかず、すぐに閉店。1982年には祖父が経営していた不動産屋を引き継ぐ。

ところが1984年6月、六本木のディスコで大麻を吸い、大麻取締法違反で逮捕されてしまう。そのときは執行猶予がついたものの、その後に窃盗と無免許運転で再逮捕。1年6ヶ月の実刑判決を言い渡される。

服役後は、銀座のクラブ支配人、日本トラストという会社の社長秘書などを経て、1990年、27歳のときに給排水管を敷設する配管工に転職。

1998年にはエアロビクスのインストラクターをしていた女性と結婚。配管工をやめて女性の実家の太鼓職人に弟子入りするが、2003年頃に離婚。その後は不動産と建築関係の仕事をしているという。

『オールナイトフジ』出演時の様子。番組中、関口氏はずっと瞑想しており、一言も話すことはなかった。

最後にテレビ出演したのは1989年12月16日深夜放送の『オールナイトフジ』（フジテレビ）だった。このときは番組の中でUFOを呼ぶ企画に参加している（残念ながら何も起きず）。

これまでのところ、関口氏が成人後に公の場でスプーン曲げを披露することはなかったようである。おそらく、今後もないのではないだろうか。

関口氏のスプーン曲げは、「子どもはインチキをしない」という大人側の純粋な思い込みによって成立していた面がある。大人になった関口氏が、子ども時代と同じスタイルでスプーンを後ろ向きで放り投げて、同じように通用するとは思えない。

つまり「スプーン曲げ少年」の元祖は、子どもならではの利点を活かし、メディアの寵児となったとも考えられるのである。そうであれば、関口氏の主な活動期間が子ども時代で終わってしまったのも、ある意味、当然だったのかもしれない。

（本城達也）

【参考文献】

関口甫『パパ、スプーンが曲がっちゃった』（二見書房、１９７４年）
板倉聖宣、佐藤忠男ほか『超能力・トリック・手品』（季節社、１９９４年）
稲垣武「関口少年のスプーン曲げを見破ったカメラ」『文藝春秋』（文藝春秋社、１９７９年12月号）
「カメラが見破った〝超能力〟のトリック」『週刊朝日』（朝日新聞出版、１９７４年５月24日号）
「いまでもスプーンは曲るけど……中学生・関口〝超能力〟クンの平凡なる日常」『週刊文春』（文藝春秋社、１９７５年７月10日号）
「ユリ・ゲラーと関口淳君が激突、大ゲンカ！」『週刊平凡』（マガジンハウス、１９７５年８月７日号）
「超能力『スプーン曲げ』関口少年の十年後」『週刊新潮』（新潮社、１９８２年１月７日号）
「関口少年『十年間のタブー』」『週刊文春』（文藝春秋社、１９８４年７月19日号）
「超能力少年　関口淳はなぜスプーンを大麻に持ち替えたのか⁉」『週刊平凡』（マガジンハウス、１９８４年７月20日号）
「取調官もタジタジ　大麻で逮捕のスプーン曲げ『今でも超能力ありますよ』」『週刊読売』（読売新聞社、１９８４年７月22日号）
「スプーン曲げ『関口淳』が辿りついた配管工」『週刊新潮』（新潮社、１９９２年４月30日、５月７日号）
「『スプーン曲げ』で人生も曲がった『関口少年』」『週刊新潮』（新潮社、２００６年３月２日号）
『オールナイトフジ』（フジテレビ、１９８９年12月16日放送）

【PSI事件20】

清田益章

スプーン曲げと念写の第一人者

Masuaki Kiyota
1962~
Japan

清田益章《きよたますあき》氏は1974年から活動を続ける日本の超能力者。世界的にスプーン曲げの代名詞と言えるのはユリ・ゲラーだが、日本では同氏と並んでよく知られている人物。

快活で親しみやすい性格などから、成人後も「清田くん」と呼ばれることが多い。

■現在までの主な略歴

清田氏は1962年4月30日に東京で生まれた。小さいときから念力で物を動かしたり、針金を曲げたりしていたという。

はじめてスプーン曲げができたのは1974年、小学5年生のとき。ユリ・ゲラーの来日がきっかけだった。

当初は町内でスプーン曲げを披露しているだけだったが、ある日、自宅の隣にあった劇場へ取材にきていた新聞記者と偶然知り合う。そこで当時話題のスプーン曲げを見せたところ、紙面で紹介されることになったという。

これがきっかけで、それからは全国に現れたスプーン曲げ少年・少女の一人として、テレビ番組や週刊誌にたびたび登場。

★それでもいた超能力者!! 記者も信じられない事実を目撃!!

手をふれないでスプーンを曲げる少年

記者たちの到着を予知した(?)少年

それでは、ホントの超能力者はいないのだろうか？ 手を使うから手品だというのなら、さわらずにスプーンを曲げる、超能力少年がどこかに、いないだろうか？

記者は、やっと、スプーンに手をふれずに曲げるという、清田益章くん（東京・足立区立千住第6小・6年）を見つけた。

目の前で、手もふれずにスプーンを曲げた清田くん

手をふれないでスプーンがクニャリ

「ボク、手でさわらなくても、スプーン曲げられるよ。」

「手をふれないでスプーンを曲げる少年」として紹介される小学生の頃の清田氏（『少年サンデー』より）。

中学1年生のときには、「ゼネフさん」と呼ぶ宇宙意識体とコンタクトをはじめたといい、以降、スプーン曲げ以外に、透視、物体移動、体の瞬間移動、霊視、念治療、念写、空中浮揚、UFO召喚、超能力の伝染、時間戻し（約3分）などができたという。ただし、人前で披露する機会が多いのは、その中でもスプーン曲げと念写になっている。

中学卒業後は専修大学松戸高校へと進み、その後、専修大学文学部人文科心理学科にて心理学を学ぶ。大学卒業後は日本催眠学研究所で医療催眠も学んでいる。

前後して、超能力者としても講演を行ったり、実験に参加したりしていた1984年、『金曜ファミリーワイド』（フジテレビ）という番組に出演。番組内で企画された約10日間の合宿実験中にスプーン曲げや念写を行う。

ところが、その最中にトリックが判明。番組側はそれを隠すことなく映像つきで紹介したため、大きな話題となった。

ただし、本人の弁解（後述）や、オカルト雑誌、肯定的研究者等の擁護もあり、それ以降も姿を消すことにはなっていない。

1990年には『さよなら神様』というタイトルでCDを発表。歌手活動も行う。しかし、それからの3年間は酒と覚醒剤に溺れていたと2003年に告白。さらに同年春には、超能力者という肩書きにとらわれずに生きていきたいとして、「脱・超能力

者宣言」なるものを発表する。

ところが2006年10月、知人から大麻を譲り受けたとして大麻取締法違反容疑で逮捕。同年12月5日に東京地裁で懲役1年、執行猶予3年の判決を受けた。

その後は、祈りと踊りを融合した「Ψおのりψ」という独自の祈り方を提唱。さらに宇宙と様々な要素を同調させる「ウチューニング」というプログラムも提唱するなど、現在は、そうしたスピリチュアル的な活動にシフトしている。

■『金曜ファミリーワイド』の実験

さて、このような清田氏の経歴の中でも、とくに大きな注目を集めたのは、1984年2月3日に放送された『金曜ファミリーワイド』（フジテレビ）に出演したときだった。

これまで、この番組について触れたオカルト・メディアなどでは、番組側が無理矢理、清田氏にスプーン曲げをやらせたかのように紹介しているものも少なくない。清田氏はその結果として、仕方なくインチキをしてしまったというのである。

しかし、本当にそうだったのだろうか。幸い、筆者（本城）はこの番組を録画で視聴することができた。そこで、ここからは実際の番組がどのようなものだったのか、具体的に紹介してみたい。

まず、番組の目的は、超能力という現象がどんなものか知ることにあった。そこで白羽の矢が立ったのが、当時を代表する超能力者の清田氏と山下裕人氏（177ページ参照）だった。二人は番組の要請に対し、「我々もこの力がどういったものかわからない。だから、ぜひ科学的に解明して

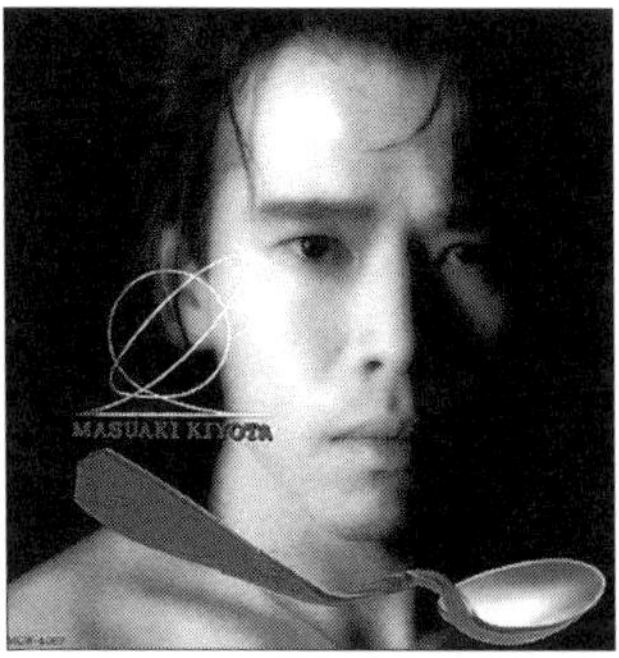

清田氏のCD『さよなら神様』のジャケット

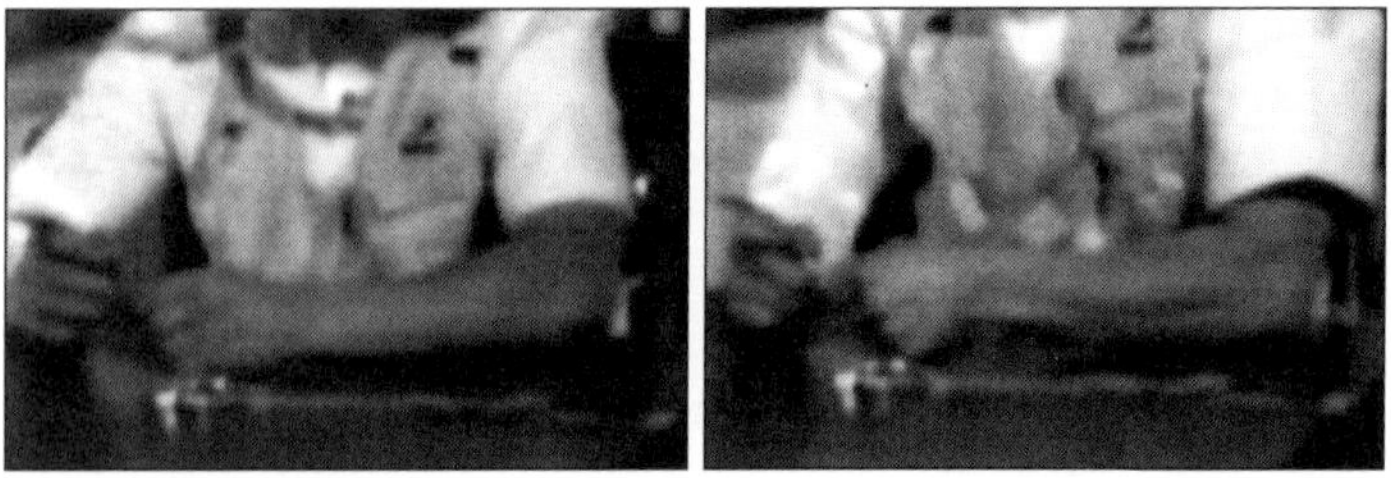

【左画像】清田氏が番組でスプーンを曲げる直前のシーン。【右画像】座り直す動作に紛れて、瞬間的にスプーンを曲げているシーン。左手の前腕に力が入り、筋肉が盛り上がっている（『金曜ファミリーワイド』より）。

もらいたい」と応じたという。

実験は1983年12月26日～30日と、1984年1月3日～7日、そして同月13日の合計11日間、東京・新宿のニューシティホテルで行われた（最終日だけはカメラマンのスタジオに移動）。

立会人は評論家の立花隆氏と女優の浅茅《あさぢ》陽子氏、それに工学博士の鈴木松美氏と防衛大学の大谷宗司氏。

ここでは清田氏に絞って書くが、彼の場合は、基本的に芸能人などの訪問を受けて、彼らの前でスプーン曲げを行っていた。

立会人の立花氏によれば、当初、清田氏が見せるスプーン曲げに立花氏も周囲の人々も驚くばかりだったという。

しかし、実験の機会は何度もあった。それにより、最初は驚いていたものの、2回目、3回目と数が増えるにつれて、今度は清田氏の顔を見よう、左手を見よう、という具合に観察できる余裕が生まれてきた。

すると、当初の驚きは、少しずつ疑問に変わっていったという。スプーンの曲がり始めを誰も見ていないというのだ。

清田氏が実験中に見せたパターンは、最初にスプーンを曲げられず、途中で部屋の隅に移動。その後、しばらく経ってから、ようやく念が入り始めたと言って、曲がりだしたスプーンを見せるというものだった。

この場合、周囲の人々の視線がはずれたとき、スプーンを手で曲げている可能性が考えられる。そこで現場にいた人々は、清田氏の観察を続けた。すると、1983年12月30日、ついに清田氏が力尽くでスプーンを曲げている瞬間を立花氏が目撃。別の機会には、他の立会人やスタッフも清田氏が手でスプーンを曲げる瞬間を目撃していた。

そして1984年1月6日、今度はカメラが清田氏のインチキの瞬間をとらえる。合宿実験中に清田氏が日本テレビの番組『お昼のワイドショー』に出演した際、手でスプーンを曲げる瞬間を撮影したのである。このときはスタジオで歌手が歌い、照明が一時的に落とされた間に行われたものだった。

また別の合宿実験中では、清田氏が周囲の視線がはずれた一瞬を狙って、スプーンを手で曲げているところがカメラにとらえられた（右ページ画像）。

さらに1月13日には、念写の実験中、スタッフの目を盗んでフィルムのすり替えを行う姿も撮影された。

■清田氏のトリック

このような一連の観察の結果、清田氏は複数のトリックを使い分けていることがわかった。とくにスプーン曲げでは、主に次のようなやり方である。

【スプーンをねじる場合】

スキをついて最初からねじっておく。そのねじった部分は右手で隠しながら、左手はスプーンの柄の末端部分を軽くつまむ。

あとは右手で念を入れてさすっているフリをして、左手で持った末端部分をほんの少しずつ回転させていく（170ページ画像）。すると、左手のわずかな動きに対して、反対側のスプーンの皿の部分は見た目が大きいために動きも比較的大きく見える。

その結果、右手で軽くさすっているだけで（相手に触らせる場合もある）、スプーンがだんだんねじれていくように見える。

スプーンのねじりを行っている様子。最初はねじれている部分を右手でつまんで隠している。そこをさすりながら言葉でも誘導して周囲の視線を右手に集中させつつ、実際は末端部分を持った左手をほんの少しずつ回転させていくことで、ねじれていくように錯覚させる（『金曜ファミリーワイド』より）。

【スプーンを切断する場合】

これもスキをついて亀裂を入れておく。亀裂は力尽くで2度曲げるだけで入るが、うまくやれば内部だけに入り、外からは亀裂が入っていないように見える。

1度曲げるのにかかる時間は、わずか0・5秒。それを椅子に座った状態から腰を少し浮かせて、座り直すような動作に紛れて一瞬で行う。

本番では右手でスプーンの末端部分を持ち、顔の前に立てる。その状態で念を込めるフリを続けながら、時々、瞬間的にスプーンを左右に振る。すると比較的大きい皿の部分の重さが負荷を増やし、あらかじめ入れておいた亀裂に力が加わる。あとはそれを繰り返すことで、もろくなった亀裂部分から折れて切断されたように見える。

これら以外にもスプーン曲げの方法はあるが、共通点として「一瞬のスキをつく」、「仕込みは事前に済ます」、「目の錯覚を利用する」といったことが重要なポイントになっている。

■清田氏の弁解に対する反論

ちなみに先述の証拠を突きつけられた際、当初、清田氏はトリックを否定していた。しかし証拠の数々を突きつけられると、そのたびに渋々、トリックを認めていったという。最終的には、カメラの前でスプーンの曲げ方を複数、実演している。

けれども、問題の番組が放送される前後、清田氏は週刊誌やオカルト雑誌のインタビューなどで弁解を行った。清田氏によれば、1日中休みがない状況で強いプレッシャーをかけられ、やむを得ずトリックを使ってしまったのだという。

これに対し、番組で立会人を務めた立花隆氏は次のように真っ向から反論している。

「弁解を聞いて非常に腹が立ちました。これほど彼にワガママを許した実験というのは本当に稀だと思うんですよ。彼が気分が乗らないからやめだと言えば、みんなスタッフは休むしね。それからスタッフの人を名指しでね、あんたがいると上手くいかないから出て行ってくれ、と言えば部屋から出すし、それから酒を飲みたいと言えば酒を飲ますしね。

もう要するにありとあらゆる彼のワガママを聞いてやってね。それで、とにかく彼が気分が乗ったときだけやるって形でやったんですよね。

ですから10日の合宿って言ってもね、大半は彼サボっててね。彼が本当に念を入れたなんてのは総計しても数時間だと思いますよ」

こうしたことは実際の番組を見ても確認できる。清田氏はカメラが回っている間も、お調子者のように振る舞って雑談をしていたり、席をはずして部屋の隅の床に座り込んだり、行動が自由である。

合宿期間中もホテルの部屋に缶詰状態だったわけではなく、途中の年末年始は休みで、それ以外も相撲部屋へロケに行ったり、他局のワイドショー番組に出演したりしていた。

そのため、清田氏の弁解をそのまま信用することは躊躇《ちゅうちょ》せざるを得ない。

■その他にもあったトリック

とはいえ清田氏については、スプーン曲げや念写成功の逸話も多い。それらには残念ながら検証不能なものもあるが、いくつかはパターンに分類してトリックの可能性を検討できる。最後にそれらをまとめておきたい。

【ノーカットで撮影しているからトリックの余地はない？】

これはテレビの実験映像などで見かける主張。清田氏がスプーンなどを曲げたり、念写したりする際、最初から最後まで編集なしで撮影してもトリックが見つからないのだという。

これは一見、もっともらしい。だが、もしトリックは使われているのに気づいていないだけだったらどうだろうか。その場合、ノーカット映像はトリックが使われていないことを意味しない。

具体例を示そう。1990年2月23日、清田氏が『たけしの頭の良くなるテレビ「今超能力に科学が迫る」』（TBS）という番組に出演した。この番組では、科学的な実験と称して、直径5ミリの鉄の棒を清田氏に曲げてもらうことになった。

清田氏は右手で鉄の棒の端をつまみ、左手は反対側を軽く指先で触っている。すると、鉄の棒が途中から上向きにどんどん曲がっていく。

番組では一連の様子をノーカットで放送。手で曲げている様子は一切映っていないため、清田氏はトリックを使わず、超能力で鉄の棒を曲げてみせたことになるという。

ところが、そのノーカット映像をよく見ると、実はトリックの様子が映っていることがわかる。左ページの画像をご覧いただきたい。通常は鉄の棒が曲がっていく中央部分と、そこを触っている左手に注目してしまうが、本当に注目すべきは右手である。

番組では、「指は鉄の棒をおさえているだけ」だと言っていた。しかし実際は、非常にゆっくりと指先が動いていた。その動きは人差し指をカメラ側にずらしていくもので、要は指先をねじって鉄の棒を回転させている。こうすることで、もともと曲がっていた反対側の鉄の棒を「起こしている」のだ。

このときの実験では、最初に鉄の棒を曲げられず、一度10分ほど休憩してから再挑戦していたという。

【手順その1】
曲げておいた画面右半分の金属棒は、最初、清田氏側に寝かせて（倒して）おく。これを上から見た場合は、カタカナの「ノ」のようになっているが、カメラがある水平方向からはまっすぐに見える。そこから矢印のように指先をねじって回転させる。

【手順その2】
すると寝かせておいた部分が起き上がってきて、水平方向から見ると上向きに曲がっていくように錯覚させられる。このトリックの肝は最初に水平状態を保つことだが、視線を同じ位置に持ってくることでズレないようにしている（『たけしの頭の良くなるテレビ』より）。

おそらく鉄の棒を手で曲げていたのはこの休憩中だと考えられる（曲げる時間は0・5秒あればいいのだから）。

曲がった鉄の棒は水平に寝かしておくことで、曲がっている部分がわかりづらくなるため、水平方向からは一直線に見える。あとは先述のように回転させていくだけでいい。

【手を一切触れずにスプーンが曲がった？】

次は、そもそも手を触れることすらしていないのにスプーンが曲がったという主張。この具体例は、清田氏がスプーン曲げ少年としてメディアに出始めた頃の『少年サンデー』（1974年7月7日号）の記事にある。

記事によれば、取材のために記者が新しいスプーンを持って清田氏の自宅を訪れ、実験を行ったという。

まずスプーンは机の上に置く。それを記者とカメラマンが監視する中、清田氏はスプーンにまったく触れず、手をかざすだけで曲げてみせたそうだ。

しかもそれだけではない。今度は机の上に置いた別のスプーンに透明のプラスチック容器をかぶせる。箱は透明であるため、中がよく見える。その状態で清田氏が自宅の外に出て念力を込めると、15分ほどで机の上のスプーンがひとりでに曲がりはじめたという。

本当であれば、まさに驚異である。ところがこの話は本当に起きたことではなかった。超常現象研究家の志水一夫によれば、記者がやむを得ない事情で事実と異なることを書いてしまったのだという。

その記者は三沢といい、雑誌の編集長を歴任したり、子ども向けの超能力本を執筆したりしたこともある人物。志水はその三沢から、後日、当該の取材のときは手を触れずにスプーンは曲がらなかったと聞かされたという。

しかし、その事実を書こうにも、清田氏の父親から取材後に電話があり、手を触れずに曲がったと書かなければ掲載を拒否すると伝えられてしまったそうだ。

週刊誌はスケジュールが厳しく、いきなりのキャンセルには対応できない。そこで、やむを得ず、嘘の記事を書いてしまったというのだ。

こうした話は、当事者が告白でもしない限り、読者は真相を知りようがない。今回はその告白があった珍しいケースである。


【実験者が用意したフィルムに念写できた？】


最後は、清田氏以外の人物（実験者など）が念写用のフィルムを用意したにもかかわらず、それに念写できたという主張。

本人が用意していないのだから、トリックを仕掛けることはできないといわれる。

けれども、念写のトリックの場合、念写の行為をカメラに向かってやっているその場で何かをするのではなく、はじまる前にフィルムをすり替えておくパターンが多い。

この場合、フィルムへの監視の徹底と、型番などを記録しておく対策が必要になる。それがなければ、すり替えられても気づけないからだ。

ここでは対策がうまくいった具体例をあげよう。1991年、『デジャヴ』というアート誌が清田氏の念写実験を企画した。立会人は作家の荒俣宏氏。実験ではポラロイド・カメラのフィルムが実験者側で用意され、清田氏はそのフィルムを使って念写する予定だった。

ところが、実験がはじまってフィルムの取り出し段階に入ると、思わぬことが発覚する。いつの間にかフィルムがすり替えられていたのだ。

実はこのときの実験では、はじまる前にフィルムの使用期限が書かれた数字が記録されていた。そのため、その数字の違いから、すり替えが判明したのである（このとき清田氏はすり替えられたフィルムが自分の持参したものであることを認めた）。

また念写といえば、別の企画で起きた問題を超常現象研究家の南山宏氏が報告している。南山氏によると、少年週刊誌の企画で、有名漫画家と編集者の3人で清田氏に会いに行き、念写をしてもらうことがあったという。

その際、清田氏からは、「15分後に念写するから外で待っててください」と言われ、ポラロイド・カメラを渡された。清田氏からすれば、念写の本番前にカメラを渡しておくことで、トリックの可能性を疑われずにすむと考えたのかもしれない。

しかし、南山氏はここでちょっとした意地悪を思いつく。言われたとおり待つことはせず、その場でフィルムを確認してしまったのだ。

すると、そこにはターゲットとなる東京タワーがすでに写っていたという。あとで判明したことだが、清田氏の自宅にはその東京タワーの写真集が置いてあったそうだ。

■磨きのかかったテクニック

これまでのようなケースからわかるのは、実験者側がこれから本番と考えているよりも前の段階で、すでに仕込みは終わっているということだろう。終わったあとに対策めいたことをしても、手遅れなのである。

清田氏は、瞬きするほどの間に目にも留まらぬ早業を見せたかと思えば、カメラの前で非常にゆっくりとしたトリックを堂々と見せることもある。

そこには、「陽気でお調子者の超能力者」の姿はない。

実際に垣間見えるのは、用意周到で観察眼が鋭く、人の注意をそらす術に長け、目の錯覚や心理誘導をたくみに利用する、手練《てだ》れのマジシャンのような姿である。

おそらく、そのレベルになるまでには相当な練習を積んだのではないだろうか。だとしたら、その努力をもっとほかのことに向けられなかっただろうか。

磨きのかかったマジシャンのようなテクニックを見るにつけ、頑張るポイントはそこじゃない、という思いもまた、強く心によぎるのである。

（本城達也）

【参考文献】

日笠雅子ほか・編『超能力野郎　清田益章の本当本』（扶桑社、1988年）

※清田益章 The Spirit Page「Super Gaia」

『金曜ファミリーワイド』（フジテレビ、1984年2月3日放送）

茂木和行「清田君の超能力スプーン曲げ論争に!!」『サンデー毎日』（毎日新聞出版社、1984年2月12日号）

『たけしの頭の良くなるテレビ「今超能力に科学が迫る」』（TBS、1990年2月23日放送）

山本弘『超能力番組を10倍楽しむ本』（楽工社、2007年）

「総力特集　超能力ウソ!? ホント!?」『少年サンデー』（1974年7月7日号、小学館）

志水一夫「志水一夫の科学もドキ！」『SFイズム12号』（1984年10月、シャピオ）

荒俣宏「幻のサイキック・フォト」『deja-vu　第6号』（1991年10月、フォトプラネット）

南山宏、並木伸一郎『UFO超古代文明対談　南山宏×並木伸一郎』（学研プラス、2016年）

【PSI事件21】

山下裕人

現代日本唯一の透視能力者

Hiroto Yamashita
1964~
Japan

山下裕人《ひろと》氏は1970年代から1980年代前半にかけて活動していた日本の超能力者。

主に行っていたのは透視。そのスタイルは、目隠しをした状態から絵やカードに書いてあることを読みとるというもの。

当時、日本で透視を行える超能力者はほとんど知られておらず、研究者たちからは、「日本で唯一ともいえる透視能力者」と呼ばれていた。

■主な略歴

山下氏は1964年3月19日生まれ。小学生だった1974年4月、超能力番組を見ていた際に母親からスプーン曲げを勧められてやってみたところ、はじめて曲げることができたという。

それ以来、スプーンと針金を曲げられるようになり、当時の超能力少年・少女たちの一人としてメディアなどに出ることもあった。

ところが1978年、中学3年生の頃、山下氏は受験に追われ、超能力への興味を失ってしまう。その結果、スプーンも曲げられない状態となる。そのままであれば、他にも数多くいた超能力少年・少女たちと同じように、メディアから姿を消していたかもしれない。

しかし1980年、高校生となった山下氏は、超能力研究家の芳賀《はが》秀雄氏と出会う。これがきっかけとなり、再び超能力への興味が戻った山下氏は、芳賀氏とともに実験を重ねていくことになる。

そして同年9月15日、それまで主にスプーン曲げしかやっていなかった山下氏に対し、別の超能力研究家・早瀬勇一氏が透視の実験を勧めた。すると好成績の結果を出したため、以降は透視能力者として

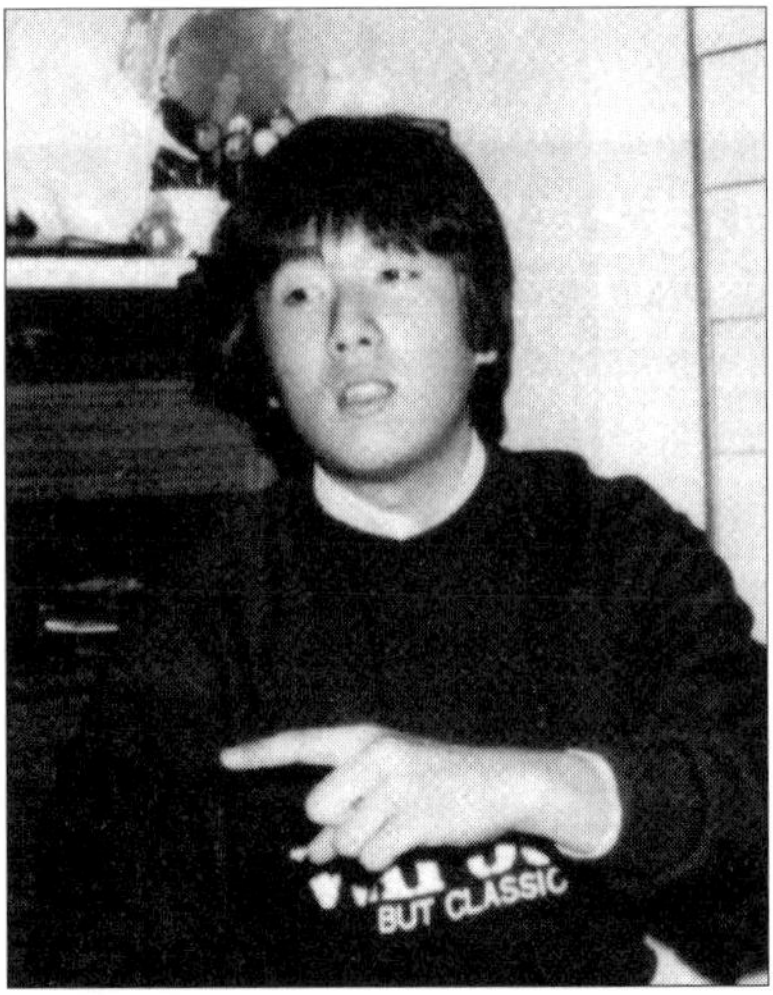

稀代の透視能力者だと信じられた山下裕人氏（出典：『ＵＦＯと宇宙』（ユニバース出版社、1982年12月号）

実験を続けていくことになったという。

それからの数年間は透視能力者として大活躍。スプーン曲げで有名になっていた清田益章氏とともに、「念力の清田、透視の山下」というように、当時を代表する超能力者として注目を集めていく。

ところが、１９８４年2月。フジテレビの番組『金曜ファミリーワイド』に出演した際、山下氏の透視がトリックを使ったものだと明らかにされてしまう。これにより、以降の山下氏のメディアへの露出は激減。超能力者として実験に参加することもほとんどなくなり、こうした分野から姿を消すことになった。

■透視実験での不十分なトリック対策

山下氏は『金曜ファミリーワイド』（具体的な内容については後述する）に出るまで、そのトリックが明らかにされることはなく、実験者たちの間では

高評価を得ていた。

そうした実験者たちは、トリック対策を何もしていなかったのだろうか？ そうではなかった。対策自体はしていた。

けれども、その対策には穴があったのである。どういうことか説明しよう。

1982年10月号の雑誌『ムー』に、「日本の若き超能力者ビッグ2 驚異の超常能力で神秘世界を実現！」というタイトルで山下氏の特集記事が載っている。記事によれば、同年8月2日に、山下氏の自宅で透視の実験が行われたという。

目隠しをして透視をする場合、最も疑われるのは、鼻の横にできるすき間から対象物をのぞき見るトリックである。

そこで対策として、次のようなことが行われた。

「まずタオルで目隠しをする。目のくぼみにあたる部分には脱脂綿をつめる。するとタオルを巻きつけたときに軽い圧迫を目の部分に与え、のぞき見を不可能にする。鼻のわきから頬にかけてできるすき間は、幅広のガムテープでふさぐ。この完全な目隠し状態で文字や図形を読んでもらう」

この報告内容を読めば、しっかり対策がなされているように思えるかもしれない。

しかし実験時の写真（左画像）を見ると、鼻の横にできるすき間までは完全にふさがれていないことがわかる。

また目隠しを自分でする場合、たとえ脱脂綿をつめても、親指をタオルの中に入れて横にずらせば簡単に位置をずらすことができてしまう。

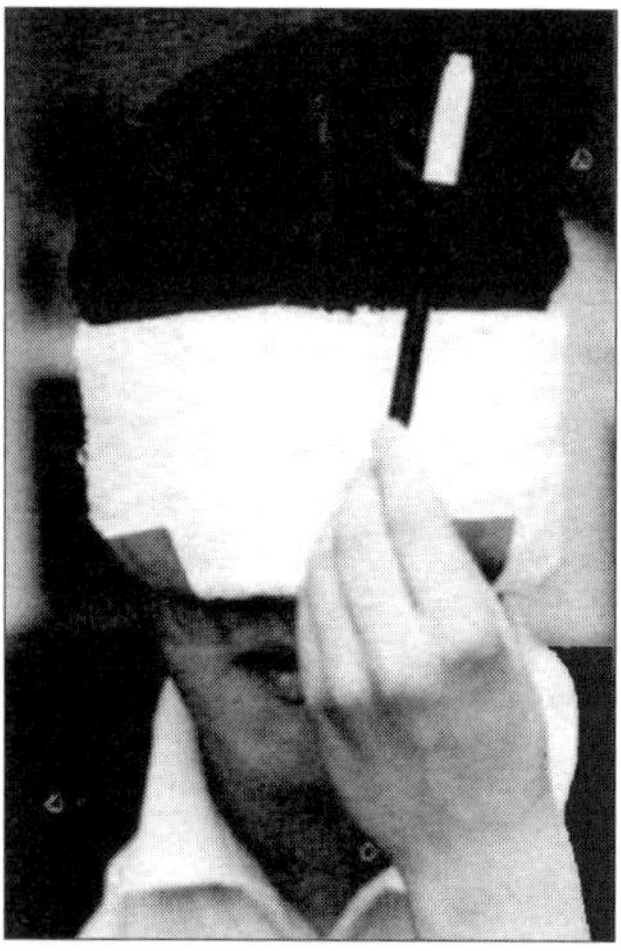

説明文では、「完全な目隠し状態」と書かれているが、実際は不完全なふさぎ方だった（出典：『ムー』1982年10月号）。

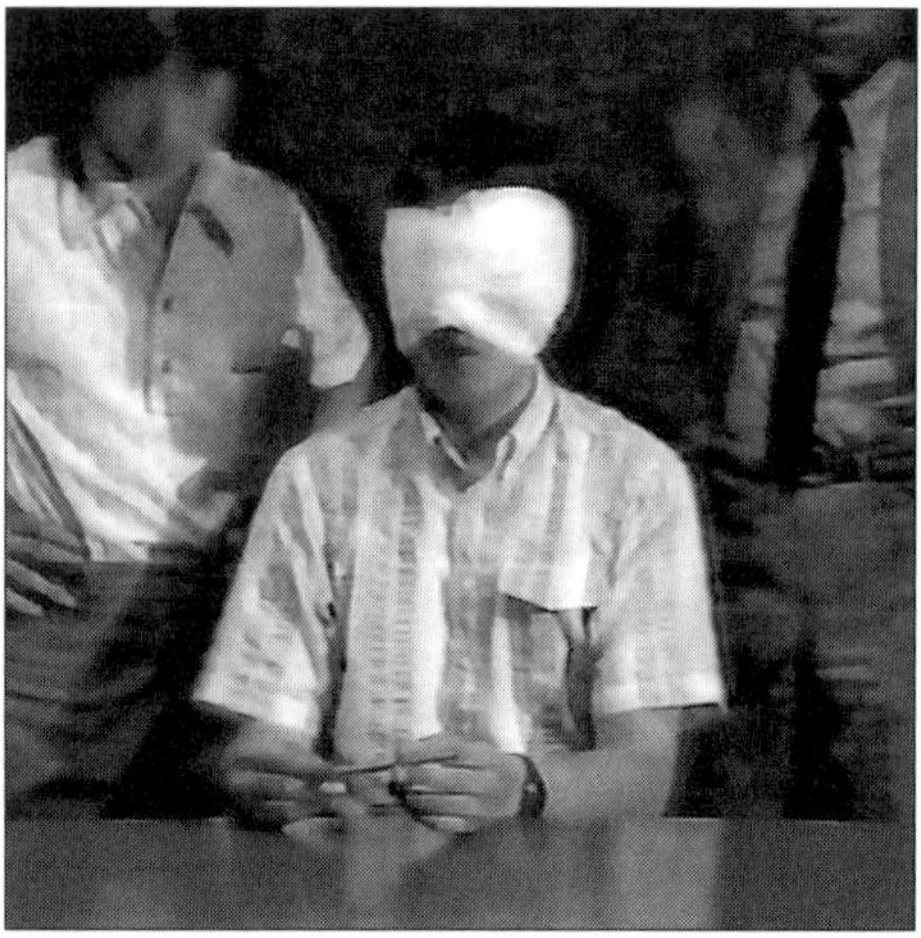
対象物を上に持ち上げる前、必ずこの位置に持ってくる（出典：『知られざる世界 驚異の透視力‼ これが超能力だ』（日本テレビ、1982年8月1日放送）。

さらに他者が目隠しをする場合でも、位置を調整する際に目の上からずれるように指示をすれば、やはり、すき間を作り出すことが可能になる。

実際、1982年8月1日に放送された『知られざる世界 驚異の透視力‼ これが超能力だ』（日本テレビ）という番組では、山下氏が同様の目隠しをされて実験をする様子が映像で確認できるが、彼は右目に脱脂綿の部分が重ならないよう、位置をずらす指示を出している（実験者はその指示が、目に重なるためのものだと信じて従ってしまっている）。

その結果、鼻のわきにできたすき間から視界が少し開ける。あとは、その視界に入るよう、対象物を持ってくればいいだけである。

山下氏は透視の際、対象物を持ち上げて目隠しの前にかざし、さもそこで透視しているかのように行動する。しかし、彼はその前に必ず対象物を先述の視界に入る位置に置く（上画像）。実際はそこで見ているからだろう。

実は、こうした一連の疑いが確証になった決定的な実験がある。それが次に紹介する番組『金曜ファミリーワイド』での実験である。

■『金曜ファミリーワイド』での検証実験

同番組はフジテレビで1984年2月3日に放送されたが、その中で、山下氏の透視能力を検証する実験が行われている。

番組ではまず、ムツゴロウさんこと畑正憲氏をゲストに迎え、簡単な実験が行われた。

最初は目隠しをして絵を透視。これは正解。通常なら、ここから似たような実験が繰り返されるだけだっただろう。しかし、ここから実験は予想外の方向へ進む。

カードを当てる実験中、１枚遠ざけると、それだけ認識できなくなってしまった（出典：『金曜ファミリーワイド』（フジテレビ、1984年２月３日放送）。

畑氏が突然、上着の胸ポケットから財布を取り出し、その中身を透視してほしいと言い出すのである。財布自体はそれまでの実験と同じ机の上に置かれている。けれども財布は閉じたまま置いてあるため、中身は簡単に確認できない。

この予想外の要求に対し、山下氏は中身を当てることができなかった。

今度は畑氏がカードを3枚取り出し、机の上に置く。先ほどのように隠れているわけではないため、山下氏はそのカードの絵柄や数字まで当てていく。

ところが、次はそのうちの1枚を山下氏からカード1枚半分ほど遠ざける（上画像）。すると、どうだろう。その1枚だけ答えられなくなるのである。

さらに畑氏は自分でも山下氏と同じ目隠しをして、対象物を当てられるか実験している。そのときは外国製のタバコだったが、畑氏は難なく当ててしまった。

そしてたたみかけるように、今度は畑氏が着ていた上着を脱いで、山下氏の頭を覆うように被せる。そこにすき間はできない。この状態で畑氏が手に持っているもの（キーホルダー）が何か当てられるか実験するのである。結果は、やはり山下氏は対象物を当てられなかった。

その後は、次のような別の実験も行われている。

【厳密にテープですき間をふさいだ（言葉だけでなく、本当に一切のすき間をなくした）実験】

- ５種類の※ＥＳＰカード当て→12問中11問はずれ、1問正解。

【目隠しと同じ布で机の上にすき間のない衝立《ついたて》を作り、山下氏の顔には何もつけない実験】

- 図形と文字当て→全問はずれ。
- 色当て→全問はずれ。
- ＥＳＰカード当て→20問中18問はずれ、２問正解（偶然でも４問当たる確率）。

【目隠しをした状態で透視できる範囲を測定した実験】

- 座っている状態では横が21センチ、縦は20センチの範囲。
- 立っている状態では横が58センチ、縦は43センチの範囲。

【一般の人が目隠しをした状態で、鼻のわきのすき間から見える範囲を測定した実験】

- 座っている状態では横が22センチ、縦は20センチの範囲。
- 立っている状態では横が60センチ、縦は42センチの範囲。

こうした一連の実験結果を見れば、山下氏が目隠しのすき間からのぞき見ていたであろうことは明らかだった。しかし、こうした結果を前にしても、彼はトリックを頑なに認めない。

そこで、最後にもう一度、厳密な実験が行われた。

【完全目隠しによる再実験】

- ＥＳＰカード当て→１００問中87問はずれ、13問正解（偶然でも20問当たる確率）

・色当て↓35問中32問はずれ、3問正解。
・トランプの数字当て↓25問中全問はずれ。

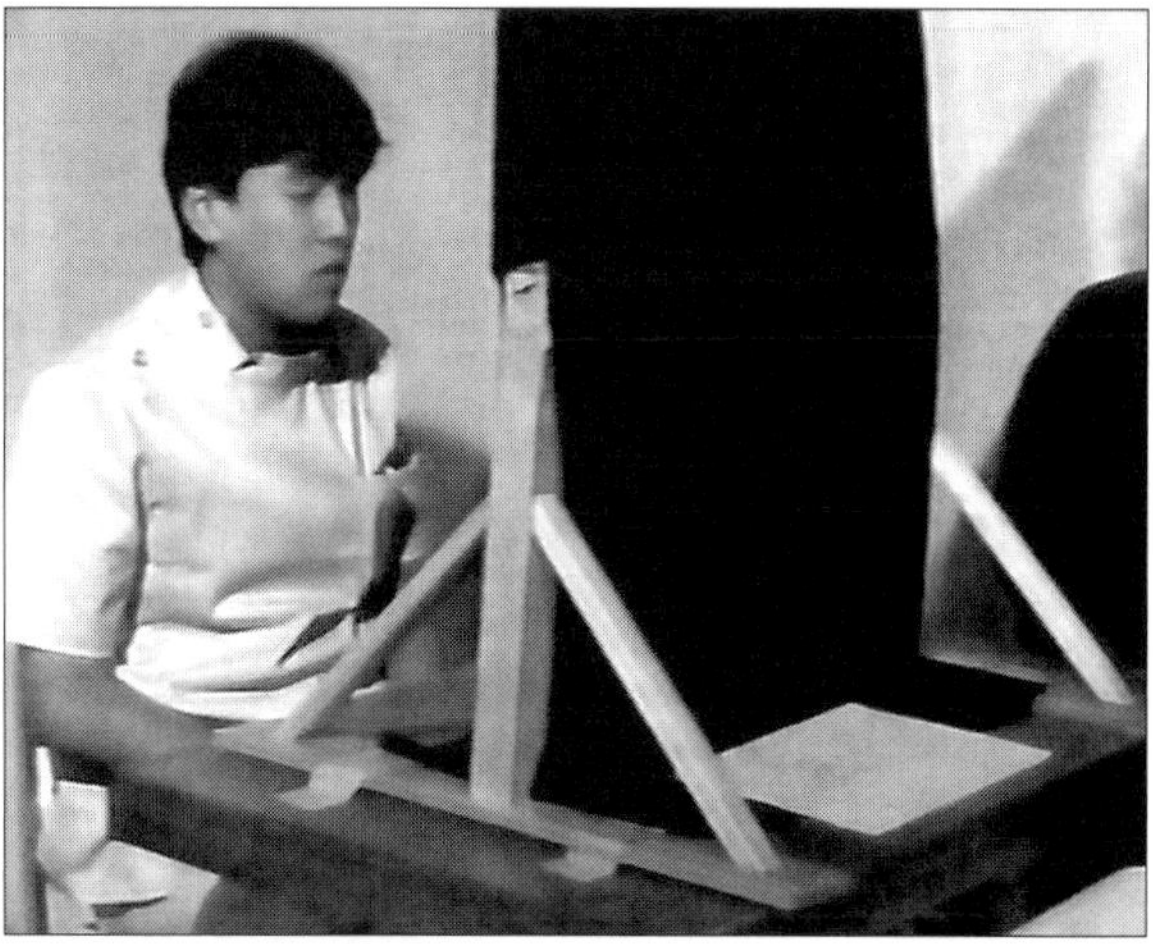

目隠しと同じ布を垂らして視界をふさいだ実験。視界がふさがれている以外、条件は同じはずが、まったく透視できなくなってしまう（出典：『金曜ファミリーワイド』（フジテレビ、1984年２月３日放送）。

これでも最後まで、山下氏はトリックを使ったことがないと言い張った。

とはいえ、もはや結果は歴然としている。稀代の透視能力者ともてはやされた人物の「透視」とは、目隠しのすき間からのぞき見るという、実に単純なトリックだったのである。

（本城達也）

【参考文献】

大谷淳一、早瀬勇一、丸山一郎「超能力青年、山下君が明かす 透視能力10段階開発法」『ＵＦＯと宇宙』（ユニバース出版社、１９８２年12月号）

「それでもスプーンは曲がる‼」『週刊プレイボーイ』（集英社、１９７４年６月11日号）

青木彰「日本の若き超能力者ビッグ２ 驚異の超常能力で神秘世界を実現！」『ムー』（学習研究社、１９８２年10月号）

大谷淳一、早瀬勇一、丸山一郎「超能力青年、山下君の全解剖 透視に驚くべき能力を発揮‼ 山下裕人君の新たなる可能性を探る」『ＵＦＯと宇宙』（ユニバース出版社、１９８３年１月号）

『知られざる世界 驚異の透視力‼ これが超能力だ』（日本テレビ、１９８２年８月１日放送）

『金曜ファミリーワイド』（フジテレビ、１９８４年２月３日放送）

【PSI事件22】

ノストラダムス

世界一の大予言者

Michel de Nostredame
1503~1566
France

「絶対無敵の恐怖の大王ノストラダムス」⁉

グーグルなどで「ノストラダムス」と検索すると上位でヒットするのが、ゲーム『モンスターストライク』（モンスト）のキャラクターである。そのノストラダムスは、相棒の怪獣アンゴルモアを引き連れた少女の姿で描かれている。

若い世代には、「ノストラダムス」と聞いて真っ先にそちらを思い浮かべる方々も少なくないかもしれないが、ノストラダムスは歴史上実在した男性である。日本では、1970年代の大ブームで広く知られるようになり、その名は1999年の人類滅亡説と結びつけられてきた。

■実在のノストラダムスの生い立ち

ノストラダムスことミシェル・ド・ノートルダムは、1503年に南フランスで生まれた医師・占星術師である。その生涯は予言的エピソードに彩られているが、幼少期から20代前半にかけては、裏付けとなる史料がほとんどない。

前出のブームの起爆剤となったのはルポライターの五島勉《ごとうべん》で、その『ノストラダムスの大予言』シリーズ（全10巻）では、大学入試問題を予知したとか、遥か彼方のジパングの様子を学友に語ったなどと吹聴されている。しかし、史料に即した信頼できる海外の伝記研究には、そんな話は見当たらない。

五島は『ノストラダムスの大予言』電子書籍版（2014年）でも、ノストラダムスの学生時代の話を紹介していた。それによれば、1520年頃、アヴィニョン大学の学生だったノストラダムスはアヴィニョン近郊の丘を見つめながら、居合わせた見知らぬ老人に対し、モトゥール（モーター）という「当時はまだなかった」単語を使い、その丘にいずれ原発地帯が出現することを予言したのだという。

南フランスには確かにマルクール原子力地区があるので、史実ならば見事な的中と言えそうだ。ところが、この話も非常に疑わしい。

モトゥールが当時なかったというのは五島が再三語る定番ネタの一つだが、モトゥールは元々「動かすもの」を意味する語で、9世紀から15世紀を対象とするフレデリック・ゴドフロワの古語辞典にも載っているため、明らかに嘘である。

そもそもノストラダムスがアヴィニョン大学に在籍していたことはおおむね確実視されているも

ノストラダムスの肖像画（1614年頃）。これを描いた実子セザールは、晩年の私信で父の名誉を重視しつつも「父は天使ではなく過ちを犯す人間でした」とも述べていた。

大ブームを巻き起こした五島勉『ノストラダムスの大予言』（祥伝社、1973年）。写真の第一弾の発行部数は1999年の時点で公称210万。

のの、在籍記録そのものや、学生時代の証言は確認されていない。在籍記録すらないのに、見知らぬ老人との会話だけ鮮明に残っているというのは、実に奇妙な話である。

　それに対し、ノストラダムスが１５２９年にモンペリエ大学医学部に入学したことと、１５３１年（または32年）に最初の結婚をしたことは、入学宣誓書や結婚契約書が現存していることから裏付けられる。もっとも、それからしばらくの足取りにも不明な点が多い。フランスでは、この時期の足取りを霊媒師から聞いた話で再構成した者もいるが、真実かどうかなど確認しようがない。

■教皇シクストゥス5世との出会い？

　１５３０年代後半からの放浪などを経て、ノストラダムスは１５４７年に再婚した。その辺りの時期には、いくつもの予言的エピソードが伝わる。たとえば、イタリア旅行中のノストラダムスが無名の若き修道士の前で跪《ひざまず》き、いずれ教皇になることを予言した伝説がある。のちのシクストゥス5世だというが、これを最初に記録したのは、ノストラダムスの遠戚とされる18世紀のパラメド・トロン・ド・クドゥレである。パラメドは上記の伝説を、ノストラダムスが晩年を過ごしたサロン市の90歳の古老アレクサンドル・ド・ポールから聞いたとしており、ド・ポールは、ギヤン・エロー（ノストラダムスの遺言補足書に「薬剤師」と書かれている立会人）から聞いたとしていた。

シクストゥス5世

　一族の子孫がノストラダムスと親交のあった人物から聞いたというのなら信頼できそうだが、疑問はいくつもある。まず、遠戚だろうと無条件に信頼できるものではなく、そもそもパラメドはノストラダムスの弟の娘の継子の息子なので、戸籍上はともかく血縁上の繋がりはない。また、エローは確かにノストラダムスの知人だったが、エローから聞いたというド・ポールは1630年（ノストラダムスの死の64年後）生まれだったことが分かっているので、その時までエロー（生没年未詳だが、ノストラダムスの死の時点で薬剤師資格を持っていたということは、どんなに若くともその時点でおそらく20代半ば以降。そうすると、ド・ポールが10歳の時に聞いたと仮定しても百歳前後のはず）が生きていたのかどうか、疑問視されている。

　なお、ヨセフスの『ユダヤ古代誌』には、幼き日のヘロデ（ユダヤの王、在位・紀元前37～前4年）が、預言者のマナエモスから王になると予言されても信じなかった話が出てくるので、そこから創作された可能性もある。

■王室御用達の占星術師として

　ノストラダムスは再婚後に執筆活動を本格化させ、暦書《れきしょ》を毎年発表した。曖昧な予言が多かったと思われるが、これは名声を高めることに寄与し、1555年には国王アンリ2世夫妻に招かれてパリに上京し、謁見を果たしている。

　そのパリ滞在中に、ボーヴォー家に仕える小姓が犬を見失って、ノストラダムスの逗留先だったサンス大司教邸を訪れた話が知られている。その際、扉の前に立った小姓に向けて、ノストラダムスは用件を聞かないうちから、扉越しに犬の正確な居場所を告げたという。

　これも前出のパラメドの記録が初出であった。しかし、そこでは1560年代の話とされ、国王シャルル9世に仕えるボーヴォー家出身の小姓が、国王の愛犬を探すために、ノストラダムスが単身で暮らすパリ

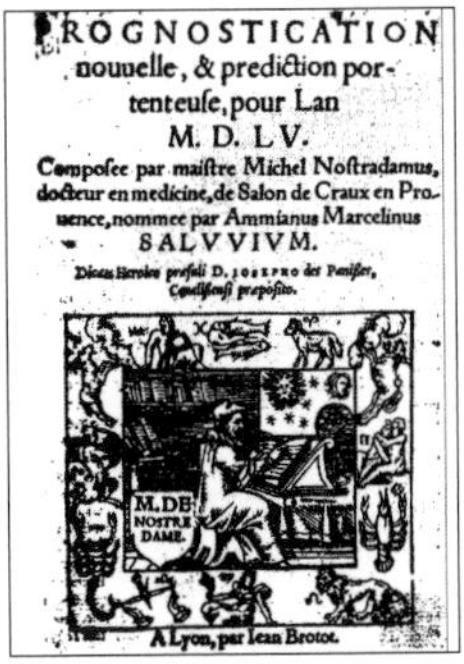
PROGNOSTICATION nouuelle, & prediction porteteuse, pour Lan M. D. LV.
Composee par maistre Michel Nostradamus, docteur en medicine, de Salon de Craux en Prouence, nommee par Ammianus Marcelinus SALVVIVM.

1555年向けの暦書

アンリ2世

カトリーヌ

の小さな家を訪れる話となっていた。ノストラダムスが1560年代にパリに住んでいた事実はなく、完全なデタラメであることが分かる。だが、肯定派が前述のように時期をずらし、もっともらしく整形して流布した結果、懐疑派もそれを土台に「逗留先の住所（街路名）が違うのでは？」（元の設定は別の家なので、違って当然）とか「客人のノストラダムスが門番のように対応するのは不自然」（元の設定は本人の小さな家なので、おかしくない）など、少々的外れな検証を展開していた。エピソード自体は取るに足らないが、懐疑派にとっても安易な検証への教訓を含む件といえるだろう。

さて、ノストラダムスが王家に向けた予言には、具体性を持って明確に当たったと言えるものは見当たらない。たとえば、『1557年向けの暦』では、アンリ2世の后カトリーヌにあてた献辞で、1559年を「世界的な平和の年」と位置付けている。イタリア戦争終結と解釈すれば的中と見えなくもないが、その年はアンリ2世が事故死した年である。王妃に対し、それへの注意を喚起しなかったのは不自然であろう。

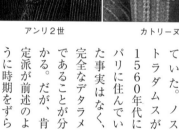

また、アンリ2世の長男フランソワ2世も翌年に病死し、次男シャルル9世の治下となった1561年には、駐仏ヴェネツィア大使ジョヴァンニ・ミキエルがノストラダムスを批判している。彼の報告書によれば、ノストラダムスはカトリーヌに、王子全員が王になると予言して「王子たち全員の命を脅かした」というのである。

この「全員が王になる」予言は、当時の王子4人のうち、末弟が早世し、3人しか即位しなかったので外れた。これを「4人の王が生まれる」と読み替えることで的中したと主張する者もいる。シャルル9世の弟アンリ3世はポーランド王になった後、兄の死によってフランス王位についたので、のべ人数でフランス王3人、ポーランド王1人が誕生した計算になるからである。だが、ミキエルの報告書は19世紀の復刻でしか知られていないものの、そこにはきちんと「全員」とある。これが実際には「4人」だったと具体的な原史料を指摘している論者は見当たらない。そもそも、この予言はアンリ2世が健在だった時になされたはずである。となれば、アンリ3世がポーランド王となったように、王太子以外の子供たちは他国の王位に就いて王家の繁栄が盤石なものとなる、というニュアンスだった可能性もある。

シャルル９世

実際、カトリーヌは、1564年にノストラダムスと会談した際に、シャルル9世が90歳まで生きると告げられたことを、手紙に書き残している。この楽観的な予言は、「全員が王に」の予言が悲劇的なニュアンスだった場合、それと矛盾することになる（なお、シャルル9世は24歳で亡くなった）。

ノストラダムスはシャルル9世から、常任侍医と顧問の称号を賜ったと言われている。これは、国王自身よりも、占い好きのカトリーヌの影響によるものだろう。実際、駐仏スペイン大使ドン・フランセス・デ・アラバが本国にあてた報告書（1565年）では、ゴマすりの占いで王家に取り入る人物としてノストラダムスが挙げられており、カトリーヌについて、こうも書いている。

「1566年は全般的な平和が世界を覆い、フランス王国は至って平穏で、情勢は揺るぎないものになる。ノストラダムスが私にそう断言してくれたことを、貴方はご存知でしょうか」。そう語る彼女は、聖ヨハネないし聖ルカを引用する時のような佇《たたず》まいでした。

このように恭《うやうや》しく引用されていたという予言だが、当たったのだろうか。

1566年は第一次ユグノー戦争後の小康状態を保っていた時期であり、確かに一応フランスは平穏だった。しかし、翌年から第二次ユグノー戦争が始まったことを考慮に入れれば、揺るぎないどころか、非常に脆弱《ぜいじゃく》な平穏だったと言わざるをえない。ましてや世界的な平和が達成された年とは到底言えないだろう。

当時のフランスは、国内のカトリックとプロテスタントが戦った内戦「ユグノー戦争」の真っただ中だった。この内戦は休戦を挟み、40年近く続いた。

ただ、この予言は単なるゴマすりではなかったはずである。ノストラダムスには子供が6人おり、末っ子は当時3歳だったからである。還暦を過ぎていた「老親」ノストラダムスにとって、すぐにでも平和な時代が訪れてほしいというのは、切実な願いだったのではなかろうか。

なお、ノストラダムスは1566年7月に亡くなった。翌年から再び泥沼の内戦へと突入していくフランスを見ずに済んだのは、一応は幸せだったと言えるのかもしれない。

■人類滅亡予言の虚実

ノストラダムスが四行詩の予言をまとめた主著『予言集』は段階的に増補されており、「1999年、アンゴルモアの大王を蘇らせに、恐怖の大王が来る」という趣旨の詩は、その第10巻にある。かつて五島勉はそれを人類滅亡予言として喧伝し、ベストセラーとなったわけだが、実は『予言集』の第8巻以降はノストラダムス死後の版でしか残っておらず、本物とは限らないのである。

また、第10巻が載っている最古の1568年版自体にいくつもの異本があり、「恐怖の大王」の綴りにも揺れがあるため、そうは訳せない可能性がある。実際、研究者のピーター・ラメジャラーは「恐怖」ではなくhost（歓待役）と英訳している。「恐怖の大王」と「ホストの大王」では意味も印象もまるで違ってしまう。

また、『モンスト』で怪獣の名前になっているアンゴルモアにしても、フランス南西部のアングーモワ地方を意味する単語の綴りの揺れとして、当時の道路案内にもごく普通に出てくる。

『予言集』（初版、1555年）

こうなってくると、ノストラダムス自身が1999年人類滅亡を予言した、とは到底位置づけがたいのである。

その一方、ノストラダムスは世界がいつまでも続くと語っていたわけではなく、『予言集』の序文では「3797年まで」という期限が設定されている。ただこれも、一概に滅亡を煽ったとは言い切れない面がある。

というのは、当時、その「3797年」に寄せられた批判は、終末を明示した点ではなく、世界がそんなに続くのかという点に向けられたからである。占星術師ヴィデルは「お前に対してそんなに世界が続くと保証したのは何者なのか？」と批判したし、法曹家クイヤールがパロディで出した『ル・パヴィヨン・レ・ロリ殿の予言集』（1556年）にも「私は3797年までの永続的な予言など知らないし、語りたくもない。何故ならば悪魔が私に対して世界はもっと前に終わると教えてくれたからだ」とあった。当時は、占星術師レオヴィッツが「1584年ノアの大洪水再来」を予言して混乱を引き起こすなど、終末が間近に迫っているという論調が珍しくなかったのである。
　ノストラダムスの『予言集』には、確かに陰鬱《いんうつ》なイメージが投影されている。それは戦争、疫病、飢饉といった当時の世情の反映とも言われるが、終末を2千年以上先に設定した点からは、徒《いたずら》に恐怖に陥れようという意図は読み取りづらい。ちなみに、ノストラダムスが実際に想定していた期限は２２４２年で、１５５５年（『予言集』初版の年）をこれに足して、ダミーの期限「３７９７年」を導いたという説がある。筆者も状況証拠から推してその可能性があると考えているが、だとすれば、彼が読者に対し、現下の危機的状況を訴える一方で、終末は遥か先のことに見せたがっていた点が、一層はっきりするように思われる。
　いずれにせよ、ノストラダムス本人や作品の解明には、まだまだ残されている課題は多い。ノストラダムスが英語圏・仏語圏ではルネサンス期文化人として再評価されつつあるのに、日本で例えば『モンスト』キャラの元ネタ等という形でしか顧《かえり》みられなくなっていくのだとすれば、それはいささか惜しいように思われる。

（山津寿丸）

【参考文献】

Pierre Brind' Amour『Nostradamus Astrophile』(Klincksieck, 1993)
Pierre Brind' Amour『Les Premières Centuries ou *PROPHÉTIES*』(Droz, 1996)
Edgar Leroy『Nostradamus: ses origines, sa vie, son oeuvre』(Impr. Trillaud, 1972)
Peter Lemesurier『Nostradamus, Bibliomancer』(New Page Books, 2010)
Palamède Tronc de Coudoulet『Abrégé de la vie et de l'histoire de Michel Nostradamus (présenté par Robert Benazra)』(RAMKAT, 2001)
Ian Wilson『Nostradamus : The Evidence』(Orion, 2002)
高田勇・伊藤進（編訳）『ノストラダムス予言集』（岩波書店、２０１４年）
竹下節子『ノストラダムスの生涯』（朝日新聞社、１９９８年）
ジェイムズ・ランディ『ノストラダムスの大誤解』（太田出版、１９９９年）
ＡＳＩＯＳ・菊池聡・山津寿丸『検証　予言はどこまで当たるのか』（文芸社、２０１２年）
＊ Patrice Guinard「C.U.R.A. (Centre Universitaire de Recherche en Astrologie)」
＊山津寿丸「ノストラダムスの大事典」

【PSI事件23】

ジェラルド・クロワゼット

サイコメトラー

Gerard Croiset
1909~1980
Nederland

透視能力を武器に、次々と難事件を解決に導いたとされるオランダの元祖「超能力探偵」。事件に関係した遺留物に触れる事で、そこに宿る記憶を読み取り、犯人や行方不明者などを割り出す透視能力「サイコメトリー」を得意技とした。母国オランダでは、懐疑的な有識者からも一目置かれ「決して人々を失望させることがなかった超能力者」、「ユトレヒトの魔術師」、「超能力界のモーツァルト」などと称えられた。

クロワゼットは1909年3月、オランダ北部にある町ラレンに生まれた。だが両親はすぐに離婚し、クロワゼットは引き取られた養護施設を点々としながら育った。サイコメトラーの道を歩みだすきっかけとなったのは、1945年にユトレヒト大学のウィルヘルム・ハインリッヒ・カール・テンヘフ教授が行った超心理学の講演を聞きに行ったことだった。講演の後、自分を被験者にしてテストをしてくれるようテンヘフ教授に頼みこみ、クロワゼットの透視能力が見いだされることとなった。

■逸話と異なる調査結果

クロワゼットが生涯に受けた犯罪や事件の相談数は、2万件にも及ぶとされている。テンヘフ教授が、クロワゼットがズバリ犯人を当てた有名なケースとして書き記している例として、1946年12月、帰宅途中に若い女性がハンマーで襲われたヴィアーデン事件が挙げられる。

クロワゼットは襲撃に使われたハンマーを渡されると「犯人は、黒髪の背が高い男。年は30歳前後。左の耳が奇妙に変形している」「ハンマーは犯人の物ではない。ハンマーの持ち主は55歳くらいの男性。小さな白い家に住んでいる」などと次々と透視を行い、警察が逮捕した容疑者やハンマーの出所を調べたところ、まさにクロワゼットが見抜いたとおりだったという。

1951年2月、オランダのユトレヒトで7歳の少年が行方不明になった。この事件では事件発生の3日後に、当時ユトレヒトから東に150キロほど離れているエンスヘデに住んでいたクロワゼットのもとに応援を求める電話が掛かった。クロワゼットは情報を電話口で即座に読み取り、「軍のバラック小屋と射撃場がある。周りには草が生え、近くに水も見える。その水に落ちて子どもは溺れた。子どもの死体は小さなボートに乗った男性によって発見される。ユトレヒトからエンスヘデに車で来たら、現場は道の左側に当たる」などといった透視を行って見せ、その通りの状況で子どもの遺体が発見された、とされている。

こういった逸話がみんな本当であったら確かにすごい。だが、懐疑論者らが追跡調査したところ、事件の「真相」とこれら「逸話」の間には、かなり大きな隔たりがあった。

ヴィアーデン事件は、超能力に批判的なウェールズ大学の心理学者C・E・ハンセル教授が調査を行っている。ハンセル教授がヴィアーデン警察に問い合わせたところ「徹頭徹尾、事実関係が違っている」と言われたというのだ。容疑者は地元では有名な露出狂だった。だが、容疑者の耳は普通の耳で、凶器に使われたハンマーは、結局、どこで手に入れたのか最後まで分からなかったというのだ。

7歳の子どもが行方不明になった事件は、オランダのジャーナリストのビート・ハイン・フーベンスが調査を行っている。クロワゼットは最初電話を受けた際には、実は「何も心配することはない」と答えていたというのだ。だが、3日経っても子どもが家に戻らないと分かったその時点で言うことを急に変え、それは事件だと言いだした。7歳の子どもが3日も家に帰らなければ、それは「事件」なことは当たり前だろう。

ジェラルド・クロワゼット
（Nationaal Archief より）

この少年の遺体が見つかった場所も、クロワゼットが語っていた場所とは全く異なっていた。クロワゼットが電話口で行ったという透視も、実際にあったことかどうかは非常に疑わしい。

フーベンスは、この事件を扱った刑事を捜し出してインタビューを行った。その刑事はこの事件のことをよく覚えていたのに、クロワゼットを含めた超能力者からの情報提供など一切なかったと証言した。これだけ詳細な透視が行われていたとしたら、その場所をとにかく探してくれるように警察に申し出ない、などということが考えられるだろうか？

フーベンスは、この他にも、テンヘフ教授が残したデータの追跡調査を行い、「教授の資料はほとんど信用できない」ことを立証している。『ムー別冊 超能力大百科』には、「ユトレヒト大学に残された彼（クロワゼット）の記録は、これからも、科学者の関心と研究意欲をそそり続けることであろう」などと書かれている。しかし、テンヘフ教授は1981年7月に死亡し、大学に大量に残してあるはずのクロワゼットの記録は、そのまま行方不明と

テンヘフ教授
(Nationaal Archief より)

なっている。

　最大の問題は、クロワゼットの透視記録は、テンヘフ教授がほぼ独占していた、ということだ。テンヘフ教授が発表した記録は信用できないものばかりで、その原資料も紛失したままとなると、クロワゼットの透視について我々は何を信用すればいいのだろうか?

■悪いのはテンヘフ教授か？

　クロワゼットには本当に超能力があるのに、テンヘフ教授がいい加減なデータの扱いをしたために迷惑を被っただけ、という人もいる。

　だが、超常現象肯定派の作家コリン・ウィルソンが著書『サイキック』のなかで、クロワゼットと交わした大変に興味深い会話を記している。1967年2月、英国でパット・マッカダムという少女が行方不明になる事件が発生した。事件の3年後、新聞記者がクロワゼットにその少女の写真をたまたま見せたところ「少女は死んでおり、川の土手にある木の空洞に押し込められている」などと事件現場の近くの様子を詳細に語り始めたことがあった。

　コリン・ウィルソンがクロワゼットに会った際にこの事件のことを尋ねたら、クロワゼットは「マッカダム事件は自分のおかげで解決し、遺体も見つかった」と主張したというのだ。だが実際は、マッカダム事件は解決されてもいなかったし、死体すら見つかっていなかったのだ。超能力信者であるコリン・ウィルソンもさすがに、この発言には驚いて「それは違う」とたしなめたら、クロワゼットは「君の方が間違っている」と激しい口調で言い張ったというのだ。

　未だに見つかってもいない死体を自分が見つけ、自分が事件を解決したと言い張るクロワゼット。こうした例を見ると、テンヘフ教授のデータの取り方が単にデタラメだったというだけではなく、クロワゼット自身も自分の手柄をより誇張して報告していたのではないかと思えてくる。

どっちがどっちを騙していたというよりも、結果的に、2人で世界を騙していたのではないだろうか。そして、誇張して語られたその作り話を未だに真に受け、「クロワゼット神話」が語り継がれているのではないか。

■『水曜スペシャル』で見せた空前の透視

クロワゼットと言えば、1976年5月、NETテレビ（現・テレビ朝日）の『水曜スペシャル』で見せた彼の透視が最も有名だ。当時行方不明だった千葉県市原市の少女（7歳）が近くのダムで水死していることをズバリ透視し、彼の透視に基づいて付近を捜索していたテレビ局のスタッフが少女の遺体発見の第一号となった。近くのダム湖に浮かんでいた少女の痛々しい姿が全国のお茶の間にそのまま流され大騒動となった。

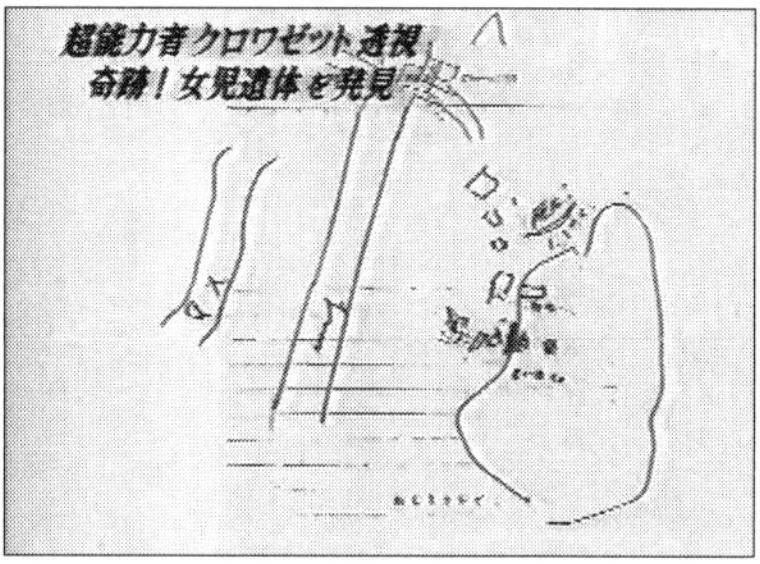

クロワゼットが番組で書いた地図。中央にあるのが国道、右にあるのはダム。

クロワゼットは特番前日の5月4日午後3時頃、テレビ局から渡された少女の写真を手にすると「気の毒だがこの子は、もう死んでいる」と告げた。そしてテレビカメラの前で、近くにあったテレビ局の便せんに、少女の自宅付近の地図を一度も行ったことがないはずなのにスラスラと描いてみせた。

①国道がある。その近くに池か貯水池のような丸い

ものが見える
②車のスクラップの山があって、子どもの遊べる場所がある
③近くに店があって黄色い色をしている
④池にはボートが浮いていて桟橋もある。水中から何かが飛び出ている
⑤岸から20メートルほどのところに赤いものが見える

この透視に驚いたスタッフらが現場に飛ぶと、そこはまさにクロワゼットの透視の通りの風景だった。カメラマンが、クロワゼットの透視通りの景色を撮影しながら近くの山倉ダムに向け進んでいくと、同行していた局のスタッフの中から声が上がった。

「カメラ、早く！　ほら、あそこに赤いのが見える！」

カメラマンが山倉ダムの湖畔に近づくと、赤いブラウスを着た女の子が、髪の毛の先だけをわずかに水面に出した状態でプカリと浮いていた。この衝撃的な発見シーンは、5月5日の『水曜スペシャル』でそのまま放映された。

■透視にまつわる疑問点

透視能力で警察よりも早く少女の遺体を発見し、テレビで放映もされたこの事件は、クロワゼットの超能力を証明する最も確実な事例とされてきた。

だが、本当にそうなのだろうか？

まず疑問なのが、自分が描いた地図にある広い道路を、クロワゼットが「国道」と呼んでいたことだ。この点については、当時通訳に入った日蘭学会幹事が「国道が見える、といいました。それも道とはいわず、国道といいました」とはっきり証言している。確かに、少女の自宅付近には広い道路の国道297号線があった。だが広いその道が「国道」だと、なぜ分かったのだろうか？

クロワゼットの透視は、まるで現場を見てきたかのように、「水中から何かが飛び出ている」とか「黄

色い屋根がある」といった具合に「視覚的」に語られるのが特徴だ。広い道がもし「見えた」としても、その道が「国道」だということが、どうして分かったのか。路肩の標識まで「透視」できたとしても、日本語が読めないクロワゼットにとって国道なのか県道なのかが分かるわけがない。国が管理する「国道」であるという知識は、どこか他から手に入れていたと考える方が妥当だろう。

少女の自宅付近の地図をクロワゼットがもし事前に見る機会があったとしたら、彼の透視の成果とされるものは、ほとんどなくなってしまう。遺体が見つかった山倉ダムは、少女の自宅から800メートルしか離れていない。少女の自宅付近の地図を少しでも見ていたら、

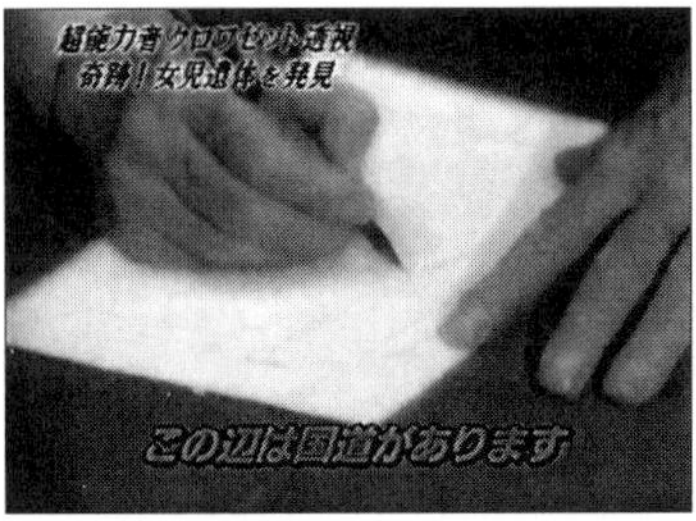

番組で国道について話したシーン

ダム湖の存在に気付かないわけがない。国道とダム湖の存在を事前にもし知っていれば、少女の自宅付近の正しい地図を空で書くのはそう難しくもなかっただろう。

実際クロワゼットは、透視を始める数時間前の5月4日昼に、この事件を取り上げた『アフタヌーンショー』を見ていたことが分かっている。『アフタヌーンショー』では少女の家の近くから実況が行われたり、自宅付近の略図なども放映されていたことだろう。そうなら少女の自宅近くにダムがあることや国道が走っていることなどを、クロワゼットが事前に知っていても何の不思議もない。

■事前に情報は漏れていたのか

またテレビ局側は、クロワゼットには「何ひとつ事前に教えていない」と胸を張っていたが、これも本当だろうか？

クロワゼットは、実は同じ年の12月にも再び来日

し、行方不明者探しの特番が作られていた。12月の特番では結局、誰も見つからず仕舞いに終わったが、放映の前にクロワゼットに行方不明者の自宅付近の住宅地図が手渡され、ロケバスの中で、付近の地名などをノートに写して一生懸命、事前勉強している姿が目撃されているのだ。

また、クロワゼットが行った透視の中でユニークと言えるのは、②にある「車のスクラップ場」という透視結果だろう。「車のスクラップ場」は、そうどこにでもあるものではない。だが、これも実はクロワゼットが自分で透視したものではなく、テレビ局のスタッフが不注意でクロワゼットに事前に教えてしまっていた情報だったのだ。

クロワゼットの通訳によると、クロワゼットは「国道に近いところに車が見える」とだけ言っていた。だが現場に事前に下見に入っていたテレビ局のスタッフの1人が、「そういえば、車のポンコツ処理場がある」と口を滑らしてしまっていたのだ。このスタッフの不用意な証言によって「国道近くの車」が「車のポンコツ処理場」へとすり替わってしまっていた。

透視後の翌朝、現場を訪れた番組スタッフたちが見つけたスクラップ場

テレビの放映でもちゃんと「車のポンコツ処理場」と放映されたのは、クロワゼットが行ったオリジナルの透視ではなく、実はその「再現フィルム」に過ぎなかったからだ。突然始まったクロワゼットの透視に準備ができなかったスタッフは、帰ってしまったカメラマンらを再び局に呼び戻し、カメラの前でもう一度同じ事をクロワゼットに行ってもらって撮影したのが、テレビで放映された透視のシーンだった。いわば、「ヤラセ」に近い「再現フィルム」だったのだ。

実際に行われた「透視」の忠実な再現にもなっておらず、「車が見える」と言っていたことが、現場を知っているスタッフの入れ知恵で、実際に現場付近にある「車のポンコツ処理場」へとすり替えられてしまっていた。

さらに少女の遺体が見つかるなら、もう山倉ダムしかないということは、当時、捜索に参加していた人々の間では常識となっていた。ダムを探さなかったのは、少女の両親が「あそこには遊びに行かない」と主張していたためだった。だが、「もうダムしかない」という想いは当時誰もが持っていた。実際、遺体が見つかった当日の午前9時半には、機動隊員と付近の住民160人が参加した総勢300人態勢による山倉ダムの大捜索が計画されていた。つまり、クロワゼットの「透視」がなくとも、3時間あとには少女の遺体は警察によって発見されていたはずなのであった。

このシーンのすぐ後、午前6時53分、ダムの岸近くに浮かぶ少女の遺体が発見される。

クロワゼットは、風車と運河の国であるオランダの住人だ。自国で子どもがいなくなったときには「運河に落ちた」という予言をよく行っていた。日本でも子どもの自宅の近くにダムがある、ということを知っていれば「ダムに落ちた」と予言するであろう事は、想像に難くない。

NETのテレビ局スタッフが、少女の遺体を警察より早く最初に発見したということは確かだろう。だがそれが本当にクロワゼットの透視能力の結果によるものだったのかという点については、かなり大きな疑問符をつけざるを得ないのである。

2005年1月6日、『伝説の超能力者ジェラルド・クロワゼット透視捜査の真実』という番組が、テレビ朝日をキー局として放映された。事件から約30年近く封印されたままになっていたクロワゼットの透視映像を初めて公開するという番組で、事件当時に放映された貴重な映像を中心にして番組が組まれていた。

遺体発見後、現場を訪れて自画自賛するクロワゼット(『伝説の超能力者ジェラルド・クロワゼット透視捜査の真実』より)

だが、超能力によって本当に遺体が発見されたのかどうか、クロワゼットに事前に情報が漏れていた可能性はないのか、といった超能力事件の核心に迫る肝心な点については何の検証も行われないまま番組は終わってしまった。

クロワゼットの能力に対する批判についても、第一発見者となったディレクターが「番組のために殺したのだ」とずっと言われていたなど、理不尽なことばかりが強調され、クロワゼットの超能力については、まるで見当はずれな批判しかなされていないような印象を与える番組となっていた。

(皆神龍太郎)

【参考文献】
コリン・ウィルソン『サイキック』(三笠書房、1989年)
『ムー別冊世界超能力大百科』(学研、1985年)
Piet Hein Hobens「The Mystery Men From Holland 2 : The Strange Case of Gerard Croiset」(Zetetic Scholar No.9 1982)
「奇跡! 超能力者クロワゼットさんの透視の秘密」『週刊女性』(1976年5月25日号)
「『奇跡の予言』に水をさす『美和ちゃん発見現場』3日前のこういう事実」『週刊新潮』(1976年5月20日号)
「行方不明の少女をズバリ当てた驚異の予言者クロワゼット氏の超能力とはこんな仕掛け」『週刊平凡』(1976年5月20日号)
「行方不明の少女を発見した超能力の神秘!」『ヤングレディ』(1976年5月25日号)
「ホンモノかインチキかクロワゼット氏の超能力」『週刊読売』(1976年5月22日号)
「超能力者クロワゼットが残した不気味な置きみやげ」『週刊明星』(1976年5月23日号)
「また来た超能力者『クロワゼット氏』の実験成功への『下ごしらえ』追跡」『週刊新潮』(1976年12月23日・30日合併号)
「連休列島をアッといわせたクロワゼットの透視力の〝不透明〟部分」『週刊ポスト』(1976年5月21日号)
中岡俊哉『クロワゼットの透視力』(二見書房、1976年)

【コラム】

米軍の超能力開発計画 スターゲイト計画とは？

皆神龍太郎

米陸軍が、１９７０年代後半から１９９５年まで試みた超能力兵士の育成プロジェクト「スターゲイト計画」。95年に行われた情報公開で、遠隔透視を利用した超能力「リモート・ビューイング」を、米陸軍が本気で戦争に利用しようとしていたことが公にされて、世論の強い関心を呼んだ。

スターゲイト計画は同年に予算が打ち切られたものの、この計画に参加していた陸軍情報官のジョー・マクモニーグルなど、後の「ＦＢＩ超能力捜査官」を生み出す母体となった。

●ソ連との超能力戦争

ソ連邦軍部の実態が「鉄のカーテン」に隠されてよく見えなかった70年代初頭、東側諸国の超能力研究がかなり進んでいるという情報が西側へと流された。この情報を受け、米国ＣＩＡも負けじと、敵基地の内部の様子を覗き見たり、敵潜水艦が隠れている海底の位置などを遠隔透視で探り出す「リモート・ビューイング」の研究を、シンクタンクのスタンフォード研究所（ＳＲＩ）へと委託した。芳《かんば》しい結果が得られず、ＣＩＡは70年代後半に手を引いたが、米国防情報局（ＤＩＡ）が引き続き「スターゲイト計画」という名の極秘プロジェクトとして研究を続けた。

米国防情報局（DIA）

この計画は三つのパートから成り立っ

スターゲイト計画の責任者を務めたアルバート・スタブルバイン陸軍少将

ていた。一つ目は、他の国々の軍事への超能力応用の現状について調査を行うこと、二つ目は、超能力者の協力を必要とする米国家機関に対して超能力者の貸し出しを行うこと、三つ目がリモート・ビューイングをはじめとした超能力の軍事応用の実験を進めることとされた。

●リモート・ビューイングの問題点

メインの研究課題とされたリモート・ビューイングは、離れたところにある物を、ありありと見たり、感じたりする遠隔視能力のことを指す。この手法はSRIにいた物理学者のラッセル・ターグとハロルド・プットオフ（パソフ）らによって開発された。

まぐれ当たりではないことを示すため、プットオフらは、次のような手続きを考え出した。

①遠隔視の候補地を、複数の封筒の中からランダムに選び出し、実験者は、誰にも分からないようにその場所に行く。

②決められた時間だけそこに留まっている間に、実験室に残っている遠隔視者は、実験者がいる場所の付近の景色について〈遠隔視〉による記述を試みる。

③以上の手続きを何回か繰り返した後、第三者の判定者にターゲット地点を実際に回ってもらい、各地点と遠隔視者の記述のどれが一番近いかを判定してもらう。

遠隔視者がまったくの思いつきで記述していれば、ターゲットと全然合わないだろうし、実際に何かを〈見て〉いれば、偶然以上によく当たるはず、というわけだ。統計的に検定した結果、明らかに偶然を上回ることが実証され、この結果は、滅多に超能力の論文を載せない一流科学論文誌『ネイチャー』に1973年に掲載された。

だがこの実験に、ニュージーランドの心理学者デビット・F・マークスとリチャード・カマンの2人が噛み付いた。2人は、プットオフらの実験を追試してみたものの、全然うまくいかなかった。自分たちのやり方がおかしいのかとも思ったが、プットオフらの方法を詳細に検討するうちに、彼らの方にミスがたくさんあることに気が付いた。

問題は、判定者に渡す資料の中にあった。プットオフ達は、遠隔視者が行ったどの記述がどのターゲットと対応しているか、簡単に類推できるヒントを残したまま判定者に資料を渡してしまっていた。たとえば、ターゲットの順番を変えず、正解の順にきれいに並べたまま判定者に渡されたりしていたのだ。

プットオフらは、マークスらに指摘された判定に関わる色々なヒントを全て消去したが、それでもよく当たっていたと反論した。だがマークスらが調べ直してみたら「ヒントを全て除いた」としていたのに、9つある記述文のうち8つまでに、正解のヒントが残されたままとなっていたことが分かった。この杜撰《ずさん》さを指摘したマークスらの再反論は、1986年の『ネイチャー』に再び掲載された。

科学者としてのプットオフらの素養が疑われても仕方のないケースと言えた。プットオフはSRIを辞めた後、永久機関の製作に携わっている。もう一人のタ一グも「実験報告がいい加減」という理由で給料を止められ、1983年にSRIを去った。その後は、超能力ゲームをアタリ社に売り込もうとしたものの、売れる前にアタリが潰れてしまい、リモート・ビューイングで先物市場を当てようとしたもののそれもうまくいかず、出資者側と訴訟合戦をしたりした。

ちなみにリモート・ビューイングは、1997年に起きた米国史上最大の集団自殺〈ヘブンズ・ゲイト〉事件を引き起こす誘因ともなった。

●スターゲイト計画の終焉

1995年、予算の都合上、スターゲイト計画の所管がDIAからCIAへと再び移されることとなった。CIAはこの移管に先立ち、計画全体の再評価が必要だと判断し、その業務を非営利機関の米国リサーチ協会（AIR）へと委託した。AIRは評価委員会を組織して検討を行ったが、その際に大いに参考にされたのが、NRC（国家リサーチ会議）によって、1987年にすでにまとめられていた人間の潜在能力開発に関するレポートだった。

これは、米国の軍調査研究所が人間の潜在能力を向上させる、あらゆるテクニックについてその有効性を評価するよう米国科学アカデミー（NAS）に委託した研究レポートだった。

潜在能力開発法の評価対象の中には「超能力研究」も含まれていた。NASの研究結果は87年12月に公表され、超心理学に関する結論は「130年間も研究が行われて来たが、その効果の実在性はいまだ科学的に確かめられていない」というものだった。

「スターゲイト計画」の評価については、オレゴン大学の心理学者レイ・ハイマンとカリフォルニア大の統計学者ジェシカ・アッツに託された。アッツは各種実験の統計検定を受け持ち「統計的には有意な結果が得られている」と強く主張した。一方のレイ・ハイマンは、統計的な有意性がみられることには同意したものの、実験自体にまだ知られていないノイズが乗っている恐れがあり「超常現象の証拠とはみなせない」と主張した。

結局、スターゲイト計画の有効性については「統計的には有意な結果が見られたものの、軍部の諜報作戦には役立たない」とする判断が下された。

1995年11月に最終報告書が一般公開され、軍事に役に立たないと結論された「スターゲイト計画」は、CIAによっての予算がキャンセルされてしまい事業打ち切りとなった。

超能力の有無を科学的に検討するには、やや疑問の残る結論とはなったものの、軍事応用という点に

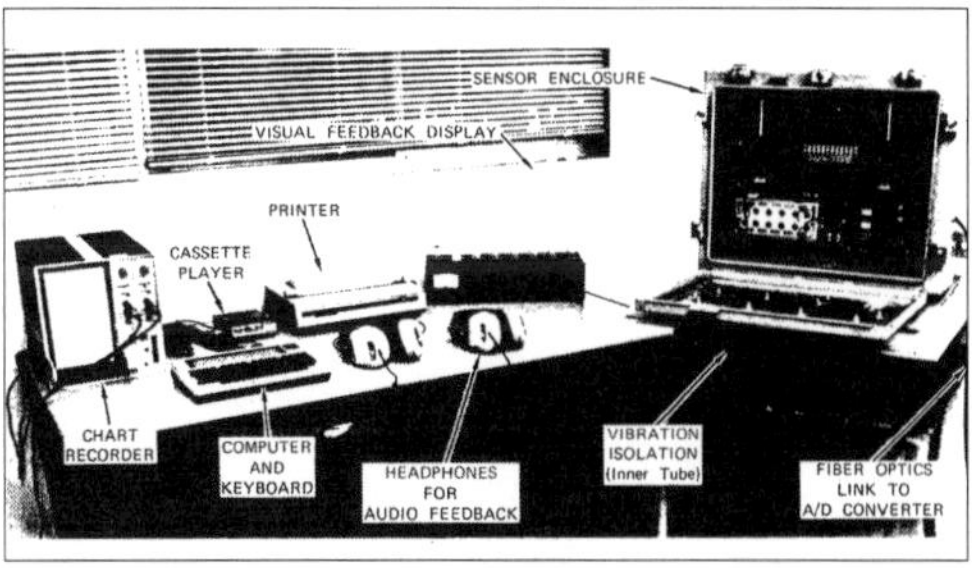

スターゲイト計画で使われた実験道具。CIAの公開したスターゲイト計画の記録には様々なものがある。

ついては、偶然を大きく超える高い有意性がないことには実戦では使いようがない、というのは正しい判断だったといえるだろう。

たとえば、全く関係のないところに奇襲攻撃を仕掛けてしまい、その責任を問われた際に「だって、超能力者がそう言ったんだもん」というのでは、誰も納得はできないだろう。

ＣＩＡは以下のアーカイブでスターゲイト計画の記録を公表している。

https://www.cia.gov/library/readingroom/collection/stargate

【参考文献】
J・シュナーベル『サイキック・スパイ』（扶桑社、１９９８年）
伊藤信哉『スターゲート計画』（日本超心理学会誌「超心理研究」第2号創刊号、１９９７年4月）
石川幹人『超心理学　封印された超常現象の科学』（紀伊國屋書店、２０１２年）
「Skeptical Inquirer」（Fall, 1988）
Ray Hyman「Evaluation of the Military's Twenty-Year Program on Psychic Spying」『Skeptical Inquirer』（March /April 1996・VOL. 20, NO. 2）
『Enhancing Human Performance:Issue,Theories,and Techniques』（edited by Daniel Druckman and John A.Swets,National Academy Press,1987）
James E.Alcock『Science and Supernature』（Prometheus Books,1989）
「Report of Workshop on Experimental Parapsychology」（The Journal of the American Society for Psychical Research,October 1989）

【特別企画】

超能力者はつらいよ!? 秋山眞人氏インタビュー

皆神龍太郎

このインタビューは2020年2月23日、私、皆神龍太郎がASIOSのメンバーとともに吉祥寺にある秋山眞人《まこと》氏の事務所を訪ねて行った。実際のインタビューはこの原稿の10倍を超える分量となったが、紙面の都合で大半を割愛せざるを得なかった。

このインタビューの目的は、いわゆる超常現象のデバンキング（真相暴露）にはない。社会から超能力者の第一人者とみなされている人物が、自分自身や自己の「能力」をどう捉え、周りの一般社会をどう認識し、どのように折り合いを付けながら生き、暮らしてきたのかということを、改めて本人の言葉として聞いてみたかったのである。

※　※　※

――超能力者としてデビューするまでの秋山さんを知らない人も多いので、まずは生い立ちと自己紹介からお願いします。

1960年に静岡県下田の蓮台寺に生まれました。子供の頃は、父親の仕事の関係で静岡県内を転々としました。父親は県庁の職員で企業局長や知事室長なども務めましたが、もともとは全共闘で暴れたような人でした。下に六つ離れた妹がいます。妹は『月刊空手道』の表紙を飾ったこともある空手の選手でした。その妹の長女は、けっこう有名なモデルになっています。でもその子も変わっていて8歳くらいのときかな、「おじちゃん、宇宙人が会いにきたけど、どうしたらいい?」って言ってきたこともあります。

秋山眞人（あきやま・まこと）：1960年静岡県生まれ。国際気能法研究所代表、超常現象研究家。1974年、ユリ・ゲラー来日時に超能力少年としてメディアに登場。公務員や会社員を経て精神世界探究の道に入る。著書に『日本のオカルト150年史』（河出書房新社）など多数。

――血は争えないんですね。

そういうのが代々あるんです。妹ともＵＦＯを見たり、変な経験をいっぱいしました。でも妹のほうはそういう現象には興味を示さなかった。

――ＵＦＯがいてもそこらに猫や犬がいるのと同じみたいな普通の感覚だったんですかね？　そして中学生の時の宇宙人とのコンタクトによって超能力者への道が始まったんですよね？

13歳のときです、僕がおかしくなったのは（笑）。静岡県の藤枝市に転校して（中学）２年生のときにいろんな騒ぎがあった。当時の静岡新聞にも記事がいっぱいでてますが巨大なＵＦＯが降りてきた、とか街中で騒動があった時期でした。

――コンタクトの話は後で伺うとして、その後、地元の高校を出て郵便局員になられたんでしたっけ？

実はね、ちょっとだけ静岡県警の警察官やっていたんです。

――あそこの写真がそうですか？（といって、質問者の本城さん、壁の写真を指さす）

あれはね、一日警察署長をやったときのものなの。ある署長さんに頼まれて犯罪捜査をやったんですよ、実験的に。それで外国人犯罪の50人くらいのアジトを見つけたんです。

――どこの県警ですか？

静岡県警の新居《あらい》署、今は湖西《こさい》署かな（編集部注：2010年に新居町が湖西市に編入されたのを機に、新居署から湖西署に名称変更）。それで当時の署長さんが意気に感じてくれて、講演会と1日警察署長をやらせてもらいました。

――秋山さんご本人のお巡りさんは、あまり長続きしなかった？

警察学校在籍中に1年弱で辞めちゃいました。しばらくぷらぷらしていて郵便局の二次採用があるというので行ってみたら、面接官がUFO好きな人で採用され、貯金保険のセールスを7年くらいやりました。郵便局を辞めて東京に出てきたのが24歳ぐらいのとき。郵便局員時代に『自由精神開拓団』っていうネットワークをやっていて、そのときの人脈の助けもあって、ある会社に入りそこの初代統括編集局長をやらされました。7年ほど務めた後、独立していまの会社「オフィス江戸幕府」を作りました。「江戸幕府」という名は、徳川家康が日本で最初に本格的な能力開発のシステムを取り入れた人物だと思っているからです。

――今のメインの仕事は企業コンサルでいいんですよね。

いろんな企業のコンサルをしてきました。ホンダ、日産、それにソニーも古くて95年からしてました。

――いまは何社くらいのコンサルタントをしていますか？

事務所の一角には、秋山氏が集めたパワーストーンやプロデュースしたお守り、古写真、昆虫の標本など、興味深い品々が並ぶ。壁には警察からの感謝状も。「警察業務に深い御理解を示され、積極的に警察官教養を実施されました」とある。

70社ちょっとです、限界ですね、それ以上やるのは身が持たない。コンサルっていっても僕らがやるのは社長の飲み友達のようなものですけど。

――韓国のサムスンの会長が来たこともあったとか。

当時、サムスンの半導体の歩留まりは、年によって出来不出来があって安定しなかったそうなんです。なんとか結晶を安定して成長させる方法はないかって、初代のサムスン総合化学の会長が、船井幸雄さんの紹介で僕のところに相談にきた。その時は、どれぐらいの大きさの石をどう粉砕しどんな温度で焼いて、それにどう色を付けて成型して、工場敷地の7、8カ所に埋めるようにと具体的な指示をしました。そしたら翌日から歩留まりが上がり、サムスンの快進撃につながっていったんです。

――なんでまた、そんな奇妙な指示を出したのですか？

クレイジーな話と思うでしょうけど、宇宙人にテレパシーで聞いたんですよ、どうしたらいいのかと。そうしたら、こうしろっていう指示が出て、その通りにやったら半導体の歩留まりが35%伸びた。だから、なぜそうなったのかは僕も説明できないし、サムスン側も分析したけどわかんなかった。

――宇宙人に尋ねるのって、どうやるんですか？あちらからの返事は音声で返ってくるのかとか、具体的にどんな風に交信をするんですか？

それは能力者ごとに本当に個性があって、僕の場合は、激しく見えるのと、ちょっと聞こえるのと、あとは手が動く。

――いわゆる自動書記？

自動書記です。こうやって話している間もずーっと勝手に手が書くの。僕は自動書記が6割ぐらいかな。残り4割はすごくリアルに見える。ただ見える方は激しくなると自分でも怖くて、現実の光景の方が見えなくなるんです。

――例えば我々がこのように前にいても全然関係ない世界が急に目の前に広がるといった感じですか。

高校のときは、部屋のカタチが変わったり、部屋に突然モヤがかかってきてピラミッドが見えたりとか変なことだらけで、ゲーゲー苦しくなってよく吐いたりしてました。

――そのピラミッドなどは、そこに本当に実物が見えているのか、または自分の変調した精神の作用で何かが見えているかのように感じているのか、どちらだと思いますか？

区別はないですよね。ただ、途中から投影的に、幻的に出る映像と本当にリアルに触れるヤツとは分かるようになってきました。たとえば近くの河原で遊んでいる夢を見て、朝起きたらベッドの周りに河原の小石がいっぱい落ちているってことが平気でありました。モノが部屋の中に降ってくるとかもね。

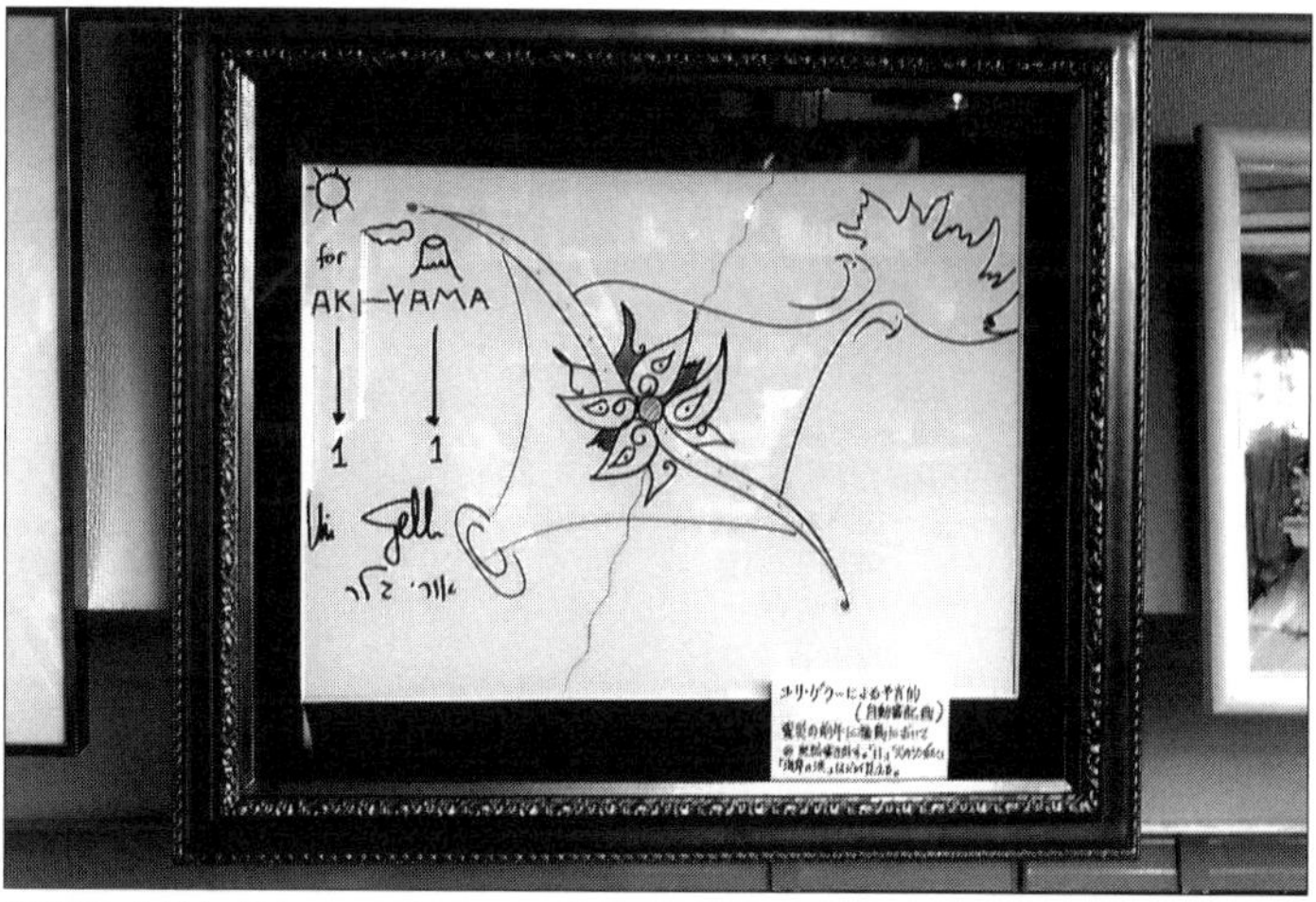

事務所には親交が深いユリ・ゲラーより贈られた絵も飾られていた。秋山氏によると、これは2010年の暮れに、ゲラーの突然の希望で福島県を訪れたときに、宿泊した宿でゲラーが自動書記状態となって描いたもので、何かが爆発する姿、水しぶきのようなもの、そして11という数字が描かれていた。秋山氏によると、これは東日本大震災を予知した絵だという。

——昔、お会いした時、秋山さんの娘さんもまたスプーンを曲げだして困っていると言われていましたが、娘さんはその後どうなりました？

娘は成人して大学6年生、医学系です。あえて、唯物的な勉強をさせました。映像で記録も撮ってありますが、4歳の時にスプーンをガチガチに曲げるとか、家じゅうの時計がぐるぐる回るとかが始まりました。僕がいろんな思いをしているのを横で見ている嫁からは、この子は絶対にそっちには行かせないから、とにかくオカルト本とかは見せないようにと、きつく言われました。でもおかしくなったんですよ。狐がついてきたけど、どうしたらいいとか、守護霊とか、寝るとちっちゃいビジョンが見えるけど、アレ気持ち悪いねとか言い出したりして。

——やはりまた、血は争えないものなんですね

いや〜、でもやべえなって。自分の娘がそうなると、やべえなと思いますよね。かわいそうだなと。

――娘にも能力があってよかったねと、自分が能力者でも思わなかった？

思わないですよ。とくに女子の能力者はたくさん見てきたけど、かわいそうだと思うんですよ。好きになった男の内面を見られるから。ほんと、愛情面でうまくいかないですよ。巫女とか、教祖にしかなるしかないみたいなニオイを感じちゃうときもある。男社会に対して反社会的になるのも、すごくよくわかるような気がする。

――秋山さんは超能力者としてデビューしましたが、宇宙人とのコンタクティーでもあるという立場をほとんど出してこなかったのは、なぜなんですか？

出したくなかったんです。だって、僕が最初に会った宇宙人ってどこから来ましたかって聞いたら水星から来ましたって言ったんですから。だから出したくないですよ。

――水星から来たっていうのはヤバいなっていう認識はあったんですか？

ありましたよ、でほかのコンタクティーに聞いたら、俺のコンタクトした宇宙人は土星から来たって言ってたんだよ、ってみんなそういう話なんです。だから、これはみんな妄想を見てんだなとか色んなことを、もやもや考えていました。それでも宇宙人は会いに来るし。実際、普通に喫茶店で会ったこともあるし。

――宇宙人と喫茶店で会えるんですか？

新宿の駅が多いです。駅周辺が多いです。

――宇宙人にぜひ直接インタビューしてみたいんですが、無理ですか？

彼らはものすごい人見知りなんです。それに、普通に実体としていながら、忽然と消えたりもしますから。ちょっとした感情の動きで消えちゃう。僕のへんな感情でも消えちゃったりする。もやもやって煙を出して消えればいいけど、ぴゅんっていなくなるんです。それでみんな惑星から来たってことしか言わない。だからたぶん数千年、数万年先の宇宙には各惑星を開墾して人が住んでいる未来があって、そこから彼らは来ていると考えるのが僕は一番あっているんじゃないかなって思ってます。

――ほかの惑星に移住した未来の地球人が、過去の地球に来ているわけですか？

そう、だから幽霊は過去人。宇宙人は未来人って考えると非常に分かりやすい気がするんです、僕は。

――最近も宇宙人、来てますか？

最近はまた多いです。去年の暮れから今年にかけて、宇宙人も多いし、ＵＦＯの出現も多いです。めちゃくちゃ多いです。

――97年に出した『私は宇宙人と出会った』という本で、自分がコンタクティーであることをカミングアウトしたじゃないですか。でも正直その後、がっかりしたんです。「1997年に何かとてつもない出来事が起こるのは間違いない」と書かれていたのに、結果は何にも起きなかったですよね

言い訳になっちゃうかもしれないけど、97年は日本にとっては経済の価値観とか全部ひっくり返るくらい、目に見えて変わった重要な大変革の時代だったわけです。日本人がノストラダムスであれだけ騒いだのは、そういう予感があったからなのかもしれない。

――ASIOSも私（皆神）も超常現象の敵のようによく言われますけど、別に敵のつもりはないんです。確かに信じてはいないかもしれないけど、超常現象は本当に大好きです。でなければ、こんなに長く関わってはいないです。だからオカルトが全く無いような衛生的な世界に住むのは嫌です。一部にオカルティストがいて、一種のコスモスとしてみんなが自由に棲み分けているような世界が一番理想かと思います。

僕もこうやって反対の立場の人たちとも対話しようとするから、能力者側からは、よく裏切り者って言われますよ。そういった意味では、昔対談をしたこともありますが、左派と対話された新右翼の鈴木邦男さんみたいなところがあると思っています。

――秋山さん自身が超能力者だからと、ひどい目に遭ったり辛い目にあったりしたことはないですか？

一番ひどかったのは、１９７４年のユリ・ゲラーブームの時です。あれって長く続いたように見えて、半年ぐらいしかなかったの。半年経ったらマスメディアが感情的に叩く論調に変わって、それが本当につらかった。家に石を投げ込まれたこともあるし、学校にいくとカッターでカバンをバラバラにされたりとか平気でありましたから。中学3年の時が一番つらかった。

結局、〝超〟がつく限り、絶対〝超〟じゃないと言う人が出てくるわけだから、どちらかがアウフヘーベン（高いレベルで統一し、解決すること）しなきゃならないじゃないですか。しかし、この分野のアウフヘーベンって、めちゃくちゃしがらみがあって、思想もしがらむし、宗教もしがらむし、人間の本能もしがらむし……、人間の本能が一番嫌がる問題かもしれないですね。

みんな持っている無意識や集合無意識は、脳がコントロールをしようとする面があると、僕は思っているんです。なぜコントロールするかというと、それは危険と感じてしまうからですよ。でも、それがだんだん表層化してきて、たとえばそれが許せるような分野、芸術とか、メディアとか、音楽とか、そういうところに噴出してきている、いまぐらいが一番安全なんじゃないでしょうか。

火事場のバカ力みたいに、もし全部そのまま表に出て来てしまう時があったら、それは人類にとって危機的な時だと思うんです。超能力は適度にアヤシイとか言われながら、こうやって僕たちが自由に生きていられる時代が、一番幸せなのかなと思いますね。

【第四章】1980、90年代の超能力事件

【PSI事件24】

桐山靖雄

阿含宗の開祖

Seiyuu Kiriyama
1921~2016
Japan

桐山靖雄《きりやませいゆう》は、仏教系の新興宗教である阿含宗《あごん》の開祖。平河出版社の創業者でもある。

■開祖になるまでの経歴

本名は堤真寿雄《つつみますお》。生まれは神奈川県横浜市だが早くに転居したため千葉県流山市で育つ。

桐山の自伝『現世成仏』によると、幼少期は北辰《ほくしん》一刀流《いっとうりゅう》の免許皆伝だった祖父の下で学んだ剣道をはじめ、柔道や相撲など武道やスポーツに熱中していたが運動のしすぎで肋膜炎《ろくまくえん》となり、さらに結核まで患ってしまった。小学校卒業後は新聞販売店で働きつつ当時は神田三崎町にあった大成中学校（現・大成高等学校）に通ったが勤務と学業の両立ができずに中退、出版社で働きつつ図書館通いで本を乱読する日々を過ごした。兵役検査は丙種《へいしゅ》合格（最低点）だったが健康上の問題で兵役は免除された。日本大学芸術科学園に入学するも講師との対立のために中退。そのころ書いた小説が『文藝首都《ぶんげいしゅと》』（北杜夫《きたもりお》はじめ多くの有名作家を輩出した同人誌）主宰の保高徳蔵に認められ、芥川賞候補作として推薦したいと言われたが辞退したという。

父親が終戦時に莫大な借金を抱えたため、戦後は製粉・精米機の販売などさまざまな商売を行った。

その後、食品関係に手を出して失敗、取引にしくじって詐欺師呼ばわりされた上、さらなる借金を抱えてしまった。しかし、信仰の道に入って死に物狂いで働いた結果、その借金を完済してしまったという。

なお、『現世成仏』では日大中退を主張しているが最初の著書『変身の原理』初版での著者略歴には「病弱なりしため記すほどの学歴なし」とある。また、桐山が他宗派の寺院の行事に参加するために1968～70年頃に書いた履歴書では最終学歴として早稲田大学国文科中途退学と記していた。ちなみに宗教ジャーナリストの早川和廣《かずひろ》氏によると早大・日大とも桐山（堤）が在籍した記録は残っていないという。

1952年8月16日に詐欺・契約違反容疑、同年12月12日に手形詐欺容疑、1953年8月16日に酒税法違反・私文書偽造容疑での逮捕歴あり。53年8月の逮捕についてはキリンビールの商標を3万枚複写してソーダ水などで水増ししたビールの瓶に貼り販売しようとしたもので、桐山（堤）には懲役刑が課されている（『現世成仏』では、小説の取材のために密造酒組織に近づいて、巻き添えで逮捕されたと説明）。

阿含宗の開祖、桐山靖雄。阿含宗は密教をベースとする新宗教であるが、著書『現世成仏』などで説いているように、阿含経の教えを実践すれば、超能力が発現するといった側面もあった。

■一躍ベストセラー作家に

1954年、観音慈恵会という教団を設立、この時期、真言宗金剛院派本覚寺（兵庫県姫路市）で得度（僧侶として認可されること）する。桐山は当初、得度の際には金剛院派管長の北野恵宝《けいほう》を導師とした

ベストセラーとなった『変身の原理』（初版は1971年）。平河出版社を創業した翌年、桐山はプロテインや健康食品などを販売する光和食品を設立。教団関連のビジネスを充実させていく。

と称していたが、北野は後にこれを否定し、以来、北野と桐山は不仲となった（ちなみに北野は福来友吉門下で、幾度もＵＦＯと遭遇して宇宙人と直接会話したこともあると称するコンタクティーでもあった）。

　１９７１年10月刊行の『変身の原理』がベストセラーとなったのを機に、桐山は１９７１年12月に自著を出版するために平河出版社を創業。１９７１年4月放送開始の『仮面ライダー』が起こした変身ブーム、１９７４年2月のユリ・ゲラー来日による超能力ブームなどに便乗する形で、著書を次々にヒットさせた。

「超能力者に変身させる！　カミサマ・ホトケサマ・おまんだらサマをおがんで、ゴリヤクを頂戴しようとする宗教は過去のものになった。

　現代はすぐれたシステムによって、自己の能力を開発して生きる時代である。

　ここに偉大な能力開発のシステムがある。その名を秘密仏教――略して密教と呼ぶ。

ゴータマ・ブッダとともにフロイドが住み、空海とパブロフが腕を組む。燃えあがる護摩《ごま》の火焰にサイバネティックスの理論がひそみ、魔法めいた呪文に大脳生理学が息づく」

（『変身の原理』帯に印刷された惹句《じゃっく》）

　このコピーは桐山自身の作と思われる。単なる現世利益を否定することで当時の他の新宗教（創価学会など）との差別化を図りつつ、伝統的な仏教宗派と自然科学を含むアカデミズムの用語・関連人名を

阿含宗が運営していた瞑想センター「ニホン・メディテーションセンター」。深く瞑想に入るため、瞑想室全体を特殊な電磁波で密閉し、特殊な磁場を形成しているという。（写真提供：朝日新聞社）

羅列することで新旧双方の権威をとりいれようとする巧みな筆致である。この良いとこ取りの何でもあり感は、その後の桐山の活動の基調にもなっている。

■阿含宗を設立

桐山は1970年頃から、護摩（密教の火を用いる儀式）で護摩壇に組んだ木にマッチやライターなどの着火装置を用いずに火をつけた上、炎の中に仏や龍神の姿を現すというパフォーマンスをさかんに行った。桐山はその発火についてヨーガでいうところのサマーナ気の統制により精神のエネルギーを火として発現させるものだと説明していた（『密教―超能力の秘密』）。

この「念力護摩」を中心とした祭事は、1975年から、桐山の教団における毎年最大の恒例行事となり、今も「阿含の星まつり」として続けられている。

1978年4月、桐山は阿含宗開宗を宣言、教団

2016年に阿含の星まつりに参加した桐山靖雄（写真：時事通信）

名を大日山金剛華寺観音慈恵会阿含宗と改めた。その教義は、仏教経典の中で阿含経と呼ばれるものこそ釈尊直説の唯一の教典であるとして阿含教の言説を密教と結びつける阿含密教を提唱するものである。ちなみに阿含経の教説が原始仏教に近いというのは当時の仏教学界の通説で桐山もそれを認めていたわけだが、一方で通説では密教はインドの在来宗教との混交が進んだ結果の産物ともみなされていたため、桐山の教学説明は木に竹を接いだようなものになっていた。

1981年、釈迦族はモンゴロイドだったという中村元《はじめ》（東京大学名誉教授）の説に基づき、ノストラダムスの予言書にでてくる「アンゴルモアの大王」とは、阿含経（アーガマ）を説いたモンゴロイドの王すなわち釈尊その人であるとの解釈を発表、1999年まで終末論ブームに便乗した本も次々に著した。

「念力護摩」が簡単な化学反応を利用したトリックで再現できることは、すでに『諸君』（1975年

12月号）のコラム「〝仕掛人〟の護摩ショー」で指摘されていた。桐山に詐欺の前科があったことも『宝石』（１９７８年12月号）の記事に書かれて以来、周知のことになっていた。興味深いのは、それらの報道があっても阿含宗がその教勢を拡大し続けて行ったことだろう。桐山の晩年には阿含宗は35万人以上の信者を擁していた。

なお、平河出版社は桐山の著書ばかりでなく仏教学の専門書や代替療法、西欧神秘主義思想・ヨーガ・道教・神道など幅広い書籍を出しており１９８０〜９０年代の精神世界ブームを牽引する版元の一つとなっていた。その出版活動のきっかけを作ったという意味でも、桐山がオカルト界に残した影響は大きい。

（原田実）

【主要参考文献】

桐山靖雄『変身の原理』（文一出版、１９７１年［角川文庫、１９７５年／平河出版社、２００２年］）
桐山靖雄『密教―超能力の秘密』（平河出版社、１９７２年）
桐山靖雄『密教―超能力のカリキュラム』（平河出版社、１９７４年）
織田隆弘『密教生活　日本再生の鍵』（密教会出版部、１９７６年）
桐山靖雄『一九九九年カルマと霊障からの脱出』（平河出版社、１９８１年）
桐山靖雄『輪廻する葦』（平河出版社・１９８２年）
桐山靖雄『現世成仏』（力富書房、１９８３年）
早川和廣『阿含宗・桐山靖雄の知られざる正体』（あっぷる、１９８６年）
桐山靖雄『一九九九年地球壊滅』（平河出版社、１９８８年）
桐山靖雄『一九九九年七の月が来る』（平河出版社、１９９５年）
桐山靖雄『一九九九年七の月よ、さらば！』（平河出版社、１９９９年）
桐山靖雄『仏陀の真実の教えを説く　上巻』（平河出版社、２００７年）
立川談四楼『たかがピンチじゃないか』（平河出版社・２０１２年）
「幸福の科学、創価学会等新宗教の信者数最新ランキング紹介」『ＳＡＰＩＯ』（小学館、２０１５年1月号）
※「ＵＦＯ事件簿・北野大僧正のコンタクト事件」

【PSI事件25】

外気功

中国からやってきた神秘の力

Gaikikou
1980s~
Japan

手の平などから外部に向けて気のパワーを発し、その力によって触れずに他人を後ろに投げ飛ばしたり、または麻酔状態へと落として痛みを消したり、病気を治したりといったことを行う手法を外気功《がいきこう》と呼ぶ。

気功発祥の地である中国から始まったブームは、1980年代半ばに日本にも上陸。気に関連した分野の研究を行う「人体科学会」や「国際生命情報科学会」といった学会が日本でも設立された。科学技術庁に属する放射線医学研究所でも、約1億円の予算で外気功の科学的研究に取り組んだ。

こういった医療系や武道系の外気功だけでなく、気のパワーで、折りたたんだ紙に書かれた文字を耳で読んでみせたり、密閉された薬瓶の底から錠剤を取り出したり、額にコインを貼り付けてみせたりといった手品まがいの各種気功術師が来日し、テレビでも多くの特番が組まれた。

■内気功と外気功

日本では一口に気功と呼んでしまう場合が多いが、気功は大きく内気功と外気功の二つに分類される。内気功は、体の中に気を巡らす太極拳などの一種の健康体操を指す。ゆっくりとした自分の動きに

1973年に中国湖南省の王墓から発掘された絵。紀元前２世紀ごろのもので、気功太極拳の様子を描いたとされる。古来、中国では気功といえば自らの体と心を鍛錬する〝内気功〟を指した。

意識を集中して、体と心を鍛錬する瞑想法とも言える。ラジオ体操を毎朝やって体に悪いわけがないのと同じように、内気功を行うことで健康によい効果が現れても、何も不思議なことはない。体内部に気を巡らせることで健康増進を試みる内気功は、中国最古の医学書『黄帝内経《こうていないけい》』にも関連した記述が見られ、内気功には、２０００年を超える歴史があることは間違いない。

その一方で、体の内部だけでなく、外部にも向けて気を放出してみせる外気功に関する記述は、中国の古典に存在していない。外気功が中国の歴史に登場するのは、１９７８年とごく最近のことだ。この年、上海気功研究所の気功医師・林厚省が、尾てい骨を損傷した患者に対して気功麻酔を行ったのが、医学的外気功の最初とされている。つまり外気功は、「中国四千年の歴史」はおろか、考案されてまだ半世紀にも満たない「新興治療」のひとつに過ぎない、ということには十分注意をしておく必要があるだろう。

■外気功の測定

〝気〟なるものを、体の外に向け放射するということが、本当にできるのかどうか。電磁気のように外気の強さが測れる「外気測定メーター」でもあればいいが、そんなものは存在していない。

外気功の気は、人から人へと伝わることが本質なので、その効果を客観的に測定するためには、受け手側の人間があらかじめ持っている心理的な期待効果（プラシーボ効果）を取り除いた形で実験を行う必要がある。たとえば、気が出たかどうか分からないように被験者を目隠し状態に置いて、それでもちゃんと効果が現れるかどうかを調べる必要がある。

しかし、こういったブラインド（目隠し）状態をちゃんと作って行われた気功実験は数少ない。

■CSICOPの中国での実験

『the Skeptical Inquirer』（1988年夏号）

ブラインドを掛けないで外気功実験を行うとどうなるか。米国の懐疑主義団体CSICOP（サイコップ、現CSI）が1988年3月、中国に視察団を組んで出かけて試みたテストが知られている。視察団を受け入れた中国の気功医師は、視察団の目の前で、ベッドに寝ている被検者に向けて気を放ってみせた。気を受けた被検者は、自分の意思に関わらず勝手に体が動き出してしまい、手足をバタバタと大きく動かした。だが、超能力実験に長けていた視察団側は、被検者に対するブラインドが全く行われていないことにすぐ気がついた。

そこで被検者と気功医師を別々の部屋に隔離し、気を出すタイミングをコイン投げで決めることにした。3分毎に一回実験を行い、コイン投げで表が出たら15秒だけ気を放射、裏が出たら何もしないということにした。こうすると、いつ気が出ているか被検者には全くわからなくなり、情報の遮断ができる。

結果はビデオにも撮られて公開されているが、被検者となった女性は、気が出ているのかどうかにお構いなく、ただひたすら手足をバタバタとさせ続けていた。つまり気功医師の気のパワーで手足が動いていたのではなく、「気に反応してしまった」という被検者の思い込みに体が反応して、手足がバタバタしていたに過ぎなかった。

■群馬大学医学部の実験

一種の暗示効果であるプラシーボ効果のみで外気功現象が起こることは、群馬大学医学部で1989年に行われた実験によっても実証されている。

同学部では、ものすごく強いパワーを持った「外気功師」の先生という触れ込みの人物を連れてきて、学生たちに気をかけさせてみせた。すると、気功師の気を受けた学生たちが次々と倒れ込んでしまい、体をつねっても針を刺しても何も痛くないという外気功状態へと落ち込んだ。だが実はその「外気功師」の正体はまったくの素人さんで、教授に頼まれて、学生たち相手に気を出す真似をしてみせていただけにすぎなかったのだ。

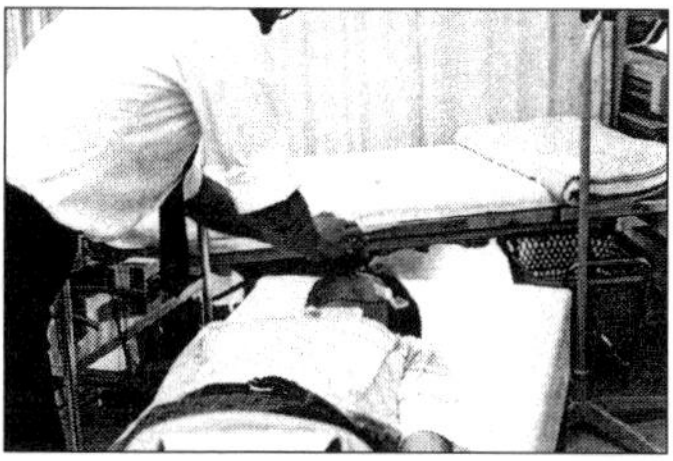
群馬大学で行われた実験の様子（『メディカル朝日』1995年10月号）

つまり、針を刺しても痛くないという外気功状態は、相手を本物の外気功師だと信じ、気にかかってしまったと思い込んだ学生側の心が生み出していた自己暗示にすぎなかった。

この実験では気功を掛けるその前後で脳波や血液のデータが採取されていたが、いずれも大きな変化はみられなかった。また針を刺す際の痛覚の刺激は、脳までちゃんと上がっていることが確認され、痛みは被検者の脳内のどこかでブロックされていることが分かった。

この実験を行った群馬大学医学部の田所作太郎名誉教授は、「気が出て外気功にかかると思うのは、テルテル坊主を下げたから、天気が晴れたと思うようなもの」と述べている。

同様の実験は、中国でも北京にある中国中医研究院針灸研究所の張洪林気功研究室主任が何回も行っており、同じくプラシーボ効果のみで起こることを確かめている。

■外気功マジック

１９９０年代、密閉した薬瓶からの錠剤を取り出したり、折り畳んだ紙の中身を指や耳で読み取ったりといった技を見せる中国の気功師の特番が多く組まれた。

だが、彼らがトリックを行っているシーンがテレビカメラに捉えられ、そのまま放映もされた。密閉した薬瓶からの錠剤出しは、瓶をこっそり開けてしまっており、紙に書かれた文字の読み取りは、書かれた文字を盗み見た通訳が、こっそり小声で気功師へと伝えていた。

ゆうむはじめ氏の『どこが超能力やねん』には、来日した気功師たちが日本のテレビで行って見せた数々の〈外気功マジック〉のタネが暴露されている。

（皆神龍太郎）

【参考文献】
「気は気のせいか、プラシーボが探る外気功のナゾ」『モダンメディシン』（１９９２年11月号）
「中国外気功治療の実際　その真偽を探る　前編」『メディカル朝日』（１９９５年10月号）
「目撃世界の超常現象、今夜あなたの常識がくつがえる」（１９９２年10月16日、日本テレビ系列放送）
ゆうむはじめ『どこが超能力やねん』（データハウス、１９９２年）

【PSI事件25】

麻原彰晃

オウム真理教の開祖

Shoko Asahara
1955~2018
Japan

麻原彰晃《あさはらしょうこう》（本名、松本智津夫《ちづお》）はオウム真理教の開祖。熊本県八代郡金剛村（現八代市）出身。左目の視力が弱いために1961年から75年3月まで全寮制の熊本県立盲学校で過ごす（普通学校の進学も問題なかったが奨学金が出る盲学校を両親が選択）。

■オウム真理教創設まで

鍼灸師資格取得後、1977年に上京して鍼灸院や漢方薬店を開業。一時期は興行師として有名な康《こう》芳夫《よしお》氏の経営する出版社に勤務していた。

1980年に阿含宗に入信したが、やがてヨガやチベット仏教に関心が移って脱会（麻原がチベット仏教のテキストに用いた中沢新一氏の『虹の階梯《かいてい》』が出たのは1981年）。

1983年に学習塾「鳳凰慶林館」を開設、麻原彰晃を名乗るようになる。1984年、麻原は「鳳凰慶林館」を母体にヨガ教室「オウムの会」設立。また、その時期に『週刊プレイボーイ』に連載されていた「滅亡のシナリオ」（精神科医・川尻徹によるノストラダムス解釈）に熱中、オカルトへの傾倒が進む。

麻原は「オウムの会」代表の肩書で『ムー』

1985年11月号（第60号）に記事「幻の超古代金属ヒヒイロカネは実在した⁉」を発表、以降、しばらくは『ムー』誌を主な広告媒体として利用した。同誌の読者投稿欄を布教に悪用しているのが発覚し、出入禁止になってからは『トワイライトゾーン』（1989年廃刊）という別のオカルト雑誌で、麻原自身の執筆した記事を次々に発表している。

1986年、麻原は、自分が主宰する団体名を「オウム神仙の会」と改め、自分が最終解脱者（ブッダ）であることを宣言した。さらに1987年7月、麻原はオウム真理教を開教、本格的な宗教団体へと組織を再編していくことになる。

麻原彰晃
（写真提供：時事通信）

■テロリスト化する教団

1989年、麻原は著書『滅亡の日』『滅亡から虚空へ』（オウム出版編集部）において新約聖書の「ヨハネの黙示録」を世界最終戦争（ハルマゲドン）の具体的描写として解釈、オウムこそ人類を救う最後の救済の組織であると主張する。

1989年8月、オウム真理教が東京都によって宗教法人認可。一方で麻原は東京都選挙管理委員会に政治団体「真理党」設立を届け出た。この年の11月、オウム真理教被害対策弁護団の坂本堤《つつみ》弁護士が家族と共に失踪（後にオウム真理教幹部による殺害と判明）。

1990年2月、衆議院議員選挙に真理党から25人立候補するも全員落選。同年4月、麻原の予言を聞くという触れ込みで沖縄県石垣島においてセミ

第七サティアンにあった化学プラント

ナーを開催。この年の5月から熊本県阿蘇郡波野村《なみのそん》（現阿蘇市）、翌年3月から山梨県上九一色村《かみくいっしきむら》（現甲府市・富士河口湖町）と都市部を離れた場所にサティアンと称する教団施設を次々建設。

1991年12月、麻原は著書『キリスト宣言』（オウム）において自分が聖書に予言された救世主（キリスト）その人であると主張する。

1992年頃から麻原は幹部に、自動小銃の入手経路確保や、サリン・VXガス・炭疽菌といったBC兵器の開発など教団武装化を指示し始める。

1993年11月、上九一色村の第7サティアンにサリン生成プラントを建設。1994年6月27日、長野県松本市で教団幹部がサリン散布（松本サリン事件）。死者8人、重軽傷600人以上もの被害を出すも警察・メディアともこの事件をオウム真理教に結びつけるのに消極的で被害者の一人である会社員が犯人扱いされるという冤罪を生じた。

1995年3月20日、営団線地下鉄（現東京メトロ）の三つの路線で教団幹部がサリンを散布、死者

13人・重軽傷者6000人以上もの大規模テロを引き起こした（地下鉄サリン事件）。

3月22日、警視庁が全国一斉にオウム真理教施設25か所への強制捜査を開始。捜査の過程で、坂本弁護士一家殺害や松本サリン事件、地下鉄サリン事件以外にもそれまでオウム真理教が関与しながら隠蔽されていた殺人・死体遺棄・テロ行為などが次々に発覚した。

1995年5月16日、上九一色村第6サティアンで麻原逮捕。2004年2月27日、東京地裁は松本智津夫（麻原）が、オウム真理教による一連の事件を首謀したと認定、死刑判決を言い渡した。東京高裁への控訴、最高裁への特別上告は棄却されて判決が確定。2018年7月6日、麻原と教団幹部6人の死刑が執行された。

■オウム真理教と超能力

麻原が世に出たきっかけともいうべき「幻の超古代金属ヒヒイロカネは実在した⁉」は次のような内容であった。

麻原は、太古の日本に偉大な文明が栄えたという『竹内文献』に基づき、その文明で用いられていたという謎の金属ヒヒイロカネを探しに岩手県に赴いた。そこで彼は、ヒヒイロカネの現物を入手した上に、『竹内文献』の研究家・酒井勝軍《かつとき》が「今世紀（20世紀）末、ハルマゲドンが起こる。生き残るのは、

麻原の記事（『ムー』1985年11月号）

慈悲深い神仙民族（修行の結果、超能力を得た人）だ。指導者は日本から出現するが、今の天皇と違う」という予言を残していたことを知った。『竹内文献』が語る超古代文明は超能力に支えられていたものでヒヒイロカネは超能力を増幅するために用いられていた。さらに麻原はハルマゲドン後の世界の光景まで霊視することができたという。

超古代文明・終末予言・超能力とオカルト雑誌の定番ネタをてんこ盛りにしたような記事だが、ここで示された、終末後の世界を指導する超能力集団というビジョンは、その後のオウム真理教に引き継がれることになる。また、麻原は、この記事で自らを未来を霊視できる存在として示し、それ以降も信者たちの前で予言者としてふるまい続けたのである。

1991年に発売された『麻原彰晃のズバリ！　浮揚』（オウム）。ご覧の通り、空中浮揚をテーマにした書籍だが、表紙には麻原だけでなく、当時の弟子たちが〝空中浮揚〟する写真が多数載っている。

麻原が自らの超能力として示すために行ったパフォーマンスの代表は「空中浮揚」※である。

1980年代、成瀬ヨーガグループ主催の成瀬雅春氏は両足を組んでの胡坐《あぐら》（結跏趺坐《けっかふざ》）でのジャンプを写真にとり、それを「空中浮揚」と称して『サンデー毎日』『週刊文春』『写楽』などに掲載した。

麻原は、それを真似て自分の「空中浮揚」写真をオウム真理教の宣伝に用いたわけである。さらにオウム真理教作成の広報用ビデオアニメでは、麻原が単にジャンプするだけでなく結跏趺坐のまま自在に空を飛んで行く場面まで描かれた。

■超能力集団を目指した麻原

成瀬氏と麻原の違いは、成瀬氏が自分の「空中浮

PSI（パーフェクト・サーヴェーション・イニシエーション）を装着して、修行をするオウム真理教の信者。このヘッドギアは子どもが装着させられることもあった。（写真提供：時事通信）

揚」写真ばかりを公表したのに対して、麻原は、結跏趺坐でのジャンプができるようになった弟子たちの写真をぞくぞくと教団の広告に掲載していったことである。

オウム真理教の組織は麻原を予言者、最終解脱者にしてキリストとみなす個人崇拝を軸として成り立っていたのは確かである。しかし、麻原は自分以外の教団幹部についても超能力者であるとアピールしていた。

『ムー』第60号において麻原は、「ヒヒイロカネ」と称するものを読者プレゼントの景品にしている。それは具体的には鉄鉱石の一種らしいが、ここで重要なのは、麻原が超能力増幅アイテムとみなしたものを一般に配布しようとしたことだろう。教団が形成されてからも、麻原はオウム真理教入信者へのヒヒイロカネ無料配布を続けている。

オウム真理教は、超能力誘発のための疑似科学的アイテム開発にも熱心だった。ＰＳＩ（パーフェクト・サーヴェーション・イニシエーション、通称ヘッド・ギア）は使用者の頭に電極を当てて麻原の脳波を移植するという装置で使用料1回100万円、購入代金1000万円というしろものだった（実際には何の効果もなかった）。また、麻原は信者の化学者たちにメスカリンやLSDを用いた意識拡張の研究もさせていた。

もちろん、その目的の第一は金銭だっただろうが、一方で麻原が本気で教団を超能力集団にしていくことを目論んでいたことも否定できない。

1980年代日本のオカルト雑誌・書籍においては、20世紀末の人類の危機や、救世主が日本から現れるといった主張は珍しいものではなく、むしろ陳腐といってもよかった。麻原およびオウム真理教の特徴は、世界終末戦争やそれにともなう救世主登場といった物語を娯楽として消費するのではなく、自分たちの手で実現しようとしたことだろう。超能力開発はそのための手段だったのである。

（原田実）

【主要参考文献】（本文に提示したもの以外）

麻原彰晃尊師『日出づる国、災い近し』（オウム、1995年）
麻原彰晃尊師『亡国日本の悲しみ』（オウム、1995年）
『あれは何だったのか?―「オウム」解読マニュアル』（ダイヤモンド社、1995年）
別冊宝島229号『オウムという悪夢』（宝島社、1995年）
Imago 臨時増刊『オウム真理教の深層』（青土社、1995年）
プランク編『ジ・オウム』（太田出版、1995年）
林郁夫『オウムと私』（文藝春秋、1998年）
竹岡俊樹『「オウム真理教事件」完全解読』（勉誠出版、1999年）
降幡賢一『オウム裁判と日本人』（平凡社新書、2000年）
早川紀代秀・川村邦光『私にとってオウムとは何だったのか』（ポプラ社、2005年）
ロバート・J・リフトン『終末と救済の幻想』（岩波書店、2000年）
高山文彦『麻原彰晃の誕生』（文春新書、2006年）
原田実『トンデモ偽史の世界』（楽工社、2008年）
大田俊寛『オウム真理教の精神史』（春秋社、2011年）
『オウム真理教大辞典』（東京キララ社、2003年）
NHKスペシャル取材班『未解決事件　オウム真理教秘録』（文藝春秋、2013年）
中島尚志『オウムはなぜ消滅しないのか』（グッドブックス、2015年）

【PSI事件26】

サティヤ・サイ・ババ

アフロの聖人

Sathya Sai Baba
1926~2011
India

モジャモジャ頭のアフロヘアがトレードマークだったインドの聖者サティヤ・サイ・ババ。

聖なる灰というビブーティをはじめとして、宝石や時計、指輪などいろいろな小物を空中から自在に取り出してみせる超能力で世界の注目を集めた。日本や欧米など先進国からも多数の信者を獲得、彼らからの多額の献金を元に慈善事業を展開し、学校や病院、空港などを地元に建設し社会福祉事業家としても活躍をした。

サイ・ババは1926年11月23日、南インドのアンドラプラデシュ州の寒村プッタパルティに生まれた。14歳の時にサソリに刺されて数時間人事不省に陥ったが回復後、自分は著名なヨガ聖者シルディ・サイ・ババの生まれ変わりだと主張し出し、同時に空中から氷砂糖や花などを取り出してみせる超能力を発現したという。

■サイ・ババ・デパート

サイ・ババは色々な超能力を見せたが、最も彼を有名にしたのは、日本でいうところの「物品引き寄せ」能力だった。ネックレスや時計、指輪といった小物を虚空から次々と取り出してみせ、信者へと配った。空中のどこかに「サイ・ババ・デパート」

サティヤ・サイ・ババ（「Sathya Sai International Organization）

なるものがあり、彼はそこから物をとってきているのだ、などと言われた。

サイ・ババが最もよく出してみせたのは、ビブーティと呼ばれる牛のフンを焼いたという聖灰だった。信者を前にして、サイ・ババが手の平を下に向けてクルクルと回すと、何も持っていなかったはずの彼の手の中には聖灰が出現。それを信者の手の上にこぼしてあげるというのが、彼が信者の前で日常行って見せていた「奇蹟」だった。

■疑惑のビブーティ出し

サイ・ババ信者の青山圭秀氏が、1993年5月に出した著作『理性のゆらぎ』の中でサイ・ババが紹介され、同書がベストセラーになったことをきっかけに日本でもサイ・ババブームが起きた。しかし同時に、サイ・ババが見せる「物品引き寄せ」能力が本物なのかどうか疑問の声も上がった。

そんななか1994年6月13日、日本テレビ系列で特番『スーパーテレビ・あなたは神を信じますか』がオンエアされた。かなりビリーバー寄りのサイ・ババを追ったドキュメンタリーだったが、サイ・ババがビブーティを取り出す瞬間を番組のカメラが捉

インドの聖者「シルディ・サイ・ババ」。サイ・ババはその生まれ変わりを自称した。

壺からビブーティを取り出すサイ・ババ
(「Sathya Sai International Organization」)

えていた。

サイ・ババはビブーティを空中から出してみせる直前に、彼の近くに座っている信者が差し出した皿のなかへと右手を突っ込み、皿の上から不審な白い物体を指の間へと挟んで取り出すシーンが、はっきりと映っていた。

その後、サイ・ババは右手をくるくると回すいつもの仕草をして、手の平から白い粉を少量出現させ、信者に配ってみせた。その後に手のひらを広げてみせたが、握っていたはずの白い物体は消え失せていた。普通に考えれば、皿のなかから受け取った白い物体を手のなかで砕いて粉末状にし、それを出してみせた、としか解釈のしようのない仕草であった。

日本テレビ取材班は、撮影中にはサイ・ババのこの行為に全く気づかなかったという。だが、番組の編集作業中にスタッフが「疑惑の行動」に気がついた。スタッフから「あれ、何か取りましたよ」と指摘され、番組の田代裕ディレクターは「さすがに困惑した」と後に語っている。しかし、あえて手を加えることをせず、そのまま放映したのだという。

ビブーティに関しては、サイ・ババの写真の表面からビブーティが溢れ出てくる、という奇跡も宣伝された。テレビ朝日系列の『興味しんしん丸』という番組が、サイ・ババの写真の前に固定カメラを設置して長時間追うことで、写真からビブーティが溢れ出す瞬間を捉えることに成功した。だが同番組では、採取したビブーティを化学分析にも掛けてみた。その結果、判明したのは聖灰の正体は牛のフンなどではなく「消石灰」と「ドロマイト」という化学物質だということであった。

消石灰は、体育祭などで校庭に白線を引く際に使っていた、あの白い粉のことだ。消石灰は、酸化カルシウムに水が反応するとできる。つまり、写真の表面に少量の酸化カルシウムがもし付着していたら、空気中の水分と反応して消石灰となって体積は約1・3倍へと膨らむ。そのため、写真の上にそれまで見えなかった白い粉末が出現して来ても、何も不思議はないという結論となった。

■東京にもテレポーテーション

サイ・ババは、東京にも現れたことがあるという。時計のセイコーの社員が、インド旅行をしていた時に、好奇心でサイ・ババのもとを訪れた。サイ・ババは、セイコーの社員が日本の金庫のなかに大事にしまっておいたはずだった新開発の腕時計を、空中から取り出して社員に渡してみせたというのだ。

この社員が日本に戻って金庫を開けてみたら、腕時計は本当に消えてしまっていた。秘書に聞いたら「髪がモジャモジャした神々しい人」が事務室に入ってきて金庫を開けて腕時計を持って行った、と言われたというのだ。

哲学教授のデイル・バイヤーステインが、当時のセイコーの社長だった服部正次に直接手紙を書いて事実関係を問い合わせている。服部社長の返事は「サイ・ババにあった社員などいない」だった。そもそも、あのアフロヘアのサイ・ババが、日本の会社の中枢部の部屋に突然現れ、金庫を開けてなかのものを勝手に持って行ったら、それを上司にも警察にも何も連絡もしないという秘書などいるわけがない。

■死者を蘇らせたサイ・ババ

「ビブーティ出し」以外にも、語られているサイ・ババの奇跡は数多い。

ネックレスを出現させるサイ・ババ
（「ISathya Sai International Organization」）

例えば、1971年のクリスマスに、二人の医師から死亡宣告された米国人をサイ・ババが生き返らせてみせたという逸話が、信者の書いた本に載っている。このケースもバイヤーステインが、本のなかでは匿名扱いにされていた、死亡宣告をしたという医師たちを探し出し、サイ・ババが来たときに患者は本当に死亡していたのかどうかを直接確かめている。医師たちから返ってきた回答は「一度たりとも死亡状態ではありませんでした」だった。もともと死んでいなければ、奇跡の復活もなにもない。

ちなみにバイヤーステインの著書『サイババの奇蹟』には、サイ・ババのステージに突然上がって、サイ・ババの親指を引っ張ったら指が抜けてしまった、というスゴイことが書いてある。どういうことかと言うと、サイ・ババは作りモノの指を親指の上に被せていて、そこから灰を出していた、というのだ。この「偽の親指」はマジック界で「サムチップ」と呼ばれている小道具で、ミスター・マリックなどもよく使っている。この事件の後サイ・ババはサムチップの使用を止めてしまい、以後は丸めた灰を指の間に隠し持つようになったという。

■早死してしまったサイ・ババ

サイ・ババは生前、「自分は2020年まで生き、2023年に三度目の転生を果たす」と確約していた。次なるサイ・ババの名は、プレマ・サイ・ババ。その出現する場所には諸説あったが、インドのカル

サイ・ババの故郷、インド南部のプッタバルティ村のサイ・ババのアシュラムに設立された「シュリ・サティヤ・サイ総合病院」。この病院では患者に無償で医療を提供している。

ナータカ州のグナパルティ村とも、ドッダマルール村だとも言われていた。

だが実際は2020年を待つことなく2011年4月24日、サイ・ババは心不全で死去してしまった。サイ・ババは自らのことを、1918年に没したインドの聖者シルディ・サイ・ババの生まれ変わりだと名乗っていたことが、彼を聖人としてインドで正当化する大きな理由のひとつとなっていた。サイ・ババにとって、自らの輪廻転生は最重要課題のひとつのはずであったが、死期を10年近く読み間違え、早く亡くなってしまった。

サイ・ババの死期は西暦による計算ではなく、インド固有の太陰暦で換算したら96歳まで生きたことになるので正しく亡くなったのだ、といった反論もサイ・ババ信者から出されてはいる。だがそれなら誰もが混乱することは明らかなので、最初から「これは西暦ではない」とサイ・ババ自らが断っておくべきだったろう。

またサイ・ババは「死ぬまで健康を維持する」と

も言っていたが、晩年のサイ・ババは、車椅子暮らしで健康状態はすこぶる悪かった。

■バッシングと尊敬の間

サイ・ババは生前、信者に性的ハラスメントを行っていたとも指摘され、信者が離れかけたことがあった。また暴漢に襲われ、殺されかけたこともあった。

だが結局、インド南部の片田舎だった生まれ故郷プッタパルティに自らの巨大教団を構えることで、大学や無料の総合病院、長さ2200メートルの滑走路を備えた私有飛行場までを創り上げた。彼がこの世に残していった「遺産」は、4000億ルピー（約5800億円）とも、1兆5000億ルピー（約2兆2000億円）ともいわれている。

サイ・ババに対する科学的な実験は一度も行われることがなく、彼が本当に超能力者であったかどうかはかなり疑問が残る。だが、インドの社会福祉事業家としては、一流の人物であったことは間違いないと言えるだろう。

（皆神龍太郎）

【参考文献】

E・ハラルドソン『サイ・ババの奇蹟』（技術出版、1990年）

デイル・バイヤースティン『検証・サイババの「奇蹟」』（かもがわ出版、1996年）

「インド聖者サイババの「奇跡」の報じ方で議論」『AERA』（1994年8月15～22日号）

『ムー』（2011年7月号）

『Fortean Times』（FT276 June. 2011）

ASIOS『謎解き超常現象Ⅲ』（彩図社、2012年）

※「Sathya Sai International Organization」

【PSI事件27】

関英男

日本サイ科学会の創設者

Hideo Seki
1905~2001
Japan

関英男は、日本サイ科学会の創設者であり、初代会長を務めている。1970年代に超能力について多数の著作を出版していて、ニューエイジ運動で広く共有されるようになった超能力についての認識を日本に広めた。電波工学の専門家でこの分野の著書も多数ある。

■生い立ちなど

関英男は1905（明治38）年、父親の赴任先であった東京で生まれたが、生後すぐ山形県米沢市に移った。大正12年、米沢中学卒業後、東京工業高等学校に進学。関東大震災は帰省中だったため被災を免れて一旦高校を卒業したが、1929（昭和4）年に東京工業高等学校が東京工業大学となると再入学している。

大学を卒業後は徴兵検査に落ちたこともあり、電波関係の研究職を転々として、この間に「受信機の内部雑音に関する研究」で工学博士となっている。戦後は通信機会社で働き、昭和40年代に電気通信大学教授に就任。1971年、定年退職後にはハワイ大学で教鞭をとったが、この期間に超能力に感銘を受け、同年、最初の超能力関係の著書である『情報科学と五次元世界』を出版。帰国後には超心理学についての研究会を始めるようになる。

この勉強会が発展し、1976年に超常現象専門の学会、日本PS学会が発足する。同団体は82年に日本サイ科学会に改称。関は会長や名誉会長を務め、2001年、心不全にて96歳で亡くなっている。

■超能力とニューエイジの伝道師

関は正当科学の学問を修めた工学博士であり、電波工学の世界的な権威でありながら、太陽の表面温度は低い、縦波には念波と天波があり、素粒子よりも小さい「幽子」を考えればテレパシーは解明可能などと述べていることで有名だ。

そうした発言や主張と、船井幸雄にまで何でも信じてしまうので危ないと言われるほどの無差別ぶりが目を引いてしまい、しばしばトンデモ的文脈で語られる関だが、ニューエイジ・スピリチュアルとカルトブームの基礎となるような情報を日本に持ち込んで普及させたという側面もある。

別冊宝島『トンデモさんの大逆襲！』（宝島社、1997年）に掲載された関英男のインタビュー。

別冊宝島『トンデモさんの逆襲』に掲載された関のインタビューは、そのトンデモぶりを強調する構成になっているが、当時92歳の関は、海外から学会誌を30冊ほど取り寄せ、読み込んでからサイ科学会の機関誌に記事を書いていると述べている。

関の最大の関心は超心理学／超能力だったが、興味の対象は広く、海外の最新情報を集め、その情報を独自の分類に従って整理することにも心血を注いでいた。何でも信じる、全部借り物、科学的な検証がないなどと批判されることもあったが、いわばフォーティアン的（奇現象好き）な玉石混交の膨大

日本サイ科学会の創設者・関英男
（『超能力—電子工学が解明したその神秘』カッパブックスより）

な情報を日本に持ち込んでいたのである。

関はこの年代の日本人研究者の中では海外経験が豊富で外国人に知己が多く、英語も堪能である。おりしも欧米ではニューエイジ科学の潮流に乗り、超心理学や超常現象に関する研究が盛んになっていた。

関はそうした海外の情報を日本に紹介し、日本の研究が遅れないようにする責務がある、と感じていたのかもしれない。そう考えると、関の不思議ぶりも理解できるような気がするのだ。

■サイ科学会の意義

関は電通大退職後、教授として招かれたハワイ大学の図書館で超能力関係の書籍を読んで日本に超心理学を学ぶサークルを作りたいと考えたという。

ハワイのビーチで宇宙雑音とともに宇宙からのメッセージを受け取ったから、とも話しているが、これは第二の人生を超能力研究に捧げようと決めたという意味ではないだろうか。ニューエイジ信者がよく口にする「天命を受け取った」に近いニュアンスかもしれない。

ハワイから帰国後、関は研究者仲間の同好の士に呼びかけて、さっそく超心理学の情報交換会を始める。ニューエイジ・ムーブメントが本格化していた時期だったからか、メンバーは順調に増えていった。一般の人々や独自に疑似科学的な研究をしている人々が加わってくるのはもっと後になってからで、当初は大学の研究者をメンバーとする大学内の内輪のサークルだった。それが学会を名乗れる規模になり、やがて企業の経営者や管理職も加わって日本各地に支部ができるまでになった。

『情報科学と五次元世界』

関が会長を務めたサイ科学会は現在も活発に活動中である。複数の会誌も休刊もなく順調に発行している。インターネットなどの情報ツールが発達したいまになっても、70年代に始まった研究会が活動を続けているのは見事である。

サイ科学会は、様々な考え方を持ち、オカルト研究に真面目に取り組む人々が参加している。創設者の関の、色々なものを受け入れる姿勢が影響しているのかもしれない。

関は1971年に刊行した『情報科学と五次元世界』以降、新たな学習法だとした〝加速学習〟関係の書物も含めると、30冊以上の超能力関係の書籍を書いている。ほぼ年1冊のペースである。

サイ科学会の会員や講演会にやってくる人々には自分や他の講演者が話をし、それに加えて超能力や超常現象、宇宙の不思議などについては、得意とするわかりやすい概説書を書く。これが関の第二の人生だったのである。そして、船井幸雄からとても幸せに生きた人だったと言われたように、間違いなく充実した人生だったといえる。

■ニューエイジとの親和性

19世紀後半に産業革命後の世界観の変化の中で大流行した心霊主義、神智学、ニューソートなどの動きは、20世紀に入ると19世紀後半ほどの勢いは失ってきたものの、欧米文化によりよく馴染む形で大衆化して、また、日本など欧米外の地域にも広がった。

例えば「引き寄せの法則」で知られるウィリアム・W・アトキンソンが、ヨギ・ラマチャラカ名義で書いた呼吸法によるプラナ療法は日本語に翻訳され、大正時代の霊術系療法に大きな影響を与えている。

サイ科学会の論文集

日本では戦前の国粋主義的なオカルトは、そのまま戦中を生き延びて終戦を迎えたが、欧米では一回下火となって戦後、1960年代にカウンターカルチャーの担い手となったベビーブーマー（団塊の世代）によって再発見されて、70年代にニューエイジ思想として復興することになる。

ニューエイジと言えばヒッピー文化だが、晩年の関は「洗心」と言う心の持ち方と、「達磨易筋経」が説いているという「腕振り療法」を勧めていた。同じ内容であってもナショナリズム・オカルト的な方向に向かっていったのも関の年齢を考えれば無理のないことだろう。

ニューエイジ思想は若者を中心としたカウンターカルチャーの影響で反知性（専門家でなくても直感的に理解できる）、反権威（今までの科学定説はいずれひっくり返るのでそうしたものに拘《こだわ》ってはならないという考え）の立場を取り、客観よりも主観が尊重される。多数のリーダー的な存在が並び立っており、それぞれが矛盾するような内容を説いていたりするが、お互いに影響し合っていたとして、そこで突き詰めた議論に発展することはあまりない。

ニューエイジ思想では、疑うことをせずにまずは信じるという〝オープンマインド〟が良しとされる。そして既成の枠を取り払うことで現れるはずの新しい世界に、次なる可能性を求めるのが基本的なスタンスである。常識外れの仮説でも、やがて科学が追い付いて証明されるはずという、科学への過剰な信頼も特徴の一つだ。

こうした科学への期待に応えるものだとニューエイジ信者たちが考えているのが、アインシュタインの宇宙理論や光量子仮説、量子力学などである。

関は超能力を可能にする幽子、そして神が使う天波と念波という二つの波動を提唱し、心の力が現実にも影響を与えると考えた。そのカギを握るとしていたのが、当時、まだ存在が確認されていなかった重力波だった。

関の死後、2015年に重力波が観測されたが、それは関が考えていたものとは異なり、現実の物理現象以外のなにものでもなかった。関は、幽子や天波、念波の科学的アプローチについて何も語っていないため、素粒子のように観測することは難しい。現状では空想の産物というほかないだろう。

科学的に否定されれば否定されたで、こうした物語は科学的証明とは無縁の神話となっていく。

関英男は、無自覚なまま、戦前に形成されていた日本の近代オカルト土壌の上に、新たな情報を注ぎ込んでいた。ナショナリスティックなオカルト思想が社会の上層部に広がる手助けをしたキーパーソンの一人であると言って良いだろう。

（ナカイサヤカ）

【参考文献】

栗田英彦／塚田穂高／吉永進一編『近現代日本の民間精神療法―不可視な（オカルト）エネルギーの諸相―』（国書刊行会、2019年）
『サイの広場　26号　故関英男名誉会長追悼特集号』（2002年）
高橋秀美「なんたって高次元」『別冊宝島334　トンデモさんの大逆襲！』（宝島社、1997年）
関英男『四次元99の謎』（サンポウ・ブックス、1974年）
関英男『超能力』（光文社、1983年）
関英男『工学博士が教える　読むだけで超能力が身につく本』（日東書院、1988年）

【第五章】2000年代の超能力事件

【PSI事件28】

ジョー・マクモニーグル

最強の千里眼

Joseph McMoneagle
1946~
America

ジョー（ジョーゼフ）・マクモニーグルはアメリカの超能力者、元軍人。離れた場所にあるものを超能力で感知する、遠隔視（リモート・ビューイング）の第一人者とされる。

1970年代から、アメリカ陸軍で遠隔視によるスパイ活動を行っていたというエピソードが有名。

2000年代には日本のテレビ番組にも数多く出演している。そうした番組では、「FBI超能力捜査官」という架空の肩書きにて遠隔視を行い、その的中率は80パーセントにも及ぶと宣伝された。

また、「地球の裏側を見る男」や「最強の千里眼」といった異名もつけられ、2009年には森永製菓の商品「ダース」のCMにも出演。日本では2000年代を代表する超能力者となった。

■生い立ちから現在まで

マクモニーグルは1946年1月10日、アメリカのフロリダ州マイアミで、妹のマーガレットと共に双子として生まれた。

両親がアルコール中毒でたびたび虐待を行う中、貧困地区で育ち、新たに生まれた3人の妹たちの親代わりも時にしながら、子ども時代を過ごしたという。

マクモニーグルによれば、超常的な力は、その子ども時代に受けた虐待による苦痛によって目覚め、鍛錬されたのだという。

　1964年には高校を卒業。地元のマイアミ大学へ進学するが、教室内の騒然とした雰囲気に耐えられず、すぐに自主退学。

　同年、独り立ちするためにアメリカ陸軍へ入隊。在籍中に2度結婚するものの、いずれも離婚。

　1970年、オーストリアで夕食中に突然倒れて臨死体験をする。この体験を経て、超常的な感性が磨かれていったとし、1978年に遠隔視によるスパイ計画（後のスターゲイト計画）の一員となった。同計画では様々な功績を残したといわれ、1984年に陸軍を退役する際には勲功章を授与されたという。

　退役後は、遠隔視をビジネスに応用したコンサルティング会社「インテュイティブ・インテリジェンス・アプリケーションズ」を設立。

　1984年11月には、体外離脱の研究で有名なモンロー研究所の重役だったナンシー・ハニーカットと結婚。

　その後、1993年に遠隔視についてまとめた初の書籍『マインドトレック』を出版。1995年にはABC放送の番組『プット・トゥ・ザ・テスト』に自身としてテレビ初出演をはたし、遠隔視を披露した。

　2000年代以降は前述のとおりだが、マクモニーグルの公式サイトは2018年1月を最後に更新が止まっており、現在の活動状況は明らかになっ

【画像1】本人が表紙の『ジョー・マクモニーグル 未来を透視する』（ソフトバンククリエイティブ）。タイトルに反して外れが多く、未来は透視できていなかった。

ていない。

■陸軍時代の功績と勲功章の実情

さて、ここからはマクモニーグルの経歴にあるエピソードの中でも、超能力にまつわるものを取り上げていこう。

まず、スターゲイト計画そのものについては、別項で扱われるのでそちらをご覧いただきたい（203ページ）。ここでは、マクモニーグルが陸軍時代に遠隔視によって功績をあげたというエピソードを取り上げる。

そのエピソードでよく紹介されるのは、1979年11月4日にイランで起きたアメリカ大使館人質事件と、1981年12月17日にイタリアで起きたドジャー准将誘拐事件である。これらはマクモニーグルの遠隔視による情報をもとに人質が救出され、解決したと喧伝されている。

しかし、どちらも事実は違った。アメリカ大使館人質事件ではイラン側が人質全員を解放しており、その解放されるまでには444日もかかっていた。

ドジャー准将誘拐事件の方も、イタリア警察が誘拐犯の親戚から得た情報でドジャー准将を解放している。どちらの事件でも、マクモニーグルの情報とされるものは解決の役には立っていない。

そうした残念な結果があるにもかかわらず、マクモニーグルには退役時に勲功章が授与されている。これは、なぜだろうか？

実は、その退役時にアメリカ陸軍で超能力スパイ計画の責任者を務めていたのは、陸軍少将のアルバート・スタブルバインという人物だった。

彼は相当に信じ込みやすいタイプだったらしく、執務室で壁をすり抜けようと試みて何度も鼻から激突したり、自宅で深夜に空中浮揚を試みて失敗したりといった面白いエピソードが知られている。

そのため、マクモニーグルの勲功章の実情について取材していたジャーナリストのウィリアム・リトルは、著書で次のように述べている。

「壁を通り抜けようという（ありえない）チャレンジをする男。そんな人物が米陸軍の情報部門のトップにいたのなら、超能力スパイに栄誉ある勲章をあげてしまうのも、それほど意外な話じゃないのかも」（『サイキック・ツーリスト』阪急コミュニケーションズ）

これには同感である。

■『プット・トゥ・ザ・テスト』の検証

続いては、マクモニーグルが初出演した番組『プット・トゥ・ザ・テスト』を取り上げる。彼によれば、番組での遠隔視は大成功だったという。

たしかに、番組を確認してみると、遠隔視は成功したことになっていた。

けれども、本当にそれが成功と呼べるものだったのかといえば、筆者（本城）は首をかしげざるを得ない。編集によって一部の情報を誇張しているように思えたからだ。

具体的に指摘していこう。まず、番組では遠隔視の舞台となる場所として、テキサス州のヒューストンが選ばれた。番組側は、この都市の中から別々の特徴を持つ四つの場所を候補地とした。それが次のとおり。

①ジョージ・ランチ歴史公園にあるツリー・ハウス（大きな木と階段が組み合わさった家）。
②ヒューストン・シップ・チャネル（ヒューストン港と運河）。
③アミューズメント施設「シックス・フラッグス・アストロワールド」にあるウォータースライダー。
④ジェラルド・D・ハインズ・ウォーターウォール公園にある噴水（建物の壁を水が流れている）。

番組側は、これらの中からサイコロによって2番のヒューストン・シップ・チャネルを最終ターゲットとして選出。現場に人を向かわせ、マクモニーグルには、その人物がいる場所を遠隔視によって当

【画像2】ターゲットになった場所

てもらうことになった。

番組によれば、遠隔視に要した時間は15分だったという。ところが実際に番組で放送されたのは、そのうちの2分ほどしかなかった。

この時点で、相当、編集が入っていることは容易にわかるが、そうした編集込みで、マクモニーグルによって示されたターゲットの特徴は次のようなものだった（下のカッコ内は番組で正解とされたもの）。

①川か、川のようなものが近くにある。【↓運河】
②橋。【↓現場の近くにあった】
③垂直の線。【↓橋を支える柱】
④現場の人物は何かを見上げる。【↓橋のこと】
⑤金属音。【↓船の警笛】
⑥建物ではない、とても大きな物体。【↓船】
⑦とんがり帽子のような物体。【↓クレーン】

これらは先述のように、都合よく順番も含めて編集された情報だった。おそらく当たったように見えるのがこれだけで、カットされた残りの部分は外れていたのではないだろうか。

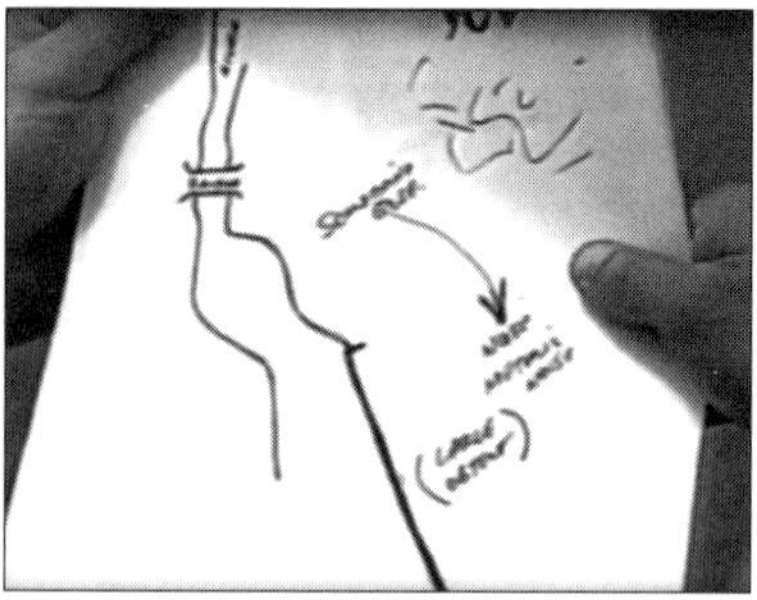

【画像3】番組で当たりとされたイラスト

というのも、番組内でマクモニーグルがターゲットに関する絵を何枚か描いているにもかかわらず、当たりとして示されたのは、そのうちの3枚だけだったからである。

しかし、そうして当たりとされた透視の情報も、よく検討してみれば次のように疑問符がつく。

①川か、川のようなもの→ヒューストンはアメリカ有数の湾港都市。川もたくさん流れている。そのヒューストンがターゲットの都市であることは前もってマクモニーグルに知らされており、前出のキーワードをあげていれば、当たりやすいことは予想できた。実際、他の候補地だったツリー・ハウスの近くにも川があり、ウォータースライダーや噴水もキーワードにこじつけることが可能。

②橋→川があれば、それを渡るために橋があるのは当然。

③垂直の線→大抵の場所にある。他の候補地はもちろん、最終ターゲットの場所でも無数にあった。

④何かを見上げる→大抵の建物は人の目線より高くなっている。このキーワードに当てはまらない場所があるとすれば、空に何もなく、周囲に何もない荒野にいる場合くらいだろうか。

⑤金属音→船の警笛を金属音としていいなら、候補地の近くを走る車のエンジン音やクラクションの音でも当たりにできてしまう。

⑥大きな物体→マクモニーグルはその「大きな物体」が陸地にあるように書いていた。しかし、当たりとされたのは湾から入ってきた水上の船。場所を無視していいなら、上空を飛んでいる飛行機ですら当たりにできる。

⑦とんがり帽子のような物体→似たものとして屋根の形にもこじつけることが可能。この場合、ツリー・ハウスと、噴水がある建物の屋根でも当たりにできた。

このように、マクモニーグルの遠隔視が成功という結果に見えたのは、情報が曖昧で解釈の幅があり、外れたものは無視され、最後は編集テクニックによって、いくつもの当たりがあるように見せかけられていたからだと考えられる。

実は、こうしたやり方が使われるのはアメリカに限ったことではなかった。次に見るように、日本のテレビ番組でも同様のことが行われていたのである。

■『FBI超能力捜査官』の検証（第1部）

2000年代に、マクモニーグルは『FBI超能力捜査官』（日本テレビ）というシリーズ番組に何度も出演していた。この番組では、実在しない「FBI超能力捜査官」という肩書きをつけられた超能力者たちが、未解決事件を解決すべく透視を行っていた。

そんな超能力者たちの中でも、マクモニーグルは一番スゴ腕の超能力者という触れ込みになっており、番組によれば透視的中率も最高の80パーセントだったという。

しかし、こうした話は誇張が過ぎた。実際に検証してみると、前述のアメリカの番組と同じようなことが行われていたことがわかるのである。

ここでは具体例として、大阪出身のお笑いコンビ「麒麟《きりん》」の田村裕《ひろし》氏の失踪した父親探しを取り上げる。これはマクモニーグルが担当した事例の中でも最も有名になったものである（関連して出版された田村氏の著書『ホームレス中学生』が200万部の大ベストセラーになった）。

問題の回（2007年9月25日放送）は、大きく二つの構成に分けられる。第1部では、マクモニーグルの情報と一致する場所をスタッフが次々に見つけていく。だが、最後に父親だけは見つからない。

そこで仕切り直しで第2部となり、今度は情報を絞って再捜索を行う。すると今度は最後に父親が見つかるという結果が出る。

構成がわかったところで、第1部の検証に移ろう。

まず番組では、マクモニーグルがターゲットである田村氏の父親の居所を示す手がかりとして、6枚の絵を描いた。その絵に描かれた場所を探していけば、ターゲットは見つけられるという。

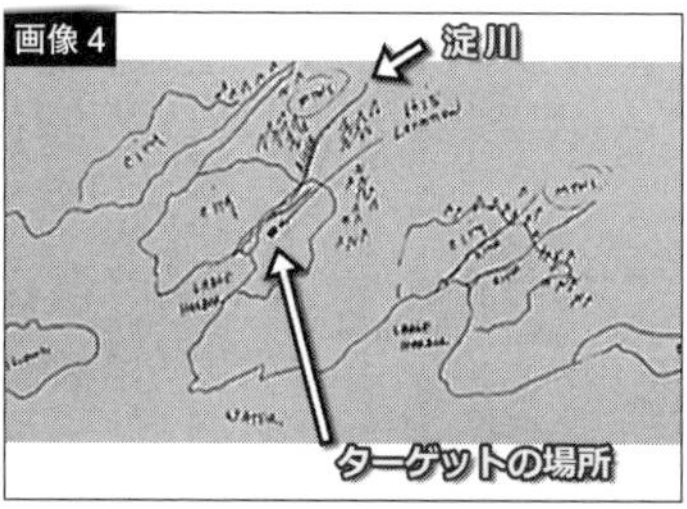

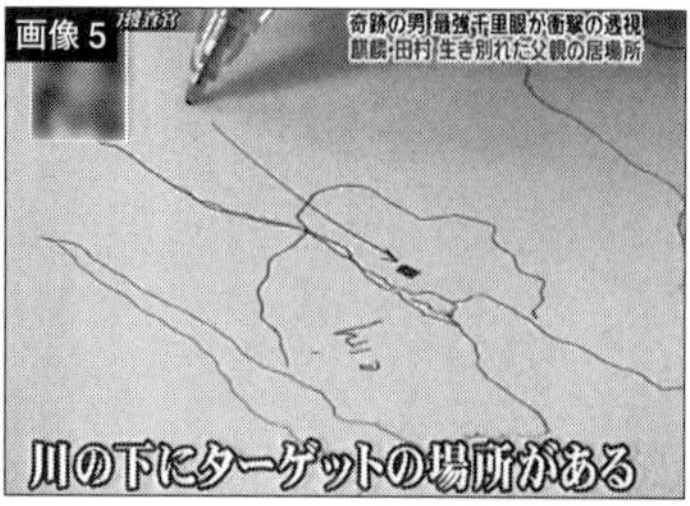

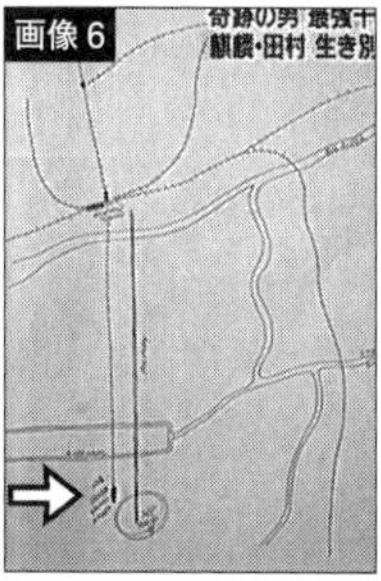

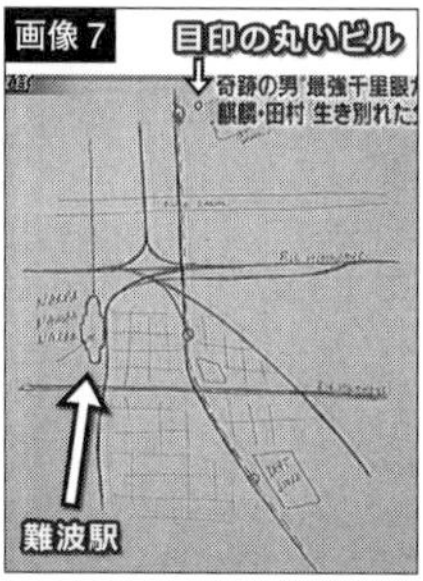

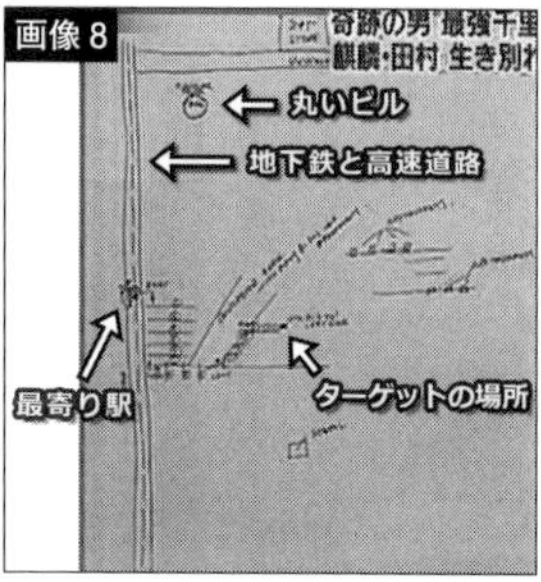

画像4と5（拡大画面）は、マクモニーグルが最初に描いた絵だ。大きな川が流れていて、その下にターゲットの場所があるという。絵全体の形を見れば、これは大阪を中心とした地図で、問題の川はその位置と長さから淀《よど》川だと推測できる。

次に画像6と7は、最初の絵をそれぞれズームして描いたものになる。矢印で示した駅を「ナーバ」もしくは「ナンバ」と言っていたので、そこは難波駅らしい。

この1〜3枚目までの絵は、実際の地図と見比べても大まかな位置関係が似ている。おそらくマクモニーグルは地図を見たことがあったのかもしれない。

しかし、問題はここからだ。4枚目の絵（画像8）は、3枚目の絵に描いてある右上の部分をズームにしたもので、ターゲットがいる場所までの道順を示したものだという。中でも、目印となるのは絵の左上に描いてある「丸いビル」（258ページ、画像9）で、それは5枚目の絵（画像10）のような外観になるという。

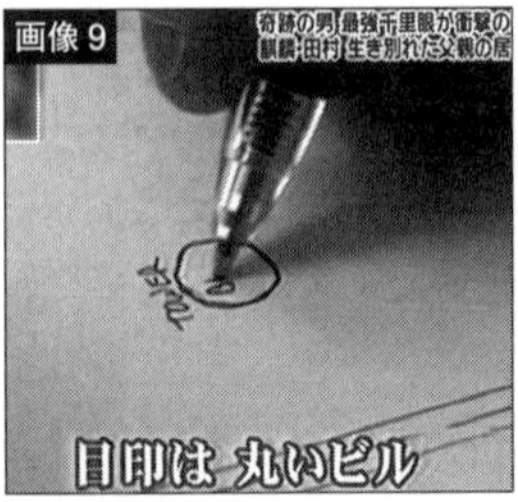

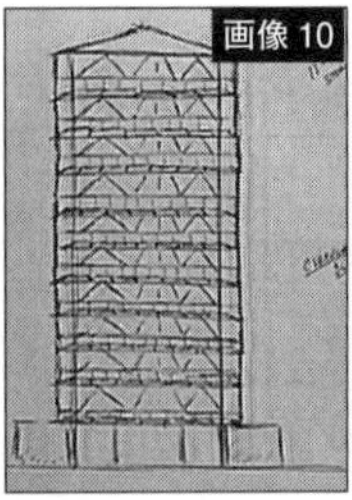

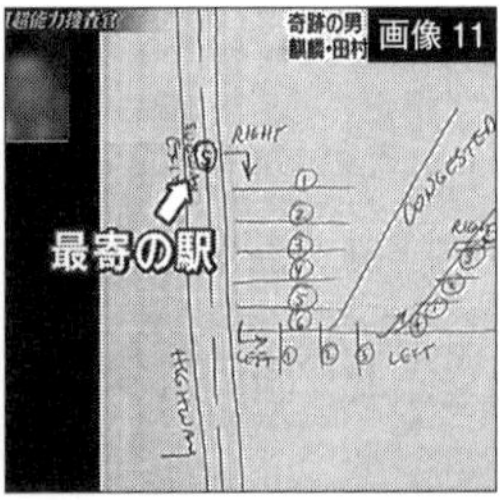

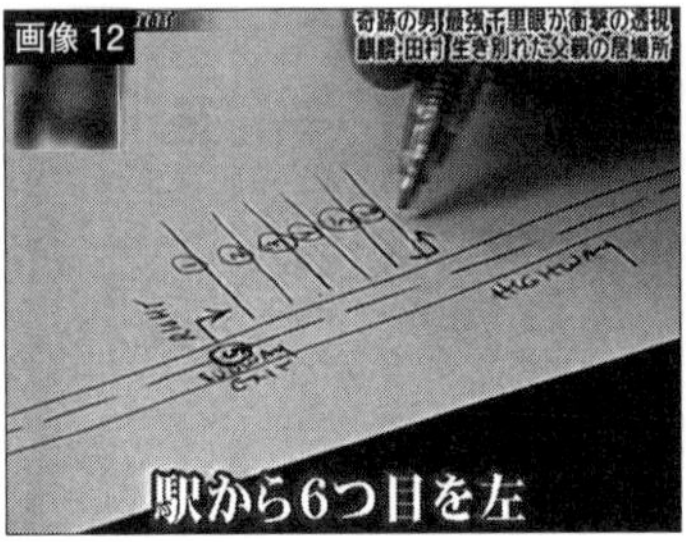

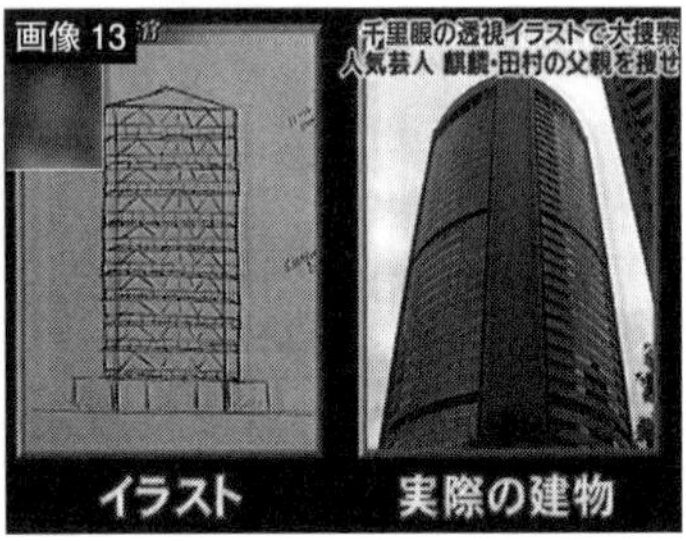

（4枚目の絵に戻って）この目印となる丸いビルの左側には高速道路と地下鉄が重なって走っており、途中に最寄りの駅（画像11）、さらにその駅の出口から何本目の道を曲がっていけばターゲットの場所にたどり着くか描かれている（画像12）。

■次々と見つかる透視の場所

捜索の起点となるのは目印となる丸いビルだ。そこでスタッフは車で街を走りながら、問題の丸いビルを探索。やがて画像13のビルを発見したとする。これは途中で映った案内板から、大阪市北区にある「ＯＡＰタワー」（大阪アメニティパークタワー）だと特定できる。

たしかに、ＯＡＰタワーは上空から見ると丸っぽい形をしているが、横から見た外観は、どの方向から見てもマクモニーグルの絵と似ていない。

しかし番組はそうしたことを無視して進む。ＯＡＰタワーを目印の丸いビルだとしたスタッフたちは、その横に4枚目の絵と同じく走っているという道を南下。途中でマクモニーグルがターゲットの「最寄り駅」としていた駅に合致するという地下鉄の「天《てん》満橋《まばし》駅」（大阪メトロ谷町《たにまち》線）を発見する。

ところが、ここにも問題があった。画像14をご覧いただきたい。これは4枚目の絵と比較するために用意した現場の航空写真である。

画像14

見比べればすぐわかるように、OAPタワーの横には地下鉄が走っておらず、その手前で曲がっている。さらにいえば、この地下鉄谷町線の上には高速道路も走っていない。

だが、またしても番組はこうした情報を視聴者に知らせずに進んでいく。ここからは、さらに問題点が続出するので、順番にリスト化して示そう。

【番組内】 スタッフは、透視どおりターゲットの最寄り駅だという天満橋駅から六つ目の信号を左に曲がる（画像15）。

【事実】 五つ目の信号を通過したところで、天満橋駅の次の駅である「谷町四丁目駅」も通過してし

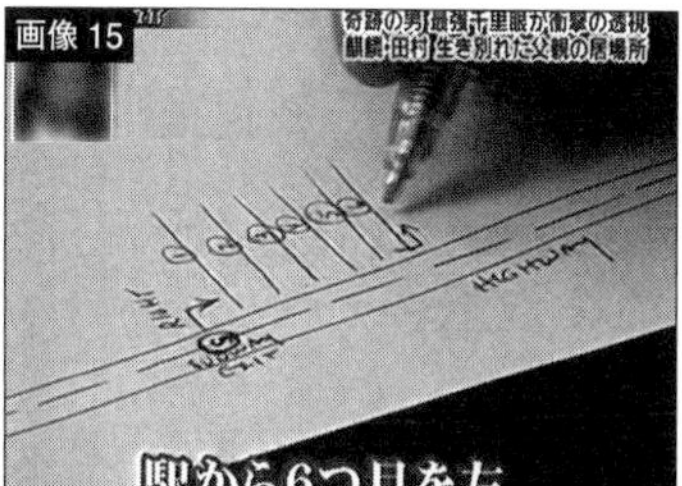

画像15

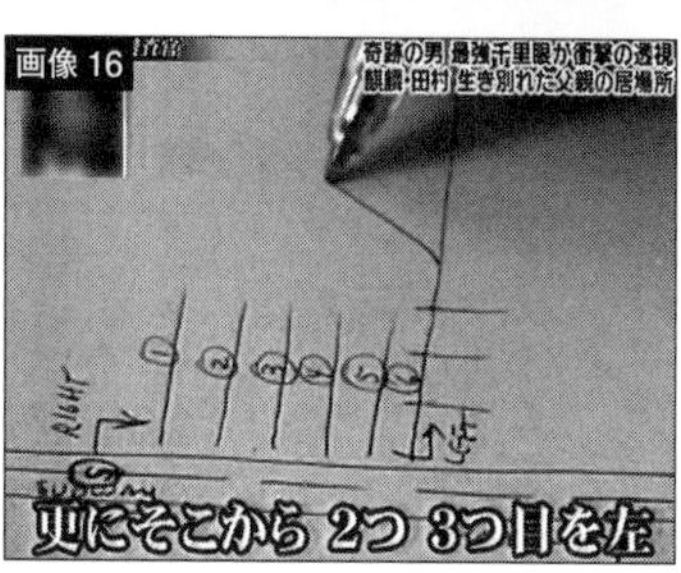

画像16

まった。この時点で、天満橋駅はターゲットの最寄り駅ではない。

【番組内】左折後、三つ目の信号を左に曲がる（259ページ、画像16）。

【事実】ナレーションと字幕では「三つ目」を左となっていたが、絵に描かれているのは四つ目。番組で嘘をついたのは、透視どおり四つ目を左折してしまうと、ターゲットにこじつけられる場所がなかったから。

【番組内】左にはナナメに進む道がある。

【事実】左に曲がるときは直角で、その先にあるのはT字路（番組では右折）。

【番組内】ナナメの道の三つ目の角を右折して、4軒目にターゲットが住む家があるはずだが、道の先にある一帯は空き地になっていた。しかし、その近くにマクモニーグルが描いた6枚目の絵（ピンク色の5階建てビル、画像17）とよく似た建物を発見。聞き込みを行うが、残念ながら、その建物は公共施設で人は住んでいなかった。

【事実】ＡＳＩＯＳのメンバーでＳＦ作家の山本弘氏は、番組放送後に現場で検証を行っている。そのレポートによれば、問題の建物は「大阪市立中央青年センター」（現在は「アネックスパル法円坂 大阪市教育会館」）で、建物の色はピンク色ではなく茶色だったという。番組では、映像の色調を変えて茶色をピンク色に見せかけていた。さらに建物は7階建てで、マクモニーグルが描いた5階建てとも違っていた（画像18）。

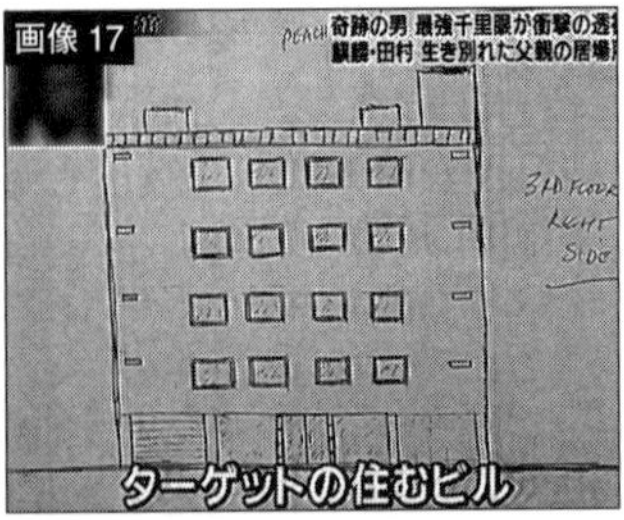

画像 17

画像 18

もう、ここまで違うことばかりでは、マクモニーグルの透視どおりの場所だと強弁するのは無理ではないだろうか。

そもそも画像19をご覧いただくとわかるが、ターゲットの大阪市立中央青年センターがある場所に向かうなら、目印とするのは誰が考えても、そのすぐ北にある大阪城になるはずだ。

ところが番組では、この大阪城について一切触れなかった。それはマクモニーグルの透視で、大阪城にこじつけられそうなキーワードや絵がまったく出てこなかったからだろう。

ほかにも透視の絵と合わないことがある。大阪市立中央青年センターの最寄り駅は、前述のとおり天満橋駅ではなく谷町四丁目駅だった。この駅からは東（画像では右方向）に500メートルほど大通りを直進するだけで同センターに到着できる。マクモニーグルが描いた道順より、明らかにシンプルでわかりやすい。

またOAPタワーに戻って、そこが4枚目の絵に描いてあったとしてしまうと、そのすぐ近くを流れて目立つ大川の方はなぜ描かれなかったのか、という問題が生じてしまう。

やはり、マクモニーグルが遠隔視でいくつもの場所を見通していたと考えるのは困難である。

■『FBI超能力捜査官』の検証（第2部）

とはいえ、番組ではここまでの第1部の放送で、最後だけ惜しくも外れてしまったものの、それ以外はマクモニーグルが描いた絵に合致する場所が次々と見つかったことになっている。
　あとはターゲットの父親を見つけられればいい。番組が再捜索のポイントにしたのは4枚目の絵だった。

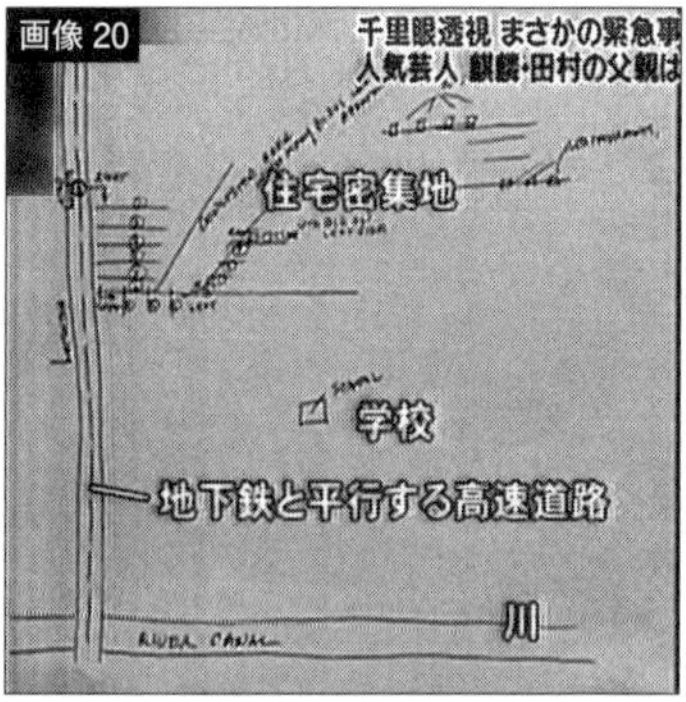

ここから、「地下鉄と平行する高速道路」、「川」、「学校」、「住宅密集地」という四つのキーワードを抜き出す（画像20）。そして、地下鉄ではなくモノレールと平行する高速道路と、ほかの三つのキーワードに合う地域が見つかったとする。
　そこはボカシが入っていて具体的には示されなかったが、スタッフが聞き込みを行うと、ついに田村氏の父親が住むアパートを発見できたという（後日、田村氏と父親は再会を果たす）。

　この第2部は時間も短くあっさり進むので、ご覧になっていた方は少し拍子抜けしたかもしれない。だが検証すると、この短い間にも、次のようにおかしな点がたくさん見つかった。

・透視で言われた地下を走る地下鉄と、上を走るモノレールでは違いが大きい。これがアリなら、電車であれば何でも構わないということになってしまう。

・あえて第2部の場所を特定すると、大阪でモノレールが南北に高速道路と平行していて、南に川がある地域は茨木《いばらき》市の南部と摂津《せっつ》市の東部（画像21）。ここでは西に大阪モノレールと近畿自動車道が走り、南に安威《あい》川と淀川が流れている。学校と住宅密集地も当然あるが、範囲が広すぎるため、駅からの道順もなければターゲットを見つけることは不可能。しかし、その道順が示された4枚目の絵と、前出の地域では、どの駅を使ってもまったく道が一致しない（なので、この地域も第1部

の場所と同様に無関係の可能性大)。

・1枚目の絵では淀川の下にターゲットの場所があるとされていたが、第2部では淀川の上でもOKになっていた。

・2枚目と3枚目の絵に描かれていたのは難波駅周辺。ところが第2部の地域は難波駅から約15キロも離れていた。

・4枚目の絵で目印の場所とされ、5枚目の絵では単独で描かれた「丸いビル」は第2部で完全無視。

画像21

・6枚目の絵にはピンク色の5階建てビルが描かれ、田村氏の父親はその3階の右側に住んでいると透視されていた。ところが実際に発見された家は、普通の木造2階建てアパートで、父親が住んでいたのも2階の左側だった。

もうはっきり言って、まるで当たっていない。当然、遠隔視の情報によってターゲットを見つけることは不可能なはずである。

番組で発見できたのは、スタッフによる人力の捜索によるものなのだろう(田村氏は以前に父親と偶然再会したことがあり、そのときの場所が手がかりになった可能性がある)。

■なかなか結果が出ない未解決事件

最後に、マクモニーグルが同番組のシリーズで担当したほかの事例についても少し触れておきたい。

まず生き別れの事例については、山本弘氏の『超能力番組を10倍楽しむ本』(楽工社、2007年)に詳しい現地調査レポートがある。それによれば、ほかも田村氏の事例と似たり寄ったりの内容だという。

次に、同番組のシリーズでマクモニーグルが担当した未解決事件（警察が捜査しても解決できなかった事件）については、筆者の調べでは全部で８件あった。

ところがそれぞれ検証してみると、その中で解決に至った事件はゼロ。マクモニーグルは、ひとつも解決できていなかった。

テレビの中では華々しく活躍しているように見えた「最強の千里眼」も、残念ながら、現実の未解決事件が相手では分が悪かったようである。

（本城達也）

【参考文献】

ジョー・マクモニーグル『ＦＢＩ超能力捜査官 ジョー・マクモニーグル』（ソフトバンク パブリッシング、２００４年）

ジョー・マクモニーグル『マインドトレック―遠隔透視の全貌』（中央アート出版社、２００６年）

「独占インタビュー ジョー・マクモニーグル」『ボーダーランド』（ケーアンドディー・エンタープライズ、１９９６年6月号）

※「McMoneagle - Joseph and Nancy McMoneagle」

ウィリアム・リトル『サイキック・ツーリスト』（阪急コミュニケーションズ、２０１０年）

ジョン・ロンスン『実録・アメリカ超能力部隊』（文藝春秋、２００７年）

※「Put to the Test」

※ Brian Dunning「The Truth About Remote Viewing」

『ＦＢＩ超能力捜査官』（日本テレビ）

※「Google マップ上に過去の航空写真を表示する - MULTISOUP」

と学会『と学会年鑑ＢＲＯＷＮ』（楽工社、２００９年）

山本弘『超能力番組を10倍楽しむ本』（楽工社、２００７年）

【PSI事件29】

ナターシャ・デムキナ

X線の目を持つ少女

Natasha Demkina
1987~
Russia

人体を透視するX線の目を持つロシアの少女ナターシャ・デムキナ。彼女は2005年、フジテレビの招きで二度来日し、その特番の中で彼女の透視能力の威力を余すところなく発揮して見せた。

日本でのこのテストに先立って2004年5月、彼女はディスカバリーチャンネルの招きでニューヨークを訪れ、その能力のテストを受けていた。この時の対決相手は、超常現象の科学的調査のための委員会、通称CSICOP（サイコップ、現CSI）。CSICOPは、1976年に科学者やマジシャンなどによって米国で結成された地上最強の超常現象懐疑派団体だ。いまだかつて超能力者側の主張に屈したことは一度もなく、超能力の存在など絶対に認めない団体ともいえた。だがナターシャに行ったテストによって、CSICOPは土俵際ギリギリのところまで追い込まれていたのだ。

日本ではあまり知られていない2004年5月にニューヨークで繰り広げられた「CSICOP vs ナターシャ」の対決についてご紹介したい。

■立ちはだかるCSICOP

ナターシャは1987年にロシア西部の街、モルドヴィア共和国の首都サランスクに生まれた。彼女が自分が持つ特殊能力に目覚めたのは10歳の時。虫垂炎の手術を受けた後に突然、母親の体内が見えると言い出したのだ。ナターシャは街の子供病院へと連れて行かれテストを受けさせられたが、そこでも医師が患っている胃潰瘍などを正確に当ててみせた。2004年1月、彼女の能力に興味を抱いた英国のタブロイド紙「ザ・サン」の招きでイギリスを訪ね、そこでも目覚ましい透視能力を発揮して見せた。

同年5月、彼女は続いて米国の地を踏んだ。米国で行われる彼女のテストの判定員として選ばれていたのは、オレゴン大学の心理学者レイ・ハイマンに英国ハートフォードシャー大学の心理学者リチャード・ワイズマン、米国医師会雑誌JAMA編集者のアンドリュー・スコルニックといった面々だった。スコルニックは疑似医学批判の編集者として知られ、ハイマンとワイズマンは、CSICOPの理事とフェローをそれぞれ務めていた。

CSICOPは組織本体としては超能力者のテストなどは行わないこととされており、あくまで会員らは個人の資格で超常現象の調査や研究を行っていた。だがナターシャのテストでは、超能力検定を行う際には必ず現れるCSICOPの重鎮の二人が揃って参加しているとあって、事実上「CSICOP vs ナターシャ」という対決の様相を帯びていた。

■テストの条件

ディスカバリーチャンネルからの要請を受けテスト実施まで1ヶ月余の猶予しかないなか、ハイマンらは取り急ぎ確率計算を行って、ナターシャの特殊能力を調べる予備テストを突破する条件として、彼女から透視を受ける7人の被検者のうち、5人以上を正しく診察するという条件を定めた。この条件は事前にナターシャ側にも伝えられ、同意を得てからテストは実施された。

彼女の能力が「超常的である」と認めるためには、次の2点について気をつける必要があった。

ひとつは、彼女の透視が当たってもいないのに、いかにも当たっているかのように見えてしまうことがないように、「当たり」「ハズレ」がはっきりわかるような形のプロトコール（規約）を作ること。

もうひとつは、たとえ彼女の透視結果が正しかったとしても、その情報がＸ線の目によって持たされたものではなく、他の通常の情報ルートや感覚ルートを伝わって彼女に漏れたものではない、ということを保証することだった。

たとえば、彼女が通常そうして来たように被検者と向かい合って話し合える形にすると、相手の動きなどから体の調子が推察できてしまう恐れがあった。また、相手への質問ができると、問いへの反応の仕方からヒントが拾えてしまう恐れもあった。またハイマンらは決定的な結論が出せるほど十分なテストを行うことができないため「いかなる意味でも決定的なテストではない」という文言も規約の中に慎重に加えていた。

「Skeptical Inquirer」の表紙を飾った、ナターシャ・デムキナ（当時17歳）。ナターシャのテストは、CSICOPの重鎮二人が参加する異例の態勢で行われた。

テストは、７人のボランティアの被検者がナターシャの前に半円形に並べられた椅子に腰掛ける形で行われた。

いずれの被検者も、Ｘ線の目で本当に体内を透視することができるのなら、すぐに分かる特徴を持つ者ばかりが選ばれていた。ひとりは、胸部に開心手術の際に用いた金属製の外科用ステープルが入っていた。他の者は、食道の一部が外科的に切除されていた。片方の肺の大部分が切除されている者、人工股関節の置換術を受けている者、脳腫瘍を摘出した跡に大きな穴が開いていて頭蓋骨の一部が金属板で覆われている者、盲腸が切除されている者、そして最後は健康には特に問題がない者という7人だった。

被検者たちは、目のグラス部分を不透明なテープで覆ったサングラスをかけた形で、ナターシャと向かい合った。これによって被検者側はナターシャがいつ自分を見ているのかがわからなくなり、ナターシャもまた目の動きや瞳孔拡張のサインなどから相手の感情の動きを読むことができなくなった。

テストは基本的に座ったまま行うこととした。もし立った状態で観察をする必要がある場合には、被検者が立ち座りする間は、ナターシャに向こうを向かせるようにした。立ち座りの際の動きで、膝や股関節など体の様子が読み取れる心配があるからだ。

テストは全部で6回行われた。それぞれのテスト開始前に、見つけるべき被検者の体の特徴を書いたイラスト入りのカードがナターシャに渡され、その特徴にあった人物を目の前に座っている7人のうちから選びだす必要があった。

6回のテストが終了するまで約4時間かかり、ナターシャは結局4人まで正解することができた。だが事前に定めた5人には達しなかったため、テストは失敗とみなされた。しかしもし、あと一人当てられていたら……。予備テストをこのまま突破していたら、後の展開はどうなっていたのだろうか。

■実験の規約に難点

この状況下で4人正解というだけでもすごい気がするが、テストを取り仕切ったレイ・ハイマンによれば、実験中に規約の手続き違反が起きてしまっていたという。

ひとつは、最初の被検者を探し出す際に、「胸部にステープルが入っている人物を探している」と被検者にも聞こえる形で通訳が声に出してしまっていたことだった。もし、ステープルが入っている被検者がその声に動くような反応を起こしていたら、ナターシャはそれを手がかりにして被検者を見つけだせた可能性があった。

また被検者とナターシャは事前に会わないように

決めていたのに、テスト会場に早くついていていたナターシャたちは、あとから到着した2人の被検者がテスト会場の階段を登る姿を見てしまっていた。その時の階段を登る動きから、人工股関節の被検者を見つけることができた恐れがあった。またこれは規約違反ではないが、健康に問題のない7人目の被検者として参加した人物は一番若く、見た目から健康そのもので、対象から除外することは容易《たやす》かった。

だが、ナターシャにとってなんと言っても一番痛かったのは、頭蓋骨の一部を金属製の板で覆っている被検者を正しく見つけられなかったことだ。本当に彼女がX線の目を持っていれば間違いようがない被検者のはずだった。

ナターシャは正しい人物ではなく、テスト会場内で野球帽を被って座っていた人物を「頭蓋骨の一部が欠けている」人物に選んでしまっていた。だが実際にはこの人物の頭には何も問題はなく、盲腸を切除していただけだった。ハイマンは「野球帽で頭を隠している、という外見に引きずられた可能性がある」と見ている。

■日本でのテスト

2005年7月、日本でナターシャに対して行われたテストの様子とその結果は、『謎解き超常現象』に山本弘氏の詳細な報告レポートが載っているので、そちらを参照して欲しい。

実は、日本で行われたこのテストには筆者（皆神）も、画面には映らない形で参加をしていた。この時のテストは、被検者に頭からスッポリと黒い袋を被ってもらい、外からは中の人物が男か女かもわからないような状態にしたり、被検者にあらかじめヘッドフォンを付けてもらって聴覚を遮断しナターシャ側の音声に反応しないようにしたりするなど、前年にCSICOPが行った実験を上回るほど、ナターシャと被検者との間の情報遮断に気をつける形で行われた。

結果としては日本における実験でも、ナターシャ

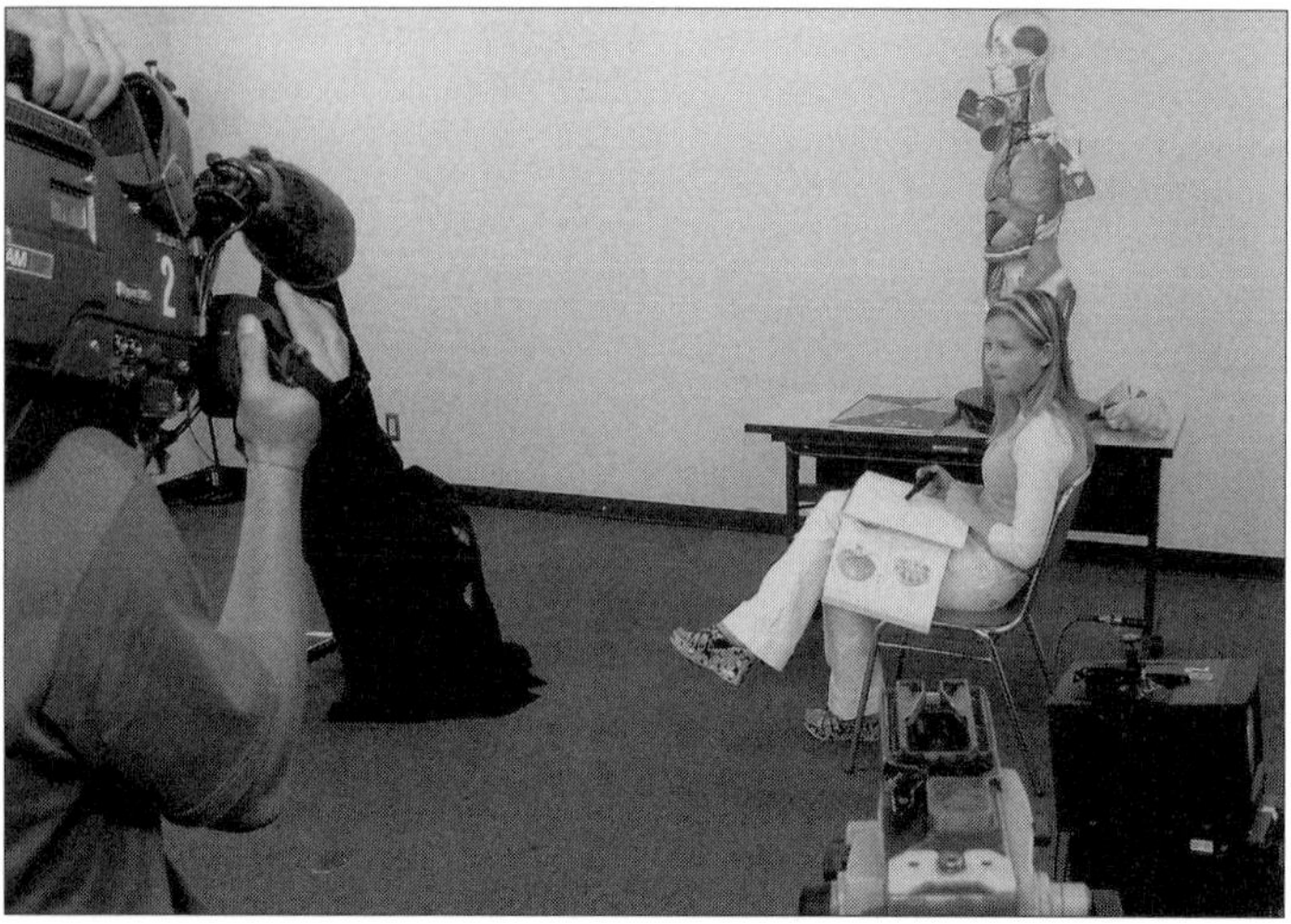

2005年7月に来日したときの、ナターシャ・デムキナ。複数台のカメラが回り、筆者をはじめとする立会人に囲まれる中、ナターシャはテストに臨んだ。(撮影:皆神龍太郎)

は確率を大きく上回るような好成績を出せずに終わった。だが間近で彼女のパフォーマンスを見た者のひとりとして、山本氏もレポートの最後に「実際に実験に立ち合ってみて、確かに偶然の確率以上に言い当てているという印象を受けた」と書いている。

ナターシャに透視能力はあるのか、ないのか、なんともモヤモヤした気持ちが残っている。彼女の能力はもしかしたら、超能力などでなく、雰囲気や相手の様子などから巧みに情報を読み取る「コールド・リーディング」の賜物なのかもしれない。

しかし、彼女と全く同じ状態で同じテストを受けたとしたら、患者の様子を診ることに長けているはずの経験豊富な医師でも、そのうち何人ぐらいがこのテストをパスできるのだろうか? 画像診断装置も使わず問診もないまま、ただ目の前に座っているだけの患者の病気をある程度正確に言い当てられるテクニックがもし本当にあるのなら、医学として彼女から学べることはあるのではないかと思っている。

来日の際には、ナターシャはモスクワ国立医科歯

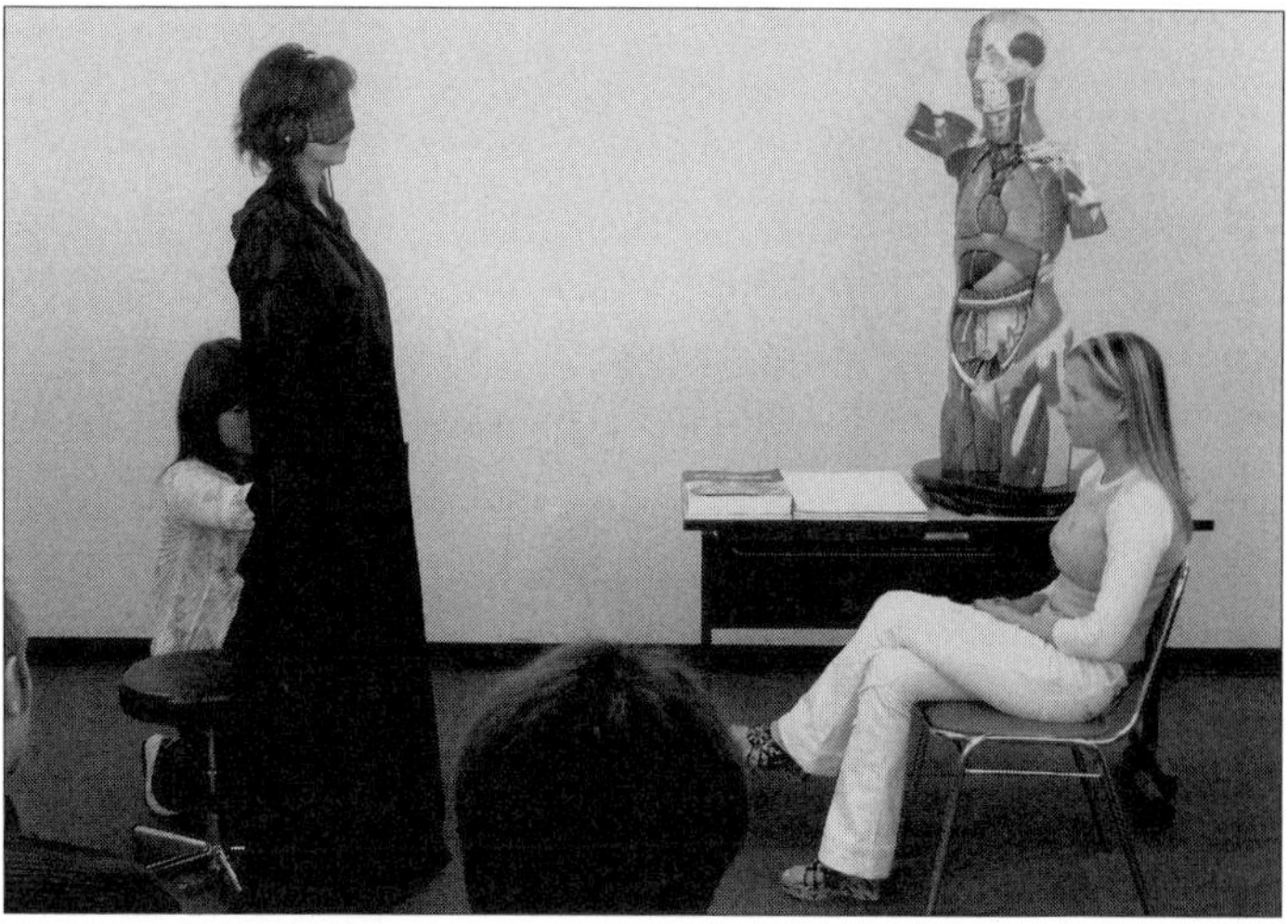

日本でのテストの様子。被検者にヘッドフォンを装着させるなど、前年のCSICOPのテストのとき以上にナターシャと被検者との間の情報遮断に万全を期してテストした。（撮影：皆神龍太郎）

科大学の学生だったが、大学を卒業後、２００６年から、伝統医学や民間療法などを主に行う「ナターシャ・デムキナ特別診断センター」で医師として働いていた。だが２０２０年９月現在、このセンターのホームページは閉じてしまっており、彼女がいまどうしているかは分からない。

ただ２００８年には彼女を扱ったドキュメンタリー映画『X線の目の少女』が英国で作られている。来日時には少女っぽかったナターシャだが、21歳の立派な女性となったナターシャの姿を見ることができる。

（皆神龍太郎）

【参考文献】
Ray Hyman「Testing Natasha」『Skeptical Inquirer』（vol 29.No3 May/Jun 2005）
Andew A. Skolnick「Natasha Demkina The Girl with Normal Eyes」『Skeptical Inquirer』（vol 29.No3 May/Jun 2005）
ＡＳＩＯＳ『謎解き超常現象』（彩図社、文庫版、２０１９年）

【PSI事件30】

ババ・ヴァンガ

バルカン半島のノストラダムス

Vangeliya Pandeva Gushterova
1911~1996
Bulgaria

ヴァンゲリア・ディミトローバは、〝ババ・ヴァンガ（ヴァンガおばさん）〟の通称で知られるブルガリアの予言者である。

■予言者になるまで

ヴァンガは、当時オスマン帝国領であったストルミツァ（現在は北マケドニア領）に生まれた。

当時のストルミツァにはセルビア人、ブルガリア人（マケドニア人）、トルコ人が入り混じって住んでおり、父パンド・スムチェフは農民であったが、オスマン帝国からの独立を求める抵抗組織に参加したため、捕えられてイスタンブールで投獄されていたことがある。しかし1908年、オスマン帝国で青年トルコ人革命が起こったため政治体制が変わり、解放された。パンドはストルミツァに帰郷するとパラスケヴァという女性と知り合って結婚、1911年にヴァンガが生まれたのだ。

ストルミツァ

彼女は未熟児で、出産直後は生存が危ぶまれた。しかし無事に産声を上げたので、現地の慣習に従っ

ブルガリアの予言者、ババ・ヴァンガ（写真中央の人物）。地方自治体が公認する予言者で、公務員として給料ももらっていた。珍しいタイプの予言者だ。（画像は「ヴァンガ財団」のHPより）

て産婆は彼女を通りに運び出し、通りがかった人に命名を依頼した。最初の人物はアンドロマハという名前を提案したが、あまりにもギリシャ的な名前だとして採用されず、次の通行人が提案したヴァンゲリアという名が採用された。

ヴァンガことヴァンゲリアの前半生は、複雑なバルカン半島の政治情勢に加えて、自然災害や病気など数々の災厄に翻弄されている。

1912年、第一次バルカン戦争の結果、ストルミツァはブルガリア領となる。しかし1914年、ヴァンガが3歳の時に母親が死亡し、父親はすぐに第一次世界大戦で出征したため、その間ヴァンガは隣人に育てられた。

第一次世界大戦後の1919年、ストルミツァはセルビア王国領となる。セルビア政府は少数民族であるブルガリア人を迫害したため多くのブルガリア人が国外に逃れたが、貧しいスムチェフ家は行くところもなくストルミツァにとどまった。

その頃、父はタンカという女性と再婚し、勤勉に農作業に励んだため、暮らし向きは少しずつ良くなった。しかし、新しくユーゴスラビアが誕生すると、新政府はストルミツァのブルガリア人の財産を没収したため、父親は土地を失って一家はたちまち極貧となる。こうしたなか1922年に弟のヴァシルが生まれる。

そして1923年夏、ヴァンガの運命を大きく変える事件が起きた。

激しいつむじ風に巻き込まれて飛ばされ、その際ゴミや砂が入ったため目に障害を受けたのだ。

ヴァンガはかなり痩せていたようだが、12歳の子供を吹き飛ばすようなつむじ風が実際に起きたのかどうかは確認されていない。いずれにせよ当初は、人や物の輪郭をぼんやりととらえることができ、手術をすれば視力が回復する可能性もあったようだが、貧しい一家にその手術費を工面することはできず、視力は次第に低下、最後には失明した。

1924年には二人目の弟トマスが生まれ、ヴァンガは1925年からゼムンの盲学校に入った。

盲学校では点字の読み方、ピアノの弾き方、編み物、料理、掃除の仕方などを学び、同じ学校に通う恋人もできて、比較的平穏な生活を送っていたようだ。

一方自宅では1926年に妹のルブカが生まれるが、1928年に継母のタンカが死亡したため、ヴァンガは弟や妹の面倒を見るため家に帰ることになった。さらに1929年には、地震で家が倒壊するという不幸にも見舞われ、1939年にはヴァンガは肋膜炎を発症している。このときは一時医者にも見放されたが、その後、奇跡的に回復している。

■不思議な能力の発現

この頃になると、ヴァンガが持つ不思議な能力が近隣で知れ渡っていた。彼女がいつごろからこの能力を発揮し始めたのかは明らかでなく、一説には子供のころすでに予言を行っていたとも言われる。

ともあれ1941年に第二次世界大戦が本格化し、

ブルガリアが枢軸国側の一員としてストルミツァを含むユーゴスラビア西部からギリシャ北部までを占領すると、戦争で行方不明となった家族の行き先を知ろうとして、大勢の人々がヴァンガの許《もと》に大挙して押しかけるようになった。

1942年4月8日には、当時のブルガリア国王ボリス3世も、身分を隠してヴァンガに会見したといわれる。このときヴァンガはたちどころにその正体を見抜き、「8月28日という日付を覚えておくように」と述べた。ボリス3世は翌年の8月28日に急死した。

将来の夫となるディミタール・グシュテロフと出会ったのもこの頃だ。ディミタールは自分の兄弟を殺した犯人が誰か知りたがったのだが、ヴァンガは絶対に復讐しないという条件でその消息を告げた。その後ディミタールは何度もヴァンガを訪ねるようになり、遂にはヴァンガに求婚した。そこでヴァンガは妹のルブカとともに彼の出身地ペトリチに移り、5月10日に彼と結婚した。

第二次世界大戦後、ブルガリアでは共産主義政権が成立、ブルガリア人民共和国となったが、ヴァンガの活動は共産主義政権下でも容認され、引き続き大勢の人々がヴァンガの助言を求めてペトリチを訪れた。一方以前から病気がちであった夫のディミタールはアルコール中毒となり、1962年に死亡した。

■行政が認めた公務員予言者

夫の死後、ヴァンガはペトリチから十数キロ離れたルピテに移り住み、常に黒服を身に着けて過ごすようになった。

ルピテでも大勢の人々が彼女の助言を求めてきたので、ルピテやペトリチを管轄するペトリチ基礎自治体議会は1967年に彼女との会見を調整する委員会を設立し、面会の際には共産圏の国民からは10ルーヴル、西側諸国民からは50米ドルの料金を徴収、ヴァンガは公務員として月200ルーヴルの給料

面会を求める人でヴァンガの家の前には人だかりができた（「ヴァンガ財団」のHPより）

を受け取るようになった。この制度は1990年まで続き、その間ペトリチ基礎自治体は総額900万ルーブル（約100万米ドル）の収入を得たという。

1990年、ブルガリアでは共産党が自発的に一党独裁体制を放棄し、「ブルガリア共和国」として生まれ変わった。

しかしヴァンガの人気は変わらず、その後も大統領や名士たちと会見、地元のテレビにも出演していた。ヴァンガは1996年8月11日、乳がんで死亡、葬儀にはブルガリアの名士も大勢出席した。

■ヴァンガの予言の信ぴょう性

現在もインターネットや様々な書籍で、ヴァンガの予言というものが数多く出回っている。それらによれば彼女は、ソ連の分裂、チェルノブイリの原発事故、スターリン死亡の日、ロシアの原子力潜水艦クルスクの沈没、911事件などを予言したといわれる。彼女は予言だけでなく、薬草による治療も行っており、さらにヴァムフィムという惑星から来た宇宙人がすでに地球に住んでいるとも述べている。

彼女の予言の的中率については80％とするものもあるが、インターネットなどで出回っていた「2009年にオバマ・アメリカ大統領ほか多くの国の指導者が暗殺される」、「2010年11月に第三次世界大戦が発生する」、「2016年にはヨーロッパに人がほとんど住まなくなる」などの予言はほとんど外れている。他方、ヴァンガ自身は自分ではいかなる予言も書き残さなかったし、特に不幸な事態をはっきり述べることはなかったとも言われている。

1967年以降、彼女が世界中から訪れた訪問客に告げた内容は、政府によって記録されているとも言われるが、この内容はいまだに公表されていない。2015年には、ブルガリアの新政府が彼女の予言を公表するという噂も駆け巡ったが、ブルガリア政府からはいまだに何の発表もない。

彼女がブルガリア政府機関の職員であったとなると、当然情報機関との関係も想定される。情報機関が相談者の個人情報を集めてヴァンガに伝える一方、ブルガリア政府は相談に来た無数の人々の秘密を知ることができるという協力関係も推測できないではないが、直接彼女と来訪客の面会を取り仕切っていたのは、少なくとも表向きは一地方自治体であり、どのような事務処理がなされていたのかは不明である。

では、彼女自身は自分の能力についてどう語っていたのだろう。

彼女は、目に見えない何者かの助けを得ていたと語っていたようだ。しかしそれが何者なのか、彼女にも説明ができなかったらしい。また、死者と会話することができ、ある人物と面会する際にはその人生が映画のように目の前に展開したという。新生児やまだ生まれていない子供の人生についても、同じように予言することができたという。

いずれにせよ、共産主義時代からその後の民主主義政権下を通じ、ヴァンガがブルガリア国民や民族的に近いマケドニア人に人気があったのは確かなようで、北マケドニア国民によれば、ヴァンガはマケドニア人ということになっているようだ。

（羽仁礼）

【参考文献】

シーラ・オストランダー、リーン・スクロウダー『ソ連圏の四次元科学』（たま出版、1974年）

Rina『Baba Vanga』(Editions Astree, 2013)

中岡俊哉「世界の女予言者'79年を見る」『ＵＦＯと宇宙』（ユニバース出版社、1979年2月号）

「Kursk tragedy foretold」『Fortean Times』(John Brown Publishing, 11, 2000)

※「fondacia-vanga（ヴァンガ財団）」

【PSI事件31】

ジュセリーノ

的中率90%を誇る予言者

Jucelino Nóbrega da Luz
1960~
Brasil

ジュセリーノ・ノーブレガ・ダ・ルースは、2000年代にブラジルで注目を集め、日本でもテレビ番組などで、たびたび取り上げられたブラジルの予言者。

彼の最大の特徴は、未来に起きる出来事の内容、年月日、場所などを具体的に予言することにあった。加えて、その予言が前もってなされたことを証明するため、公証役場や登記所で予言の文書を記録する。

そこまで厳密にしても、予言の的中率は90パーセントを超えるという。この具体性と厳密性が他の予言者にはない特徴となり、ジュセリーノは大きな注目を集めることになった。

■生い立ちから現在

ジュセリーノは1960年3月、ブラジルのパラナ州マリンガ市フロリアーノで、農家をしていた両親の三男として生まれた。

予言めいた力は、1969年、ジュセリーノが9歳のとき、自動車事故が起きる夢を見たことをきっかけにして得られたという。いわゆる予知夢《よちむ》と呼ばれるもので、その夢を見るときは、未来の光景の中に立っていて、場所や日にちなどが「声」として聞こえるのだという。ジュセリーノはその声を「助言者」と呼ぶ。

「助言者」は、ジュセリーノが13歳になった1973年、予知夢の内容を手紙に書いて、未来に起きる出来事の当事者へ送るように指示。それ以来、書き続けた手紙の数は10万通を超えるとされるが、本人いわく「統計は取っていません」とのことなので、数は当てにならない。

話を少し戻そう。ジュセリーノが働きはじめたのは1974年、14歳の頃だったという。その後は職を転々としながら結婚。子どもを4人もうけ、予言者として注目を集めた2000年代には英語教師として働いていた。

ただし2020年9月現在、ジュセリーノの公式サイトにあるプロフィールには英語教師のことが書かれていない。

現在は寄付金を公式サイトで募っていたり、参加費が200ユーロ（2万4000円）のセミナーをドイツで開催したりしている。

2019年11月、ジュセリーノをドイツに招待した「アース・オアシス」という団体によると、彼は「スピリチュアル・アドバイザー」や「スピリチュアル・ヒーラー」なのだという。どうやら現在は、そのような肩書きで活動を行っているようだ。

ジュセリーノが表紙になっている本『予言者ジュセリーノ 未来からのスピリチュアルメッセージ』（講談社、2008年）

■正確無比な「予言」の正体

ジュセリーノが「スピリチュアル○○」のような

肩書きで活動できるのは、彼に普通の人にはない、特別な力があると思われているからだろう。

その特別な力とは、未来を予言する能力である。冒頭で紹介したとおり、ジュセリーノの予言には具体性と厳密性があるとされている。出来事や日時がはっきりと書かれた予言の手紙と、それを公的なかたちで証明したという記録である。

もし具体的な内容が書かれた手紙があっても、出来事が起きる前に書かれたと証明できなければ意味はない。一方、事前の手紙であると証明ができても、内容が曖昧で誰でも予想できることしか書かれていなければ、それも意味はない。

つまり具体的に書かれた手紙と、それが事前に書かれたことを示すという公的な記録は互いに補完する関係になっており、ジュセリーノの予言が正確無比だといわれる根拠ともなっているのである。

しかし、それらは本当に根拠となるのだろうか？

まず、これまでに公開された予言の手紙を確認してみると、どれも年月日や場所はもちろん、災害であればその種類や被害の規模まで詳しく書かれていることがわかる。

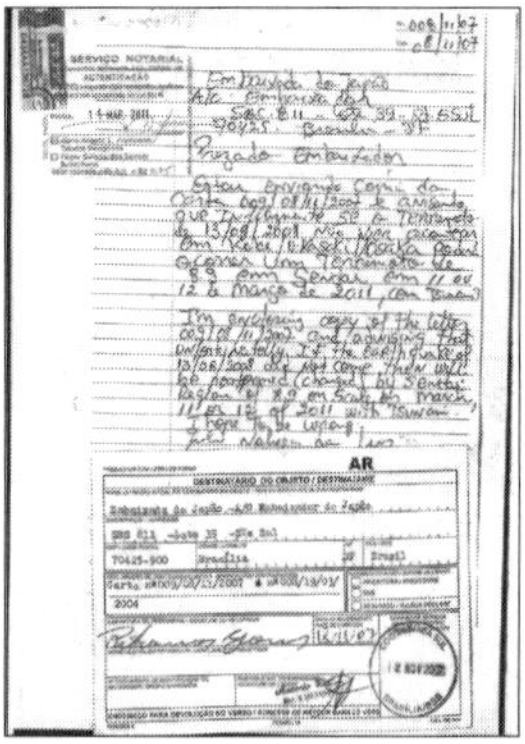

東日本大震災を予言していたという手紙。2007年11月の時点で予言していたというが、東日本大震災が起きるまでに出版された本、および出演したテレビ番組では一切言及がなく、紹介されたこともない。（出典：『預言者ジュセリーノ』）

たとえば、２０１１年３月11日に起きた東日本大震災についての予言の手紙。これには次のようなことが書かれている。

「２００８年９月13日に神戸、岡崎、大阪で地震が起きなければ、２０１１年３月11日か12日にマグニチュード８・９の地震が仙台で起こり、津波も一緒に発生するだろう」

内容はとても具体的である。やはり、そこはクリアできている。それでは、この具体的な手紙を補完する、2011年3月11日より前に書かれたという証拠はどうだろうか？

ジュセリーノによれば、手紙は2007年11月8日に書かれ、そのすぐあとに公証役場で確定日付と呼ばれるものを行い、さらに同じ内容の手紙を同月に在ブラジル日本大使館へ送っているのだという。

こうした確定日付や関係者に手紙を送るというやり方は、ジュセリーノが自身の予言の厳密性を示すために、よくやっていることである。

だが実は、そもそも確定日付をする際には、公証役場の方で内容のコピーはとらない。持ち込まれた手紙が、その日に存在していたことを保証するだけである。

つまり、余白をつくった手紙に確定日付をしてもらい、何か災害や事件が起きてから、その余白に起きた出来事を具体的に書く。すると、未来を具体的に予言したかのような手紙が偽造できてしまうのである。そのため、確定日付はもっともらしさを演出するためのハッタリには使えるが、予言の証拠としては使えない。

では、関係者へ事前に送ったという手紙の方はどうだろうか。

筆者（本城）は、この話の真偽を確認するため、2011年3月、ジュセリーノの話の真偽を確認するため、ブラジルの日本大使館へ問い合わせを行った。

同大使館の職員の方は、この話に興味を示し、こちらが送った手紙の画像も見逃しがないように確認してくださった。その上で、2007年〜2011年3月までの記録を調べてくださったが、そうした手紙はまったく見つからないとのことだった。

つまり、ジュセリーノの話は嘘だったのである。確定日付も証拠にならず、事前に送ったという手紙の話も嘘だとなれば、彼が東日本大震災より前に予言をしていた証拠は何もなくなってしまう。

■登記所のトリック

ちなみに、ジュセリーノは他のケースで、予言

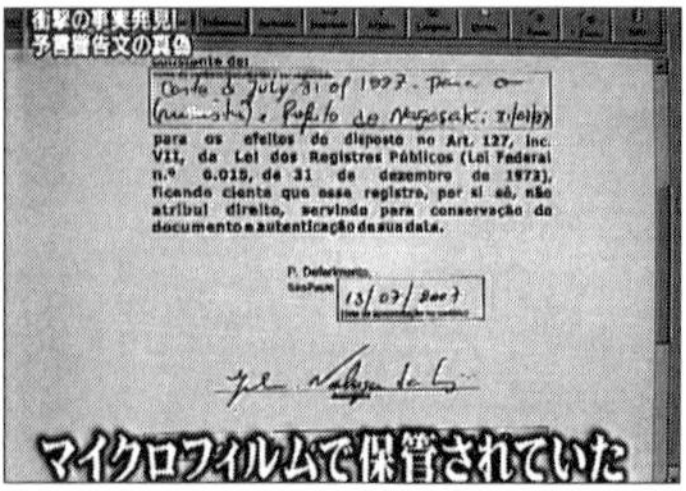

登記されているという長崎市長射殺事件の予言の手紙。番組スタッフが登記所にあるマイクロフィルムの画像をスクロールしながら見ていく際、画面中央の線で囲っている箇所に、事件後の2007年7月13日の日付けが映る。ただし両方の画像とも、番組内で映った時間はわずか2秒。これでは視聴者もまず気づかない。（出典：『モクスペ』日本テレビ、2007年12月20日）

の手紙そのものを登記所へ預けるということもやっている。この場合、後から加筆することはできない。

　けれども、予言の手紙を偽造する方法は知られている。何か出来事が起きてから、その出来事と過去の日付けを手紙に書き、手紙を登記所へ持ち込む方法である。

　これは登記所に予言の手紙が登記されているか第三者に確認されるのは、常に何か災害や事件が起きてからだという現実を利用したやり方である。

　実際、ジュセリーノがこのやり方で文書を登記していることはバレている。

　彼は２００７年４月17日に起きた長崎市長射殺事件を、その10年前にあたる１９９７年の時点で予言していたと主張。２００７年12月に放送された日本テレビの番組内で、スタッフと共に登記所へ行き、手紙を引き出した。

　ところが、その手紙には「１９９７」という年のほかに、登録日として「13／07／２００７」（２００７年７月13日）という年月日が記されていたのである。

　要するにジュセリーノは、事件の３ヶ月後に、具体的な事件の内容と、10年前に予言したように見せかけるための「１９９７」という年を手紙に書き、それを登記所へ持ち込んでいたのだ。

■虚構の予言は続く

結局、ジュセリーノの予言とは、ハッタリと嘘と後出しの組み合わせで演出した虚構にすぎなかったといえる。

とはいえ、ジュセリーノ本人は、こうしたやり方を一向に改めようとしない。東日本大震災の予言を発表してからも、大きな災害や事件が起きるたびに同様の後出し予言を続けている（直近の日本に関する予言では、大きな被害をもたらした2019年の台風19号について、文書を後出しにした）。

おそらく、今後もこうしたことは続けるのだろう。ジュセリーノにとって、災害や事件は、己のニセ予言能力を誇示するために利用するものでしかない。

このような自称予言者には、一刻も早く退場してもらいたいものである。

（本城達也）

【参考文献】
マリオ・エンジオ『未来からの警告』（たま出版、2007年）
ジュセリーノ・ノーブレガ・ダ・ルース、サンドラ・マイア『続・未来からの警告～ジュセリーノ予言集Ⅱ』（たま出版、2008年）
※「jucelinoluz.com」
※「EARTH OASIS」
ジュセリーノ・ノーブレガ・ダ・ルース『ジュセリーノ未来予知ノート』（ソフトバンク クリエイティブ、2007年）
ジュセリーノ・ノーブレガ・ダ・ルース『預言者ジュセリーノ』（クラウディア書籍、2019年）
『モクスペ』（日本テレビ、2007年12月20日放送）
テレビ東京「史上最強の予言者ジュセリーノ 未来を変える5つの警告」制作班『ジュセリーノの予言』（ソフトバンク クリエイティブ、2008年）

【PSI事件32】

松原照子

新型コロナウイルスの流行を的中させた予言者

Teruko Matsubara
1946~
Japan

松原照子《てるこ》氏は日本の予言者、会社経営者。2011年に東日本大震災を予言していたとして大きな話題を呼び、一気に多くの支持者を獲得した人物。大震災後に出版した本は軒《のき》並み10万部を超えるベストセラーとなっている。

現在、日本で最も注目を集める予言者の一人であるものの、本人は特別な人だと思われたくないとの理由で、予言者と呼ばれることを嫌っている。

ただし後述するように、自らは「地球を救う使命がある」としていたり、特別な能力を持っていると思われなければ成立しない積極的なビジネス展開をしていたりと、その言動には残念ながら一貫性がない。

■現在までの主な経歴

松原氏は1946年10月15日、兵庫県神戸市で生まれた。子どもの頃から特別な能力として、未来に起きることがテレビ画面のように目に浮かんだという。

1982年には守護霊のような存在と出会い、地球を救う使命があることを知らされたとする。それから松原氏は地球を危機から救うために予言を発表するようになっていく。

神戸市の三宮《さんのみや》でスナックを経営していた1985年頃には、その予言がよく当たるとして、常連客の間で「予言ママ」として評判になる。

　そこで1986年4月までの予言を三つの小冊子にまとめ、『恐怖の大予言』と題して自費出版。さらに1987年には『宇宙からの大予言』（現代書林）と改題して商業出版もはたした。

　その後、松原氏は食品機械製造会社「サミー」に勤務するかたわら、2005年からはブログ「近未来研究会」（後に「幸福への近道」と改称）を開設。

2011年に緊急出版された『幸福への近道』（主婦と生活社）の表紙。帯では「東日本大震災を言い当てた」と大々的に宣伝されている。

そこで、たびたび予言の記事（「世見《よけん》」と呼称）をアップしていたなかで、2011年に東日本大震災を予言したとして、一躍、知名度を上げる。ブログのアクセス数は一日30万を超えるまでになったという。

　前後して、2006年には書籍の出版、講演・セミナーの企画・運営などを行う「株式会社SYO」を設立。2011年7月には前出の製造会社を退職し、2冊目の本となる『幸福への近道』（主婦と生活社）を出版。

　以降、有料の個人相談、本の出版、セミナーの開催、DVDの販売、ブログの有料化など、積極的なビジネス展開を行い、現在に至っている。

■大きく食い違う重大な設定

　松原氏は前出の経歴の中で、大きな注目を集めたことが2回ある。一つは冒頭でも紹介した東日本大震災当時から現在までで、もう一つは1985年〜

1986年に「予言ママ」として雑誌等に取り上げられたときである。

この最初のときは、オカルト雑誌の『ムー』でも特集記事が組まれ、「大事件の数々を驚くべき正確さで予言した女性」、「世界の三大予言者に勝るとも劣らない予知能力の持ち主」といった具合に持ち上げられていた。

ところが、松原氏についてよく調べてみると、そのような評価は実情とかけ離れていることがわかる。どういうことか、具体的に説明していこう。

まずは、松原氏が予言をする際の重要な鍵となっている「不思議な世界の方々」という設定について。これは松原氏がそのように呼ぶが、いわゆる守護霊のようなものらしく、松原氏の前に現れては、様々な助言や予言を教えてくれる存在なのだという。

そのなかでも、目の色から「ブルーグレーのおばちゃま」と呼ぶ存在は松原氏の人生を変えるほど重要で、これまでに何度も貴重な助言が与えられてきたとする。まさに松原氏の主張の根幹をなす存在といってもいい（その正体は19世紀の有名な霊能力者、ヘレナ・ブラヴァツキーだという）。

ところが調べてみると、その「ブルーグレーのおばちゃま」と松原氏がはじめて会ったときのエピソードが、時代によって大きく食い違っていることがわかる。

たとえば『ムー』の1986年5月号のインタビュー記事では、要約すると次のようになっていた。「はじめて現れたのは1982年の春。自宅で午前4時～5時頃に寝ようと電気を消そうとしたら、

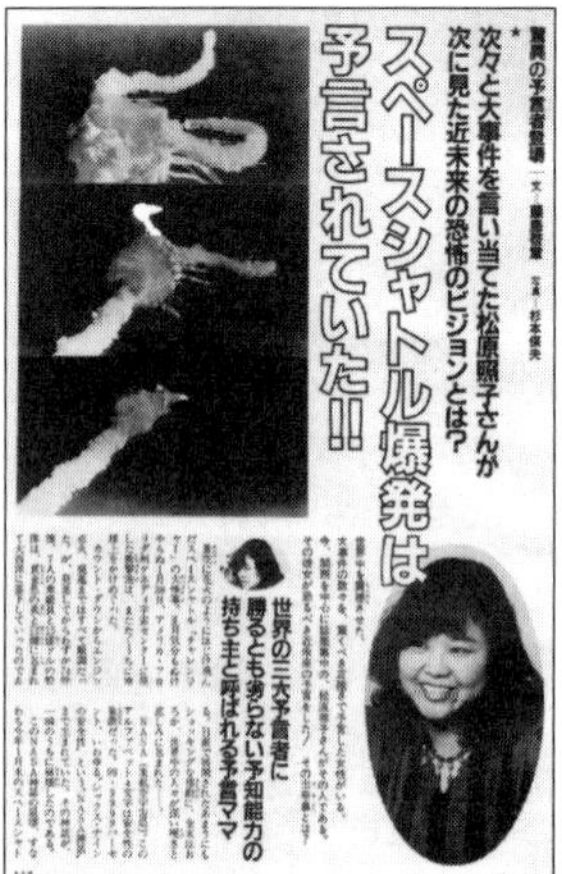

松原氏の予言が特集された『ムー』の1986年5月号の記事。過去の出来事はズバズバ当てるが、未来のことはまったく当てられないという、典型的な予言者のパターンを繰り返す結果になった。

ベッドの横に立っていた。最初はいつもの不思議な映像が見えているのだろうと、それほど驚かなかった。しかし突然、目の前に戦場の光景が大きな画面のように広がり、ブルーグレーのおばちゃまから、『あなたはこれから大きな仕事をしなければならない人』『地球を救うのです』と言われた」

一方、2011年に出版された『幸福への近道』では要約すると次のようになっている。

「はじめて現れたのは1984年。事務所で昼すぎに帳簿を片付けていたときだった。驚いて目の前で起きていることが理解できず、思わず目の前にあった大きなアメ玉を二つ、口に入れた。するとブルーグレーのおばちゃまから、『このままだと日本が自然界から大変な思いをさせられるから、話すことを書きなさい』と泣きながら言われた」

呆れたことに、「ブルーグレーのおばちゃま」という基本設定以外、一致点がまるでないくらい食い違っている。ここまで違っていては、どちらも実話ということはあり得ない。どちらか一方、あるいは両方ともが作り話なのではないだろうか？

■『宇宙からの大予言』の予言

「不思議な世界の方々」という設定が信用できそうもないなら、そこから得られるという予言の方も怪しくなる。

ここでは、松原氏が最初に商業出版した予言本『宇宙からの大予言』（現代書林）を取り上げてみよう。この本では、時期をある程度絞った具体的な予言が書かれている。

主なものは次のとおり（カッコ内は結果）。

- **イラクの国名は地図から消える。遅くとも1999年までには滅びる。（→2020年10月現在も存続中）**
- **イギリスのアンドリュー王子は40歳までに戦死。（→存命中）**
- **レーガン大統領は76歳の誕生日は絶対に迎えられ**

ない。（↓2004年に93歳で亡くなるまで存命）

- 1985年9月末日に相模湾から東京にかけて巨大地震が発生。その後、80メートル〜120メートル級の大津波が日本列島を襲う。（↓何も起きず）
- 1986年4月〜1988年秋までに伊豆沖で巨大地震が発生。日本人にとっては20世紀最大の恐怖を味わう。巨大津波も発生し、日本列島は東西に分断される。（↓何も起きず）
- 1986年5月か8月にヨーロッパの空港で爆破テロが起きる。死者多数で犠牲者の中には日本人も含まれる。（↓何も起きず）
- 1988年のソウル・オリンピックは世界情勢悪化のため参加国が激減する。（↓参加国数は159で、当時の歴代最多記録を更新）
- 1989年頃にオランダで核戦争勃発。（↓勃発せず）

結果は、ご覧のとおり、外れだらけだった。そのためか、松原氏が『宇宙からの大予言』で話題になることはなく、その後は注目度が低かったようである。

しかし、それが一転する出来事が起きる。2011年の東日本大震災だ。

■東日本大震災の予言

松原氏は2011年2月16日、自身のブログに「大きな揺れを感じる」として、複数の地名をあげる記事を投稿した。そこには東北や関東の各県、それに東日本大震災で大きな被害を受けた陸前高田や釜石といった地名も書かれていた。

だが、松原氏の予言を過去にさかのぼって確認してみると、実は2005年にブログを開設した当初から、頻繁に地震関連の予言を書いていたことがわかる。

そうした予言では、たくさんの地名があげられている。たとえば東北地方は2005年から2011

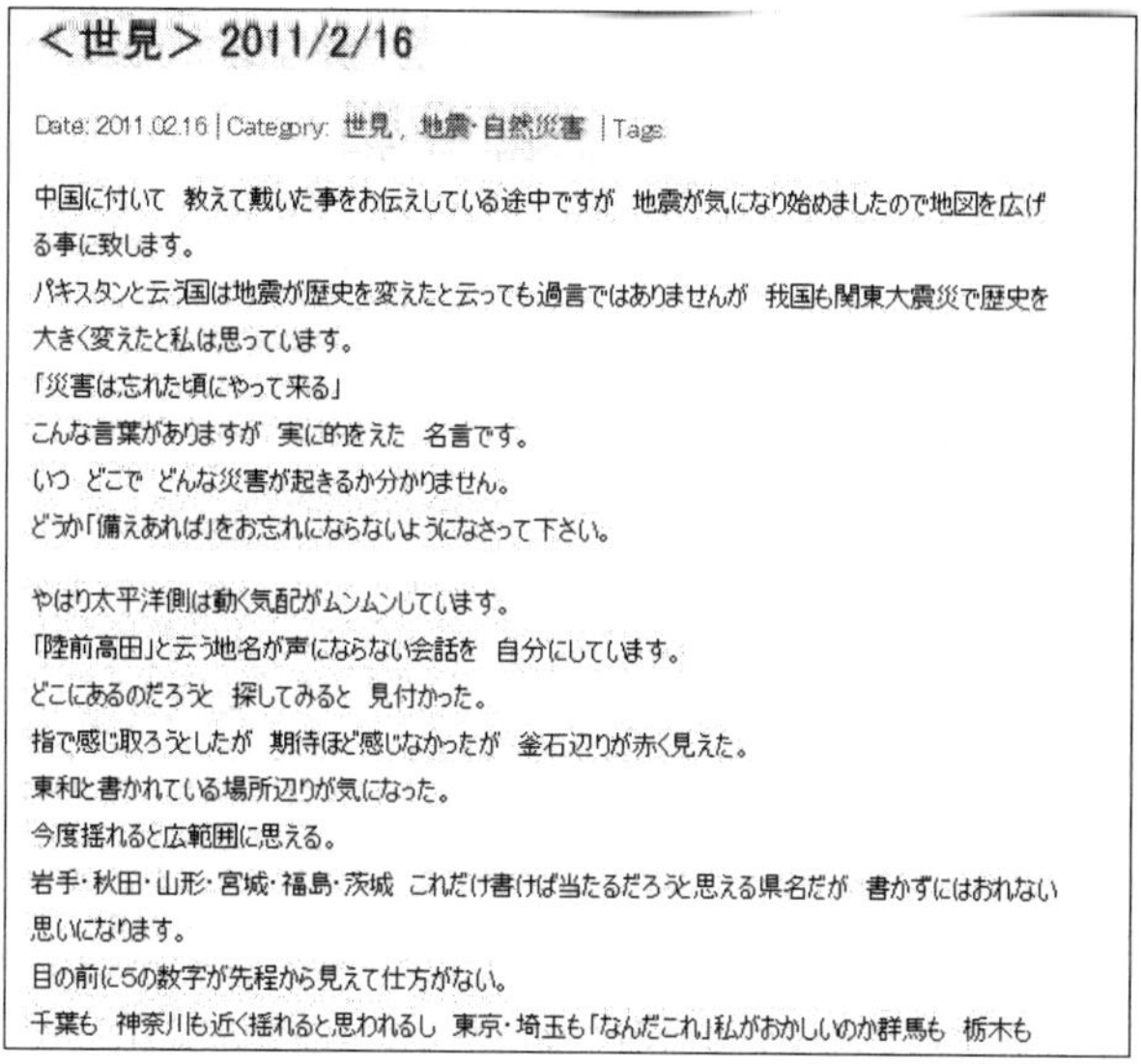
＜世見＞ 2011/2/16

Date: 2011.02.16 | Category: 世見 , 地震・自然災害 | Tags:

中国に付いて 教えて戴いた事をお伝えしている途中ですが 地震が気になり始めましたので地図を広げる事に致します。
パキスタンと云う国は地震が歴史を変えたと云っても過言ではありませんが 我国も関東大震災で歴史を大きく変えたと私は思っています。
「災害は忘れた頃にやって来る」
こんな言葉がありますが 実に的をえた 名言です。
いつ どこで どんな災害が起きるか分かりません。
どうか「備えあれば」をお忘れにならないようになさって下さい。

やはり太平洋側は動く気配がムンムンしています。

「陸前高田」と云う地名が声にならない会話を 自分にしています。

どこにあるのだろうと 探してみると 見付かった。

指で感じ取ろうとしたが 期待ほど感じなかったが 釜石辺りが赤く見えた。

東和と書かれている場所辺りが気になった。

今度揺れると広範囲に思える。

岩手・秋田・山形・宮城・福島・茨城 これだけ書けば当たるだろうと思える県名だが 書かずにはおれない思いになります。

目の前に5の数字が先程から見えて仕方がない。

千葉も 神奈川も近く揺れると思われるし 東京・埼玉も「なんだこれ」私がおかしいのか群馬も 栃木も

◀東日本大震災を予言したとされる2011年2月16日のブログ記事。途中、「目の前に5の数字が先程から見えて仕方がない」と書かれているが、おそらく日付けか震度5を意識したと思われる。しかし当たらなかったため、今ではすっかり忘れられてしまった。

年2月15日までに120回以上、関東地方は170回以上もあげられていた。陸前高田や釜石といった地名も2011年に初めて言及されたのではなく、実は2005年のときに、すでに言及されていた。そのときは地震が起きなかったので注目されなかったのである。

また都道府県に至っては、47すべてが網羅されており、日本のどこで大地震が起きても当たるようになっていた。

これで、はたして予言と呼べるのだろうか？ 年中、地震が起きると言い続け、全国の地名をあげ続けていれば、いつかは的中して当然である。

■2016年のアメリカ大統領選挙の予言

こうした「予言と呼べるのか？」という疑問は、他のものにも当てはまる。

たとえば2016年に行われたアメリカ大統領

選挙（同年11月8日投開票）。このときは劣勢とみられていたドナルド・トランプの当選を、同年11月2日に松原氏が予言したとされている。
しかし、これも時系列にブログの世見と当時の報道を追えば、違った見方になってくる。

次に示すのは、2016年における松原氏の予言と、当時の大統領選挙の背景である。

【5月21日の世見】「『アメリカ合衆国に初の女性大統領』ということを今日は感じません」↓5月18日に、はじめてトランプが支持率で対立候補のヒラリー・クリントンを逆転したとの報道があった。

【8月13日の世見】「『答は見えた』と誰かの声がします。『女性大統領誕生』こんな声も聞こえますが、女性大統領誕生の後に言葉が続いた気もしています」↓8月に入ってクリントンがトランプに支持率で約8％の差をつけていた。

【10月15日の世見】「女性大統領誕生は間違いないとも思える」↓当時の支持率の差は7パーセント前後あり、クリントンが優勢。同月17日には劣勢を意識してトランプは「投票日前に大規模な不正投票が行われている」とツイッターに投稿。19日に行われた討論会では、選挙結果を受け入れない可能性まで示唆した。

【11月2日の世見】「突然ですが『アメリカでは女性大統領は誕生しない』こんな声が今聞こえてきました。サテサテどうなるのでしょう？『答えはもう決まった』こんな声も聞こえます」↓10月28日にFBIがクリントンの私用サーバー問題を見直すと発表。これにより問題が再燃し、トランプが支持率で猛追。11月1日発表のワシントン・ポスト紙などの調査ではトランプが支持率で逆転していた。

いかがだろうか？　書いていることが現実の動向に応じてコロコロ変わるなら、それは予言ではなく、ただの予想である。

ちなみに2012年のアメリカ大統領選挙では、

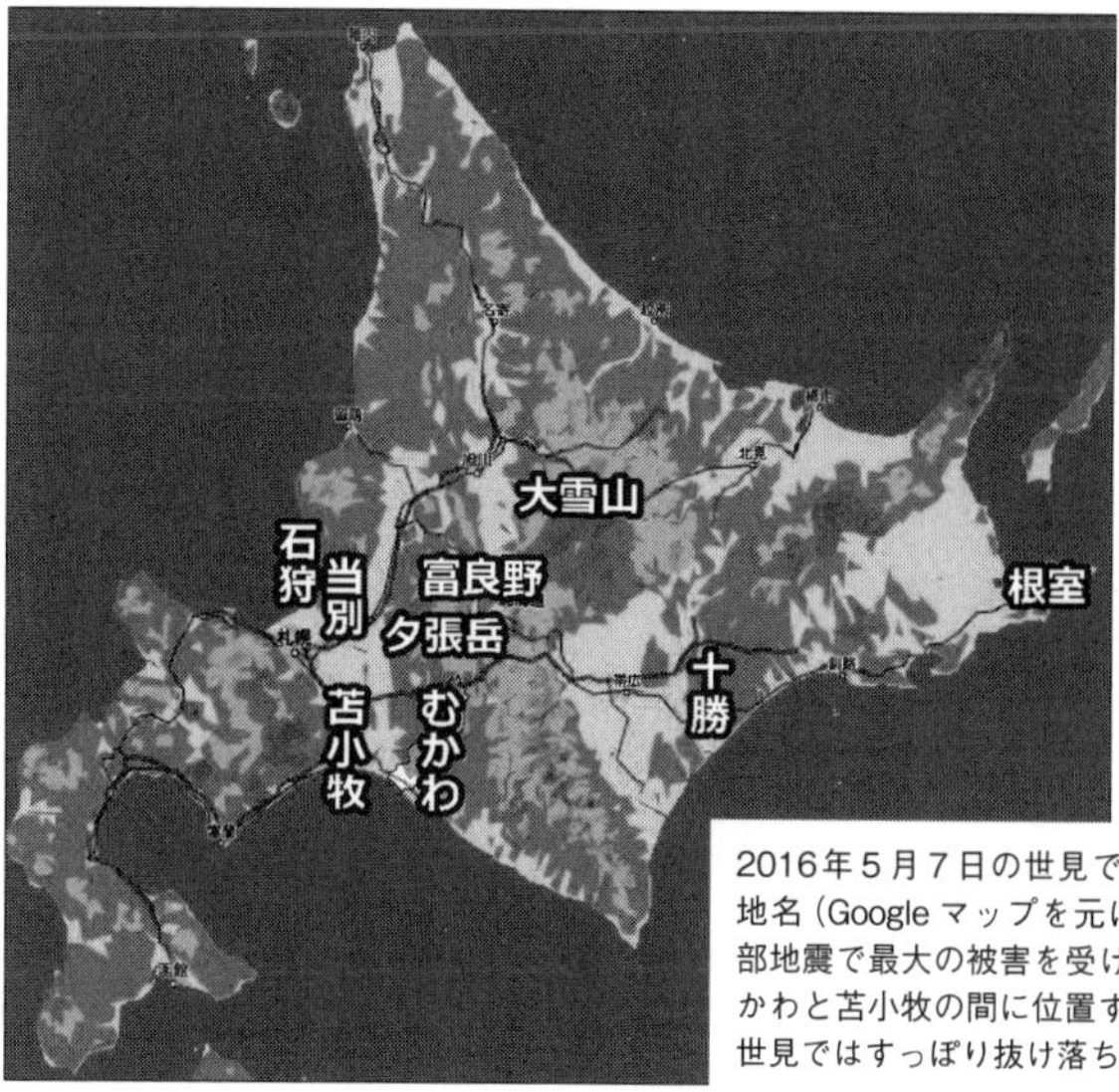

2016年5月7日の世見であげられていた地名（Googleマップを元に作成）。胆振東部地震で最大の被害を受けた厚真町は、むかわと苫小牧の間に位置するが、松原氏の世見ではすっぽり抜け落ちている。

同年6月13日の世見で当時のオバマ大統領が汚職で落選するかのように予言していた。

結果は外れたものの、今となっては覚えている人はほとんどいない。

■２０１８年の北海道胆振東部地震の予言

次に取り上げるのは、北海道胆振《いぶり》東部地震の予言。これは、２０１８年9月6日に北海道の胆振地方で起きた最大震度7の大地震を、松原氏が予言していたというもの。

彼女は地震の2年前、２０１６年5月7日の世見で、胆振東部地震の震源地となった「むかわ」という町の名前をあげて地震が起きると書いていたという。

たしかに、同日の世見には「むかわ」という地名が書かれていた。けれども、あげられていた地名はそれだけではなく、他にも富良野、苫小牧、夕張岳、大雪山、石狩、当別、十勝、根室といった地名もあげられていた。

そもそも胆振東部地震で震度5以上の強震を記録したのは全部で26の地域におよんだが、そのうち右記の地名で該当したのは、むかわ、苫小牧、石狩の三つのみ。

最大震度7を唯一記録し、死者と全壊の家屋数が突出して多かった厚真《あつま》町に至っては、言及すらなかった。

それでも、むかわという聞き慣れない地名をあげていただけでも、すごいことだと思われるかもしれない。

だが実はそうでもないのだ。松原氏は2005年のブログ開設当初から、毎年のように北海道の地名を（聞き慣れないものも含め）あげ続け、地震が起きると書いていた。その数は2018年8月時点で40にもおよび（何度もあげられる重複分は除く）、都道府県単位では北海道が最も多かった。

そのため、一度に多くの地域が強震を記録しやすい大地震が北海道で起きれば、いつかは的中することがあってもおかしくなかったわけである。

■東京オリンピックの予言

続いては東京オリンピックの予言。松原氏は2020年にオリンピックが中止になることを予言していたといわれている。

しかし結論から述べれば、松原氏はそのような予言をしていない。彼女がもともと言っていたのは、開催地が東京に決まる前の2012年に、「オリンピックの開催地は東京に決まるか」と会合の参加者から聞かれ、「ない」と答えたというものである。

当時は招致レースの真っ只中だったが、東京に決まる可能性は低いと考えられていた。そのため松原氏の答えは大方の予想と同じで意外性はなく、その後に招致が決まった時点で外れが確定していた。

けれども、松原氏は予言が外れたことを認めたりはしない。開催が決まったあとに彼女が繰り返したのは、「なぜ、あのとき『ない』と言ってしまったのか自分でも不思議」、「無事に開催されることを願っている」というような言い訳だった。

結局、開催されるのか、されないのか。彼女の予言は時勢に合わせてコロコロ変わる。開催まで1年を切った2019年9月16日の世見では、ついに開催を前提とした予言を出すに至る。2020年の東京オリンピックでは、「猛暑やゲリラ豪雨が選手を襲う」、「台風が直撃して競技が中止になる」のだという。

結果は、皆さんご存知のとおりである。

なお、今回、過去のオリンピックについての世見も調べてみたところ、次のような予言が見つかった。

・2012年のロンドン・オリンピック

同年6月7日の世見にて、同オリンピックで凶悪テロ事件が起きるかのように予言。(→何も起きず)

・2016年のリオデジャネイロ・オリンピック

同年7月20日の世見で、同オリンピックが大災害で中止になるかのように予言。(→中止にならず)

大統領選挙のときもそうだったが、松原氏はイベントの予言では状況に応じて言うことを変えつつ、最後は意外性のある結果に賭ける。これがいつものパターンのようである。

■新型コロナウイルスの流行まで予言していた?

最後に、松原氏は新型コロナウイルスの流行まで予言していたという。本当だろうか?

まず前提として、予言者がよく使うキーワードというものがある。「地震」「噴火」「恐慌」、それに「ウイルス」「パンデミック」などだ。

これらは歴史上、定期的に起きているものであり、規模が大きくなればニュースにもなりやすい。そのため予言者御用達のキーワードとなる。

松原氏の予言の本質は、「下手な鉄砲も数打ちゃ当たる」だ。当然、ウイルスに関する予言もたくさんしている。多すぎてすべては書けないが、概略だけでもわかるように、松原氏の世見の一部を年月日とタイトルのセットであげてみよう。

2008年8月29日「世界経済の破綻、大恐慌の原因」
2008年9月3日「新型ウイルスが爆発する日」
2008年12月22日「新しいウイルス」
2009年3月28日「逃げ切れない気が最近しています」
2010年9月25日「次なる感染症がやって来る」
2013年3月20日「今度、新型インフルエンザが発生したら」
2013年9月7日「新型インフルエンザに『フェイズ6』が見える」
2014年2月11日「ウイルスの脅威」
2015年6月25日「増えている感染症、ご注意を！」
2015年5月8日「パンデミックがいつ起きてもおかしくない！」
2016年10月11日「新型ウイルス感染」
2017年1月2日「今年は世界が大きく変化する年」
2017年11月19日「感染症に注意を」
2018年7月17日「パンデミック」
2018年11月23日「新型ウイルス感染」
2019年1月14日「新型ウイルス」
2019年7月9日「感染症に注意」
2020年2月4日「新型インフルエンザ」

ご覧のように、ほぼ毎年、同じことをやり続けている。あまりにも続くため、近年は語彙《ごい》が尽きてきたのか、タイトルもかぶりがちである。

ちなみに富士山の噴火と南海トラフ大地震についても幾度となく予言されており、毎年のように外し続けている。

それでも松原氏が困ることはない。なぜなら、別項で解説されているジーン・ディクソン効果（100ページ参照）があるからだ。多くの外れた予言は忘れられる一方、ごく一部の当たったように思える予言は誇張と宣伝によって実情とかけ離れたものになっていく。

こうして洋の東西を問わず過去に何度も繰り返されてきたことが、現在の日本でもまた繰り返されるのである。

（本城達也）

【参考文献】

『ムー・ホット・プレス　事件・災害をピタリ予言！』『ムー』（学研、1986年1月号）
藤島啓章「驚異の予言者登場　スペースシャトル爆発は予言されていた!!」『ムー』（学研、1986年5月号）
『未来予測で驚異の的中率！　ボランティアにも熱中する陽気な超能力者」『オール生活』（1986年9月号）
松原照子『幸福への近道』（主婦と生活社、2011年）
松原照子『心を整えて幸せを呼ぶ64の方法』（学研パブリッシング、2015年）
※松原照子公式WEB「幸福への近道」、「近未来研究会」
松原照子『宇宙からの大予言』（現代書林、1987年）
※朝日新聞デジタル「トランプ氏、支持率逆転　対クリントン氏で米世論調査」
※朝日新聞デジタル「米大統領選挙2016」
※日テレNEWS24「米大統領選、トランプ候補が支持率で逆転」
地震調査研究推進本部・地震調査委員会「平成30年北海道胆振東部地震の評価」（2018年10月12日）
※気象庁「震度データベース検索」
松原照子『松原照子の大世見』（学研プラス、2016年）
松原照子「松原照子の大世見」『ムー』（学研プラス、2019年2月号）
文月ゆう「総力特集　東京オリンピック2020延期と新型コロナウイルスによるパンデミックの大世見が的中!!　緊急警告!!　松原照子の未来予言」『ムー』（学研プラス、2020年7月号）

【コラム】

企業や官庁の超能力研究

羽仁礼

アメリカや旧ソ連、中国などでは、各種国家機関が超能力研究を行ってきたことが明らかになっている。

ロシアでは第一次世界大戦後に、ウラディミール・ベーフテレフがサンクトペテルブルク脳研究所でテレパシー研究を開始し、冷戦時代には米ソ両国が国家予算を投じて超能力研究を行っていた。

中国では、1980年代に武漢大学などの国立大学・研究機関で特異効能が研究されていた。

ひるがえって日本ではどうだろう。

あまり注目されていないが、日本でも国家機関に所属する職員が超能力研究に関わったり、ある程度の国家予算が超能力研究に振り向けられた例が意外にあるのだ。

●戦前の日本の超能力研究

その最初のものが、国家機関たる帝国大学の教授たちが関わった、明治の千里眼事件である。

千里眼事件の詳しい内容は別項に譲るが、1911（明治44）年、熊本で千里眼能力者の御船千鶴子が話題になったときには、当時東京帝国大学助教授であった福来友吉や、京都帝国大学の今村新吉教授が独自の調査を行った。

その後、千鶴子が上京した際には、当時浪人中であったとはいえ東京帝国大学総長経験者である山川健次郎をはじめ、東京帝国大学医科大学長・大沢謙二、さらに片山国嘉《くによし》、呉秀三《くれしゅうぞう》、田中舘愛橘《たなかだてあいきつ》、井上哲次郎など、当時の東京帝国大学の有名教授が数多く実験に参加した。

山川は翌年四国の丸亀で行われた長尾郁子の透視

実験にも参加し、このときも東京帝国大学で講師を務めていた藤教篤や、中央気象台に勤務していた藤原咲平などが参加している。

もっとも、これら一連の千里眼研究については、国家予算から研究費が支給されたというわけではなく、この現象に興味を持った学者たちが手弁当で参加したようであり、実験が不首尾に終わったことで、関係者のほとんどがこのような現象から距離をおくようになった。福来友吉のみはその後も私的に研究を続けたが、1913（大正2）年10月27日に東京帝国大学を休職となり、その後1926（大正15）年には高野山大学の教授に転出する。

藤田西湖

第二次世界大戦中には、忍術家の藤田西湖《せいこ》が陸軍中野学校で講義を行ったことが確認されている。

忍者は、現代でいえばスパイのような役割であったから、科目の中に忍術があっても不思議ではないかもしれないが、この藤田西湖という人物は、少年時代に千里眼能力を発揮し、福来博士の調査も受けたと主張する人物である。ただし、彼の講義の内容は伝わっていない。

●戦後の〝おおやけ〟の超能力研究

戦後、日本の国家機関における超能力研究は、意外に早く再開されている。

まず、日本超心理学会会長や日本心霊科学協会理事長も務めた大谷宗司氏が、千葉大学文理学科助手時代の1955年、「精神状態や皮膚電気抵抗とESPスコアの関連」という論文を『超心理学ジャーナル』に発表している。その後大谷氏は1960年に防衛大学校助教授に任官し、以後『防衛大学校紀要』に何度も超心理学関係の論文を掲載しているから、彼の研究は大学公認と言ってよいだろう。実際1983年の『読売新聞』のインタビューでは、超心理学の研究に年100万円の研究費が支給されて

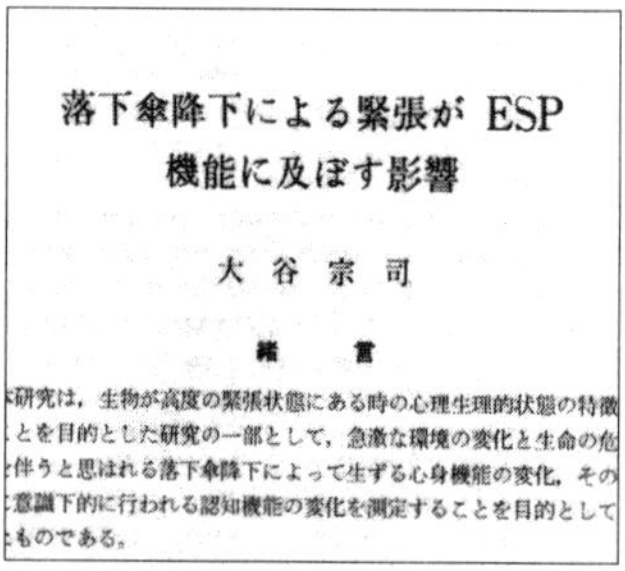

落下傘降下による緊張が ESP 機能に及ぼす影響

大谷宗司

緒言

本研究は，生物が高度の緊張状態にある時の心理生理的状態の特徴
ことを目的とした研究の一部として，急激な環境の変化と生命の危
を伴うと思はれる落下傘降下によって生ずる心身機能の変化，その
意識下的に行われる認知機能の変化を測定することを目的として
ものである。

『防衛大学校紀要』に掲載された論文

いると述べている。

じつは当時防衛大学校長を務めていた土田國保《くにやす》は元警視総監で、警視総監時代には時効間近の三億円事件の犯人の透視を、オランダの超能力者ジェラルド・クロワゼットに依頼したと言われている。

しかし、大谷氏が１９９０年に防衛大学校を定年退官したことで、同大学における超心理学研究は途絶えたようだ。

なお、国立大学に所属しながら超能力を研究していた人物としては他にも電気通信大学の佐々木茂美教授などがいる。

それでも、日本の国家予算が支給された超能力研究が途絶えたわけではない。

大谷教授退官のわずか3年後、１９９３年には、山本幹男氏が科学技術庁放射線医学総合研究所（ＮＩＲＳ）にて、「潜在能力の科学」の研究を開始しており、この研究に１９９５年度から8年間、総額１億円の国家予算が付いた。その結果このプロジェクトの関係者は20人ほどにもなり、気功やテレパシー、ヒーリングなどの研究を行った。

この人と30分　山本幹男氏

科技庁が気功の解明に着手

気功ブームである。だがその科学的実体は不明である。この不思議な世界に科学技術庁はメスを入れることになった。はたして研究の実態と目的は何か。科学技術庁・放射線医学総合研究所の山本幹男室長にたずねた。

“遠当て”で気の実体を実験
科学革新と健康・幸せが目的

——最近、科学技術庁で気功の研究を始めたそうですね。

山本幹男（やまもと・みきお）昭和17年生まれ。科学技術庁・放射線医学総合研究所入所。ワシントン大研究員、東北大・東大講師を併任。現在、同研究室長。国際生命情報科学会理事長、日本医用画像工学会常任幹事。工学博士、医学博士。

実験した結果を根拠にすべきで、教養（理論）

山本幹男氏（『政界春秋』1996年5月号より）

山本氏は、「人間サイエンスの会」設立や運営でも中心的な役割を果たした。

これは、超能力や人間の潜在能力に関心を持つ国会議員をメンバーに、１９９７年に設立されたもので、初代会長はその後金融担当大臣や農林水産大臣を務めた山本有二衆議院議員。メンバーには河村建夫元内閣官房長官、下村博文《しもむらはくぶん》元文部科学大臣、鳩山由紀夫元首相、橋本聖子現東京オリンピック・パラリンピック担当大臣、林芳正《はやしよしまさ》元文部科学大臣、山本一太現群馬県知事など、大物議員も数多く名を連ねている。

活動内容としては、議員会館の会議室で不定期の講演会が行われた他、１９９８年には気の里として知られる長野県長谷《はせ》村で合宿も行い、ゼロ磁場で知られる分杭峠《ぶんぐいとうげ》も視察している。

議員会館で講演を行った講師の顔ぶれも錚々《そうそう》たるもので、帯津《おびつ》良一・帯津三敬病院院長、佐古曜一郎・ソニーＥＳＰＥＲ研究室室長、佐々木茂美・東海大学教授（当時）、ホメオパシーの由井寅子《ゆいとらこ》氏、西野流呼吸法創始者の西野皓三《こうぞう》氏やMr.マリック氏、ブラジル人予言者のジュセリーノなどがいる。

しかし、山本氏は２０１４年６月21日をもって「人間サイエンスの会」世話人代表を辞任し、会そのものも２０１５年から活動を停止しているようだ。

選挙で国民に選ばれた国会議員のお歴々がジュセリーノなどの話に真剣に耳を傾けている様子を想像し、暗澹《あんたん》たる思いで頭を抱えた読者もいるかもしれない。しかし、政治家も人間であり、しかも意外に迷信深い人種なのだ。

なにしろ選挙で当選するには、選挙期間中、朝から晩まで選挙カーで名前を連呼するだけでなく、普段からも選挙区を回って支持者のご機嫌をとり、雨の日も風の日も辻説法に立ったりする。当選するために自分としては持てる能力のすべてを費やしたつもりでも僅差で落選したりするのだ。その際は「風向き」といった得体の知れないものも作用する。こうした修羅場を経験しているからこそ、政治家というものは神仏あるいは霊能力のように、人智を超えた存在に心ひかれやすいのかもしれない。

知的エリートの代表格と目される中央官庁の職員や、一流企業の重役も例外ではない。筆者の経験からしても、超常現象に関心を持つかどうかは、学歴や知能指数とはあまり関係がないようだ。

例えばサウジアラビアやタイで特命全権大使を務めた岡崎久彦などは、日本における戦略論の大家とみなされ、財界にも信奉者を得ていたが、晩年は気功に関心を持って学び、自らスプーンを曲げたり、紙の箸袋で割り箸を折れるようになったと豪語していた。

また1990年代初頭には、科学技術庁に、一部で「オカルト研究会」とも噂される「未来科学研究サロン」なる同好会が存在した。

これはあくまでも同好会という位置づけであるが、庁舎内の会議室を使って毎回ゲストを招いた講演会のような活動を行っていた。

記録によれば1989年11月から1992年4月まで17回の会合が開催され、「日本空飛ぶ円盤研究会」会長の荒井欣一《きんいち》、発明家のドクター中松氏、超能力者の清田益章氏、宗教史学者の中沢新一氏などが講師として招かれていた。講師には、同好会の活動費から捻出された少額の謝礼が支給されていたようだが、この「未来科学研究サロン」も、とりまとめ役となっていた女性職員の配置換えとともに活動を停止したと言われている。

「0界通信」

ほぼ同じ時期、霞ヶ関界隈で、終業後に超常関係の話題をさかなに毎月飲み会を開いているゆるやかな集まりもあり、季刊で「0界通信」なる会報を発行していた。

●民間企業の超能力研究

転じて、日本の民間企業による超能力研究となるとどうだろう。

もちろん民間にも、個人的に超能力に関心を持つ人材は大勢いる。

かつての「橋本電子研究所」などのように、そうした個人が企業を興して超能力研究を行っているところもあったし、※乱数発生時の乱れを利用した「ばけたん」を販売する「ソリッドアライアンス」のように独自の関連商品を販売している企業もいくつかあるようだ。

しかし、日本を代表する世界的な企業が公式に超能力研究を行っていたという、「ソニー」のＥＳＰＥＲ研究室のような例は、かなり特殊なものといえるだろう。

名称の「ＥＳＰＥＲ（エスパー）」は、「超能力者」のことではなく、「Extra Sensory Perception and Excitation Research」の略で、１９９１年11月、課長職の佐古曜一郎を責任者として設立された。

じつはソニーは１９８９年にも、東洋医学、特に韓国の漢方医師・白熙洙《ペクヒースー》の理論に基づいた脈診を研究する「脈診研究所」、あるいは「井深《いぶか》研究所」なるものが存在した。これはソニー共同設立者の一人、井深大《まさる》が東洋医学にも強い関心を持っていたことから設立されたものである。

さらに１９９０年４月、佐古をはじめとする５人のメンバーで「ＨＳＲＩ（Human Science Research Institute）準備室」なるものが設けられたこともある。しかし社内での彼らの行動に対する反発が強く、半年で閉鎖された。

一方「脈診研究所」は１９９３年に「生命情報研究所」と改称し、この頃ＥＳＰＥＲ研究室も「生命情報研究所」に統合されていた。

しかし１９９６年４月、ＥＳＰＥＲ研究室は佐古が自ら集めた４人のスタッフを抱えて本格的な活動を開始、番組制作会社ＴＢＳビジョンと組んで子どもたちの透視実験や、気功の研究などを行っていたが、結局１９９８年３月に閉鎖された。その研究資料は、やはり超能力研究部門を持っていたＩＴ企業アスキーに譲渡されたと言われている。

一方「生命情報研究所」の方は１９９７年に所長であった高島充氏を社長とした新会社「ＭＩ総合研究所」として独立し、その後「エム・アイ・ラボ」と改称して現在に至っている。

コーヒーフレッシュの「スジャータ」などで知られる「めいらく」グループにも、「波動医科学総合研究所」なるものがあり、食品の波動測定を行って社員の健康や食品の選定に役立てているという。この研究所はグループの創業者・日比孝吉《ひびたかよし》の肝いりで設立されたものであるが、日比は船井幸雄の影響で波動測定に関心を持ったと言われている。

船井幸雄といえば、大手経営コンサルタント会社船井総合研究所の創業社長でありながら、精神世界の事象に多大な関心を持っていたことで知られている。「研究所」ではないものの、この分野の著書を出版するサンマーク出版を自ら設立し、数多くのベストセラーも生み出している。

他にヒーリング関係の商品としては、ウェットスーツで世界的なシェアを誇る「山本化学工業株式会社」が、人体に有益な赤外線を発することで癌などの治療効果を発揮するという「バイオラバー」という製品を販売している。

また「ピップ株式会社」の主力商品「ピップエレキバン」も、いまだにその効果を疑問視する意見がある一方、１９７２年の発売以来売れ続けているようだ。

【参考文献】

寺沢龍『透視も念写も事実である』（草思社、２００４年）
斎藤貴男『カルト資本主義』（文藝春秋、１９９７年）
「大谷先生の御退官に寄せて」『防衛大学校紀要』（防衛大学校、１９９０年第60号）
『人間サイエンスの会第一期報告書』（２００２年）
『人間サイエンスの会第１００会記念行事資料』（２００８年）
日比孝吉『波動を知って１００歳を得よう』（１９９７年、文化創作出版）
山本幹男監修『潜在能力の科学』（国際生命情報科学会［ＩＳＬＩＳ］、２００４年）
岡崎久彦『なぜ気功は効くのか』（海竜社、２０００年）
「防衛大が超能力研究」『読売新聞』（読売新聞社、１９８３年9月10日付夕刊1面）
Patrick Huyche「Closing the Dream Factory」『Fortean Times』(John Brown Publishing、10. 1998)
※佐古曜一郎、本間修二「透視と共感覚」
※高島充「ソニーの医療への取り組みの〝源流〟、井深大氏の遺志を継ぐ」
※人間サイエンスの会
※山本化学工業株式会社
※ピップ株式会社
※スジャータめいらくグループ

巻末付録

【巻末付録】
超能力用語集

お馴染みのものから少々マニアックなものまで、研究書や関連本に頻出する超能力用語を集めて、コンパクトに解説した。

■アポーツ（Apports）
物体移動、あるいは物体出現のこと。

■アカシック・レコード（Akashic Records）
宇宙創世以来すべての存在についてのあらゆる情報が蓄えられているという設定の記録層のこと。アーカーシャ記録ともいい、サンスクリット語のアーカーシャ（原物質）という媒体でできているとされるため、こう呼ばれる。精神的に目覚めた人間はこの記録層にアクセスし、過去や未来に関する必要な情報を得ることができるという。

■イーエスピー（ESP）
通常の感覚器官（視覚、聴覚など）や論理的な推測をもとにすることなく情報を得る能力のこと。「エクストラ・センソリー・パーセプション」（Extra-Sensory Perception）の略。日本語に訳すと「超感覚的知覚」。テレパシーや透視、予知など、認知型の超能力が含まれる。１９３４年にデューク大学のジョゼフ・バンクス・ライン博士が命名した。

■イーエスピー（ESP）カード
ESPの実験に使用される特別デザインのカード。様々な種類があるが、星、四角、波、十字、丸の5種類の模様が入っているものが有名。これはデューク大学のカール・ゼナーがデザインしたもので、考案者の名前から「ゼナー・カード」とも呼ばれる。

ESPカード

■エスパー（ESPer）
ESPが使えるという人のこと。いわゆる超能力者。本来はSF用語。

■エミリー・ローザ（Emily Rosa　１９８７〜）
審査つき医学誌に論文が掲載された史上最年少の科学者。１９９６年、当時9歳だったローザは、学校の自由研究のテーマとして「手かざし療法」の実験を思い立つ。これは患者のエネルギーを手で感知して治療できるという「ヒーラー」の能力をテストするもの。実験では机の上で布を垂らし、お互いに見えない状態でヒーラーに手を出してもらう。ローザはコイン投げで左右どちらに手をかざすかを決め、ヒーラーはそれを当てる。実験には21人のヒーラーが参加し、２８０回のテストが行われた。その結果、偶然でも50%は当たるところ、実際の正解率は44%にとどまった。ローザはこの実験を材料費わずか１０００円で行い、結果を医学誌に投稿。１９９８年に論文が掲載され、プロのヒーラーの実態を暴いた少女として大きな注目を集めた。

■ガンツフェルト実験（Ganzfeld experiment）

人工的に視覚、聴覚環境を制御することで超能力への受容性を高めた状態で行うＥＳＰ実験のこと。通常は被験者の目をピンポン玉で覆い、同時にヘッドフォンでホワイトノイズを両耳に入れる状態での実験を言う。ガンツフェルトとはドイツ語で「完全な場」、あるいは「一般的な場」を意味する。

ガンツフェルト実験

■空中浮揚［くうちゅうふよう］

人体や他の物体が何の支えもなく空中に浮揚する現象。伝説では魔術師の元祖とされるシモン・マグスの他、チベットのミラレパ、日本の役小角（えんのおづぬ）など世界各地に空中浮揚を行った人物の伝説が残る。オウム真理教やＴＭ（超越瞑想）などいくつかの宗教団体は、修行で空中浮揚が可能と主張し、空中浮揚の写真を公開している。だが、それらは足を組んでジャンプした瞬間を撮したものである。

■コールド・リーディング（Cold Reading）

初対面の相手から情報を読み取る技法の総称。相手の外観の観察や、会話などから手掛かりを得る手法などが含まれる。これに対し事前に相手に対する確たる情報を得ている場合は「ホット・リーディング」と呼ばれる。

■サイ（ＰＳＩ）

「超能力」現象全般を指す言葉で、「超能力」と呼ばれているものの専門的な言い方。大きく分類すると、テレパシーや透視、予知などの認知タイプの「ＥＳＰ」と、スプーン曲げや物体移動など、物理タイプの「ＰＫ」の二つに分けられる。名称の由来は、ギリシャ語で魂や心を意味する言葉「プシュケー」（Ψυχή）の頭文字「プサイ」（Ψ）をアルファベット表記にしたもの（英語ではＰのあとに子音が続くとＰを発音しない）。

■サイコキネシス（Psychokinesis）

超能力によって物体に影響を与えること。いわゆる「念力」。サイコキネシスという言葉はラテン語で「精神（念）力」などの意味があり、デューク大学のライン博士が用語として採用した。「ＰＫ」（ピーケー）と略されることもある。

■サイコメトリー（Psychometry）

物体などに触れることによって、それに関連する人物や出来事、由来などを読み取る能力のこと。1842年にアメリカの骨相学者ジョゼフ・ローズ・ブキャナンが命名した。この能力があると称する人のことを「サイコメトリスト」、または「サイコメトラー」と呼ぶ。ただし後者の呼び方は日本のマンガ『サイコメトラーEIJI』によって広まったようで、海外の文献では今のところ確認されていない。

■ジェイムズ・ランディ（James Randi 1928～）

アメリカの元マジシャン。本名はランドール・ツイイング。1950年代から脱出マジックなどで活躍後、1970年代にユリ・ゲラーとの対決で世界的な注目を集める。それ以降は世界中のテレビ番組に出演。数多くの超能力者のトリックを暴いてきたことで知られる。日本の番組にも何度か出演しているが、日本人の超能力者からは共演を断られることが多かったという。

■シュマイドラー効果（Schmeidler Effect）

超能力実験において、その存在を信じる者の方が信じない者より好成績を収めるという現象。アメリカの超心理学者ガートルード・シュマイドラーが発見したためこう呼ばれる。シュマイドラーは肯定者をヒツジ、否定者をヤギと呼んだため、「ヒツジ・ヤギ効果」と呼ばれることもある。

■ジョゼフ・バンクス・ライン（Joseph Banks Rhine 1895～1980）

アメリカの超心理学者で、「超心理学の父」とも呼ばれる。ペンシルヴェニア州ジョニアータ・カントリーに生まれ、シカゴ大学で哲学、心理学、生物学を専攻。デューク大学では植物生理学を研究していたが、心霊現象に関心を持ち、また心理学者のウィリアム・マクドゥーガルの影響も受けて、超心理学研究室を開設。多くの超心理学者を育てた。ESPやサイコキネシスの名付け親でもある。

■神智学（しんちがく、Theosophy）

神秘的な体験や直感などによって、神を認識したり、知識を得ようとしたりする思想。名称はギリシャ語の「神」（テオス、theos）と「知恵」（ソフィア、sophia）を組み合わせたもの。広くは新プラトン派やグノーシス派の思想も含まれるが、オカルトの世界で「神智学」といった場合、ロシアの霊媒師ヘレナ・ブラヴァツキーらが設立した神智学協会の教義を指すことが多い。

ブラヴァツキー夫人

■人智学（じんちがく、Anthroposophy）

ルドルフ・シュタイナーが創始した神秘哲学思想。人間は霊と肉体とからなる二面的な存在であるとの認識を基本に、物理的世界の他に霊界や神界が存在するとし、7段階の惑星期とそれぞれの惑星期に7種類ずつの根源人種を想定した進化論などを持つ。

■千里眼［せんりがん］
通常、見ることができないものを超常的な力によって見ることができる能力、またはその人のこと。もとは千里（約4000キロ）先でも見通せる眼という意味。

■対照実験［たいしょうじっけん］
ある条件の効果を調べたいとき、その条件以外は同じにして行う実験のこと。たとえばダウジングで水脈が当てられるかを調べたい場合、一方はダウジングを使い、もう一方は当てずっぽうで水脈のありかを探すとする。このとき水脈を探すための「ダウジング」と「当てずっぽう」以外の条件はまったく同じにして実験を行い、その結果を比較。もし結果に大差がなかった場合、条件となったものの効果も大差がないことがわかる。

■ダイス・テスト（Dice Test）
サイコロを用いた超能力実験のことで、主にサイコキネシスの実験に用いられる。ジョゼフ・バンクス・ラインは、2個のサイコロを同時に投げ、数字の合計が7になるよう念じる方法で実験を行った。

■ダウジング（Dowsing）
ロッドと呼ばれるL字型の棒や振り子などを使い、地下の水脈などを見つけるという手法。対象物の波動を感知してロッドが反応するといわれる。しかし生理学者のジャン・メルタによる実験では、ロッドが動く0・5秒前にダウジングを行う人（ダウザー）の手首の筋肉が収縮していることが判明。ロッドは不覚筋動によって動くと考えられている。また、これまで主に欧米で大規模な対照実験が何度も行われているものの、偶然以上の結果は出ていない。

ダウジング

■超心理学［ちょうしんりがく］
英語では「パラサイコロジー」（Parapsychology）。いわゆる超能力など、「通常の物理学では説明のつかないような、人間が発揮する能力」を研究する学問。典型的な研究対象はESPとサイコキネシス、そして死後生存である。

■デジャ・ヴ（Déjà vu）
明らかに初対面の相手や初めて訪れた場所、状況を、以前どこかで経験したように感じる現象。心理学的には記憶の錯誤であると説明される。逆に体験していることを未経験のように感じることを「ジャメ・ヴ」という。

■テレキネシス（Telekinesis）
手を触れずに物体を動かす能力で、サイコキネシスと同じ意味で用いられるが、超心理学ではサイコキネシス、心霊研究ではテレキネシスが多く用いられる。

■テレパシー（Telepathy）
言葉や身ぶり、道具などを使わずに、自

分の考えていることを相手に伝えたり、相手の考えを知ったりする能力こと。1882年にイギリス心霊研究協会（SPR）の創設者の一人であるフレデリック・マイヤースが命名した。日本語としては「精神感応」、「遠感」などと訳される。

■テレポーテーション（Teleportation）
時間的経過なしで肉体のまま他の場所に瞬間的に移動すること。瞬間移動、観念移動、遠隔移動などと訳される。

■透視（Clairvoyance）
「千里眼」とほぼ同じ意味だが、人物の代名詞には使わない。英語では「千里眼」も「透視」も同じ「クレアボヤンス」と呼ばれる。

■ドッペルゲンガー（Doppelgänger）
「ダブル」、「復体」ともいう。同じ人物が同時に複数の場所に姿を現す現象で、自分自身がもう一人の自分を見る「自己像幻視」も含まれる。

■二重盲検法［にじゅうもうけんほう］
暗示や思い込みなどの心理的影響をさけるために行われる実験方法のこと。通常は医薬品の効果を調べる際に使われることが多い。その場合、効果を知りたい薬と、見た目が同じ偽薬をそれぞれ用意し、医師も患者もどちらを使っているかわからないようにして実験が行われる。

■ニューエイジ（New Age）
人類が精神的に目覚めて、より高いレベルに移行するという大衆の信仰。物質文明主義や従来のキリスト教的価値観への反発という要素を持つ。名称の「ニューエイジ」（新時代）は、西洋占星術で西暦2000年頃までを「魚座の時代」とし、それ以降に新しい「水瓶座の時代」がくる（それにともなって人類が覚醒する）という話が由来。

■念写［ねんしゃ］
カメラの撮影機能を使わずに、超能力によってフィルムなどに何らかの像を写すこと。英語では「ソートグラフィー」（Thoughtography）あるいは「ネングラフィー」（Nengraphy）と呼ばれる。

■皮膚光知覚［ひふこうちかく］
目でなく、指先や耳などの皮膚で物を見る能力のこと。英語では「アイレス・サイト」（Eyeless Sight）、「デルモ・オプティカル・パーセプション」（Dermo Optical Perception：DOP）、あるいはロシアの能力者にちなんで「ローザ・クラショワ効果」と呼ばれる。

■ヒーリング（Healing）
本来は英語で治療を意味する言葉であるが、薬物や外科的措置に頼らない、超常的な能力による治療を特にこう呼ぶことがある。こうしたヒーリングの能力を持つという者が「ヒーラー」である。

■不覚筋動［ふかくきんどう］
本人にとって自覚がない筋肉の動きのこ

と。手で何かを握ったりして筋肉が緊張状態にあるときに起こりやすい。ダウジングやコックリさんなどでは、この不覚筋動が原因で道具が動くと考えられている。

■ペレット・リーディング（Pellet Reading）

あるいは「ビレット・リーディング」（Billet-Reading）。小さな紙片に字や簡単な絵、記号を書いて丸め、そのままの状態で何が書いてあるかを判読する能力。短信判断術、あるいは短信判読術と訳される。もとは腕に血の文字を浮かび上がらせ、霊界からのメッセージと称して人気を博したアメリカの霊媒、チャールズ・フォスターが考案したイカサマ・テクニック。紙玉（ペレット）をすり替えて盗み見ていた。

チャールズ・フォスター

■変性意識状態［へんせいいしきじょうたい］

英語ではアルタード・ステイツ・オブ・コンシャスネス」（altered states of consciousness）。霊媒やシャーマンのトランス状態、ヨーガ等による瞑想状態、薬品の使用により生じた特殊な精神状態など、通常とは異なる意識状態のことで、サイ現象を誘発しやすいともいう。

■ポルターガイスト（Poltergeist）

ドイツ語で「騒々しい幽霊」を意味する言葉で、「騒霊」とも訳される。ラップ音や食器が宙に舞う、家具や家全体が振動するなどの現象。一般的にはこの現象はラップから始まり、次第に食器が宙を舞う、家具が振動するなどの現象に発展し、屋内にどこからともなく石が飛んで来たり、時には壁から水が染み出したりする。従来霊の仕業とされてきたが、超心理学の立場からは、無意識のサイコキネシスとされる。アメリカの超心理学者ウィリアム・ロールは、これを「再起性偶発的サイコキネシス」（ＲＳＰＫ）と呼ぶ。実際は子どものいたずらが多い。

■マッスル・リーディング（Muscle Reading）

不覚筋動などの筋肉のわずかな動きを読んで、超常的な読心術をよそおうテクニックのこと。日本では「読筋術」とも呼ばれ、海外では「コンタクト・マインド・リーディング」とも呼ばれる。通常は手首や腕などを握って行われるが、場合によっては直接相手の身体に触れず、棒のような器具を握らせたりすることもある。

マッスル・リーディングの例

■予知［よち］

五感を通じた情報や、論理的類推などの通常の手段に頼らず未来を前もって知る能力のこと。超心理学ではＥＳＰの一種で、漠然とした予感や虫の知らせのようなものや、未来の出来事を夢で見るなどの現象も含む。

■乱数発生器［らんすうはっせいき］

ランダムな数字を発生させる装置で、さまざまな仕組みがある。「ＲＮＧ」（Random Number Generator の略）と呼ばれることもある。超心理学においては、発生する数字に影響が出るかどうかを測定する形で、サイコキネシスの実験に用いられる。最近では、世界各地の乱数を記録し、重大事件の発生と乱数の偏りとの関連を観測する「地球意識計画」（Global Consciousness Project）にも使用される。

■リーディング（Reading）

超常的な能力により対象者の情報を読み取ること。本来はエドガー・ケイシーについて用いられたが、その後ほかの能力者が行う場合もこの言葉が用いられるようになった。

■レトロフィッティング（Retrofitting）

「数字の7が見えます」「水が関係しています」といった曖昧な手がかりを言っておき、あとで判明した事実に合わせて当たりをこじつけるテクニックのこと。名称はレトロフィット（Retrofit）という言葉に「改造」「改装」といった意味があることに由来する。

■ワン・ミリオンダラー・パラノーマル・チャレンジ

「100万ドル（1億円）超常チャレンジ」という意味で、超常現象を起こせるという人物が厳密な実験をクリアした場合、賞金として1億円が贈られるという企画。もとは1964年にジェイムズ・ランディが個人としてはじめたものだったが、その後、ランディが1996年に設立した教育財団が主体となって行われるようになった。これまでにテストした総数は1000件以上におよぶものの、テストをクリアしたケースは1件もなかった。企画自体はランディが高齢となったため、2015年9月に終了したが、同様の賞金を懸けた企画はアメリカのほか、ロシア、オーストラリアなどで現在も続けられている。

テストの様子（© Sgerbic）

（羽仁礼、本城達也）

【巻末付録】

超能力事件年表

超能力や予言に関わる事件や出来事を、本書収録項目を中心に年表にまとめた。

1555年

5月4日：ノストラダムスによる四行詩集の予言書『ミシェル・ノストラダムス師の予言集』が刊行される。

1566年

7月2日：ノストラダムスが死去。

1895年（明治28年）

7月〜：長南年恵が詐欺行為をはたらいたとして山形県監獄鶴岡支署に合計67日間拘留。のちにこの期間、いくつもの超常現象を起こしたといわれ、事実証明願が提出される。

1900年（明治33年）

12月12日：神戸地方裁判所で長南年恵の霊水裁判が行われる。

1904年（明治37年）

9月12日：計算できる馬としてドイツなどで話題となっていたハンスの鑑定結果が、ハンス委員会によって発表される。

1907年（明治40年）

10月29日：長南年恵が死去。

1910年（明治43年）

2月10日〜下旬：福来友吉博士が御船千鶴子との郵送による通信実験をはじめて行う。

8月29日、30日：大阪の中の島公会堂にて千里眼講演会が開催される。講演者は福来博士で、ゲストは御船千鶴子。会場はほぼ満員の盛況ぶりとなり、二日間で800通以上の手紙が千鶴子のもとに寄せられた。

9月14日、17日：御船千鶴子の透視実験が東京で開催。参加したのは東京帝国大学元総長の山川健次郎博士を筆頭に総勢10名以上の学者たち。実験の様子は各新聞によって連日、大々的に取り上げられた。

11月12〜15日：香川の丸亀で福来博士が長尾郁子とはじめて面会し、実験を行う。

11月17日、18日：福来博士による御船千鶴子の最後の実験が熊本で行われる。
12月26日：福来博士によって行われた長尾郁子の実験において、日本ではじめて念写が確認される。

1911年（明治44年）
1月8日：山川博士らが長尾郁子の念写実験を行うものの、乾板を入れ忘れるというミスが発生。郁子側が学者の実験を謝絶する事態となる。
1月19日：御船千鶴子が染料用の重クロム酸カリウムを服毒したことにより死去。
2月26日：長尾郁子が急性肺炎で死去。

1912年（大正元年）
12月28日：人智学協会がドイツのケルンで設立される。

1913年（大正2年）
3月2日：福来博士による高橋貞子の実験がはじめて行われる。以降、実験は4月27日、5月7日と続いた。
8月7日：福来博士が『透視と念写』（東京宝文館）を出版。同書の中で御船千鶴子、長尾郁子、高橋貞子の実験結果をもとに、「透視は事実である。念写もまた事実である」と宣言。
10月27日：福来博士が東京帝国大学より休職命令を受ける（休職期間は2年で満期）。

1915年（大正4年）
10月26日：福来博士が休職期間の満期を迎え、東京帝国大学を退官。

1921年（大正10年）
10月18日：出口王仁三郎による『霊界物語』の口述筆記が始まる。

1925年（大正14年）
3月30日：ルドルフ・シュタイナーが死去。

1928年（昭和3年）
4月13日：三田光一が金塊引きあげ詐欺事件の裁判で懲役1年6ヵ月の実刑判決を受ける。

1931年（昭和6年）
6月24日：三田光一と福来博士が月の裏側の念写実験を行う。

1934年（昭和9年）
8月：出口王仁三郎による口述筆記の教典『霊界物語』（全81巻83冊）が完成。

1940年（昭和15年）
5月23日：サイ・ババ（本名はサティヤ・ナーラーヤナ・ラジュ）がインドの聖人シルディ・サイ・ババの生まれ変わりだと主張。宗教活動を始める。

1943年（昭和18年）
5月8日：三田光一が脳卒中により死去。

1945年（昭和20年）
1月3日：エドガー・ケイシーが脳卒中により死去。

1948年（昭和23年）
1月19日：出口王仁三郎が死去。
1950年（昭和25年）
5月1日：藤田小女姫が『産業経済新聞』（現在の産経新聞）にて「奇蹟の少女現るマリを突きながら何でもズバリ」との見出しで大きく取り上げられる。
5月9日：ロン・ハバードの著書『ダイアネティクス：メンタルヘルスの現代科学』が出版され、ベストセラーになる。
1952年（昭和27年）
3月13日：福来友吉博士が肺炎により死去。
5月：ロン・ハバードによって「サイエントロジー」が確立される。
1954年（昭和29年）
8月～9月：桐山靖雄が観音慈恵会（後の阿含宗）を発足。

1959年（昭和34年）
1月26日：ブルーノ・グレーニングが胃がんにより死去。
3月23日：藤田小女姫がアメリカの雑誌『TIME』で占い師として取り上げられる。
1963年（昭和38年）
3月：防衛大学の大谷宗司氏らによって「超心理学研究会」が設立される。
1964年（昭和39年）
2月11日：ピーター・フルコスがFBIの捜査官を自称したとの罪で逮捕される。フルコスは裁判で1000ドルの罰金刑を言い渡されたが、のちに「自分はFBI以上の者」だと言ったのだという証言が認められ、無罪となった。しかしニューヨークの『デイリー・ニューズ』紙には、「超能力探偵、自分を追跡してきたFBIの透視に失敗」との見出しで逮捕のことと透視ができなかったことを記事にされてしまう。

1968年（昭和43年）
11月17日：「超心理学研究会」が発展的に解消され、「日本超心理学会」が設立される。初代会長には明治大学の小熊虎之助が就任。
冬：クリーブ・バクスターによるバクスター効果発見の論文「植物における原始知覚の証拠」が『国際超心理学誌』に掲載される。
1970年（昭和45年）
1月：桐山靖雄による念力の護摩が始まる。
1973年（昭和48年）
11月：五島勉による著書『ノストラダムスの大予言 迫りくる1999年7の月、人類滅亡の日』（祥伝社）が出版され、大ベストセラーとなる。
1974年（昭和49年）
1月21日：関口淳氏が『13時ショー』（NE

Tテレビ）に出演。スプーン曲げ少年として注目を集める。
2月21日：ユリ・ゲラーが初来日。
3月7日：ユリ・ゲラーが『木曜スペシャル 驚異の超能力!! 世紀の念力男ユリ・ゲラーが奇蹟を起こす！』（日本テレビ）に出演。番組の視聴率は26・1％を記録し、日本中でスプーン曲げブームが巻き起こる。
5月15日：関口氏のトリックを報じた『週刊朝日』（5月24日号）が発売。わずか半日で売り切れるほどの大反響を呼ぶ。
10月18日：ユリ・ゲラーの実験結果をまとめた論文が科学誌の『ネイチャー』で発表される。

1976年（昭和51年）
1月：関英男らによって「日本PS学会」が設立される（名称は1982年に「日本サイ科学会」へ変更）。
5月5日：ジェラルド・クロワゼットが『水曜スペシャル』（NETテレビ）に出演。透視によって当時行方不明の少女の遺体を発見したとされ、大きな話題となる（視聴率は30・5％を記録）。

1978年（昭和53年）
4月8日：桐山靖雄によって阿含宗が開宗される。

1980年（昭和55年）
7月20日：ジェラルド・クロワゼットが心臓発作で死去。
8月25日：麻原彰晃（当時は本名の松本智津夫）が阿含宗に入信（約3年後に脱退）。

1983年（昭和58年）
夏：麻原彰晃が能力開発を行う学習塾「鳳凰慶林館」を東京都渋谷区で開く。

1984年（昭和59年）
2月3日：清田益章氏と山下裕人氏が『金曜ファミリーワイド』（フジテレビ）に出演（視聴率は19・4％）。番組内でトリックを使っていたことが明らかにされる。
2月：麻原彰晃が「鳳凰慶林館」をやめ、ヨガ道場「オウムの会」を設立。
3月26日：ジーン・ディクソンが日本テレビのディレクター（当時）・矢追純一氏の招きで初来日。同月27日に赤坂プリンスホテルで日本テレビ主催の記者会見を開く（4月2日収録の『11PM』に出演）。
3月28日：赤坂の料亭「佳境亭」で「ジーン・ディクソンを囲む会」が開かれる。出席者は服部セイコー（現在のセイコーホールディングス）、立石電機（現在のオムロン）、佐川急便、バンダイ、麻生セメントなどの社長や重役たち20数名。同月30日と31日にも出席者を変えて同様の会が開かれた。
5月28日：麻原彰晃が「株式会社オウム」を設立。

1986年（昭和61年）
1月24日：ロン・ハバードが脳卒中により死去。
2月：麻原彰晃が「オウムの会」を「オウム

神仙の会」に改称。

3月：麻原彰晃による初の著書『超能力「秘密の開発法」すべてが思いのままになる！』（大和出版）が出版。表紙には麻原が空中浮揚したときの写真と称するものが使われ、信者獲得に利用された。

1987年（昭和62年）

7月：麻原彰晃が「オウム神仙の会」を「オウム真理教」に改称。

1988年（昭和63年）

6月1日：ピーター・フルコスが心臓発作により死去。

1991年（平成3年）

6月：御船千鶴子や高橋貞子が登場人物のモデルになった小説『リング』（角川書店）が出版され、ベストセラーになる。

11月：ソニーで「ESPER研究室」が設立される。

1994年（平成6年）

2月23日：藤田小女姫がハワイの自宅で殺害される殺人事件が起きる。

6月13日：サイ・ババを紹介する番組『スーパーテレビ　あなたは神を信じますか』（日本テレビ）が放送され、番組中にサイ・ババのトリックが映っていたとして一部で話題になる（視聴率は16・6%を記録）。

1995年（平成7年）

3月20日：麻原彰晃の指示によりオウム真理教の信者らが地下鉄サリン事件を起こす（死者13人、重軽傷者約6300人）。

5月16日：麻原彰晃が山梨県上九一色村（当時）の教団施設内で隠れていたところを殺人などの容疑で逮捕される。

9月：科学技術庁（当時）の放射線医学総合研究所で「多様同時計測による生体機能解析法の研究」が始まる。同研究では気功やテレパシーなどの実験も行われ、2000年までの5年間で1億円の科学技術振興費が使われた。

1996年（平成8年）

8月11日：ババ・ヴァンガが乳がんにより死去。

1997年（平成9年）

1月25日：ジーン・ディクソンが心不全により死去。

3月：超党派国会議員連盟「人間サイエンスの会」が設立される。

5月27日：超能力番組によって詐欺被害を受けたという裁判の判決が東京地裁で出る。これは日本テレビで1992年から93年にかけて放送された、難病を治せると称する超能力者の邵錦（しょうきん）を取り上げた番組によって、視聴者が詐欺被害を受けたというもの。東京地裁は約1億円の損害賠償の支払いを邵錦らに命じる判決を出した。また日本テレビとは6000万円を原告に支払うことで和解が成立した。

1998年（平成10年）

3月：ソニーの「ESPER研究室」が閉鎖される。

2001年（平成13年）
12月16日：関英男が死去。

2002年（平成14年）
3月2日：ジョー・マクモニーグルが出演する番組『FBI超能力捜査官』（日本テレビ）シリーズの第1弾が放送開始。同シリーズは2008年までに全15回放送され、マクモニーグルはそのすべてに出演した。

2003年（平成15年）
3月3日：ユリ・ゲラーが総額100億円以上の賠償金を求めて任天堂を訴えた裁判は、ゲラー側の訴えが却下されて終決する。

2005年（平成17年）
5月12日：ナターシャ・デムキナが『奇跡体験！　アンビリバボー』（フジテレビ）に初出演し、人体透視を披露する（同年7月28日にも再出演）。視聴率は18・8％と17・6％を記録。

2006年（平成18年）
12月30日：ジュセリーノが『ビートたけしのTVタックル　年末超常現象スペシャル〜緊急検証マル秘ファイル2006』（テレビ朝日）に出演。日本のテレビ番組に初登場し、「現代のノストラダムス」や「大予言者」として紹介される。
12月30日：テッド・セリオスが死去。

2011年（平成23年）
2月16日：松原照子氏のブログで地震についての記事が投稿され、翌月にはその記事が東日本大震災を予言していたとして大きな注目を集める。
4月24日：サイ・ババが心肺不全により死去。

2013年（平成25年）
6月24日：クリーブ・バクスターが死去。

2016年（平成28年）
8月29日：阿含宗教祖の桐山靖雄が老衰により死去。

2017年（平成29年）
1月17日：CIAが1200万ページにも及ぶ機密文書を公式サイトで公開。そのなかにユリ・ゲラーを実験していた文書があったとして、日本を含む世界各国で話題となる。

2018年（平成30年）
7月6日：オウム真理教教祖・麻原彰晃の死刑が執行される。

2020年（令和2年）
6月16日：『ノストラダムスの大予言』の著者、五島勉が誤嚥（ごえん）性肺炎により死去。

（本城達也）

執筆者紹介（五十音順）

●**ASIOS（アシオス）**
2007年に発足した超常現象などを懐疑的に調査していく団体。団体名は「Association for Skeptical Investigation of Supernatural」（超常現象の懐疑的調査のための会）の略。超常現象の話題が好きで、事実や真相に強い興味があり、手間をかけた調査を行える少数の人材によって構成されている。主な著書に『謎解き　超常現象Ⅰ～Ⅳ』『UFO事件クロニクル』『UMA事件クロニクル』（彩図社）、『昭和・平成オカルト研究読本』（サイゾー）などがある。
公式サイトは https://www.asios.org

●**石川幹人（いしかわ・まさと）**
1959年東京生まれ。東京工業大学理学部応用物理学科卒。同大学院物理情報工学専攻、一般企業での人工知能研究プロジェクト、政府系シンクタンクなどを経て、97年より明治大学文学部助教授。2004年より明治大学情報コミュニケーション学部教授。博士（工学）。専門は認知情報論および科学基礎論。ASIOS発起人メンバー。14年、共同研究者とともに「疑似科学とされるものを科学的に考える」サイト（gijika.com）を立ち上げる。

●**小山田浩史（おやまだ・ひろふみ）**
1973年生まれ。日々インターネットで国内外のオカルト情報を収集する自称・奇現象研究家。超能力分野では「人はなぜ超能力（者）を信じるのか」について特に関心がある。民俗学・文化人類学的な視点からの「文系オカルト研究」を志向。https://twitter.com/magonia00

●**蒲田典弘（かまた・のりひろ）**
ロズウェル事件研究家を自称する懐疑論者。ビリーバー（信奉者）として超常現象を調べていくうちに、懐疑論者に転向した。青少年に懐疑的な考え方を身につけてもらおうという、ジュニア・スケプティック活動にも興味がある。ASIOS運営委員。共著に『これってホントに科学？』『ホントにあるの？　ホントにいるの？』（かもがわ出版）などがある。

●**ナカイサヤカ（なかい・さやか）**
1959年生まれ。慶応大学大学院修士課程を考古学で修了後、発掘調査員を経て現在は翻訳者／通訳。ASIOSでは主に翻訳を担当する。翻訳書：『代替医療の光と闇』（地人書館）、『世界恐怖図鑑』、『探し絵ツアー　1～9』（いずれも文溪堂）、『超常現象を科学にした男』（紀伊國屋書店）など。最近は女性の常識となってしまっている怪しい話に取り組んでいる。

●**羽仁礼（はに・れい）**
1957年広島県生まれ。ASIOS創設会員。一般社団法人超常現象情報研究センター主任研究員。著書に『超常現象大事典』（成甲書房）、『図解　近代魔術』、『図解　西洋占星術』（新紀元社）他がある。

●**原田実（はらだ・みのる）**
1961年広島市生まれ。古代史・偽史研究家。と学会会員。著書『トンデモ偽史の世界』（楽工社）、『日本の神々をサブカル世界に大追跡』（ビイング・ネット・プレス）、『もののけの正体』（新潮新書）、『トンデモ日本史の真相・史跡お宝編』、『トンデモ日本史の真相・人物伝承編』（文芸社文庫）、『つくられる古代史』（新人物往来社）、『江戸しぐさの正体』（星海社新書）他。ホームページ「原田実の幻想研究室」（http://douji.sakura.ne.jp/）

●藤野七穂（ふじの・なほ）
1962年生まれ。偽史ウォッチャー。J・チャーチワード愛好家。『上津文』『竹内文献』『宮下文献』をはじめとする「偽史」の流布・受容論をフィールドとする。共著に『歴史を変えた偽書』（ジャパン・ミックス）、『検証 陰謀論はどこまで真実か』（文芸社）、『謎解き古代文明』（彩図社）、『昭和・平成オカルト研究読本』（サイゾー）。論稿に「現伝〝和田家文書〟の史料的価値について」「『偽書』銘々伝」「『古史古伝』未解決の噂」など。現在、連載稿『偽史源流行』の単行本化のため鋭意筆入れ中。

●本城達也（ほんじょう・たつや）
1979年生まれ。ウェブサイト「超常現象の謎解き」（https://www.nazotoki.com）の運営者。一般社団法人超常現象情報研究センター所属。2005年より超常現象の各ジャンルの個別事例を取り上げ、その謎解きを行っていくサイトを運営。2007年からはASIOSの発起人としてその代表も務める。最近はユリ・ゲラーが日本語で「ムァガレ」「ムァガレ」（曲がれ）と話すCDを聞きながら、スプーン曲げに取り組んでいる。けれど残念ながら全然曲がる気配がない……。しばらく時間の都合で趣味のマジックを中断していたが、今回の本をきっかけにまた再開しようかと考えている。

●皆神龍太郎（みなかみ・りゅうたろう）
1958年生まれ。東京工業大学応用物理学修士卒。疑似科学ウォッチャー。超常現象やニセ科学と呼ばれるものの事実について、調査、発表するのが趣味。朝日新聞社で科学記者や編集者を長年勤めた後、現在は国立大学医学部などで科学基礎論関連の講座を担当、講義を行っている。超常現象解明のみに特化した連続講座も開催の予定。超常現象に関する著書、共著は『あなたの知らない都市伝説の真実』（学研）や『検証 陰謀論はどこまで真実か』（文芸社）、『トンデモ超能力入門』（楽工社）、『謎解き超常現象』シリーズ（彩図社）など100冊を超える。

●山津寿丸（やまつ・すまる）
一般社団法人超常現象情報研究センター所属。ウェブサイト『ノストラダムスの大事典』（https://w.atwiki.jp/nostradamus/）の管理者。東京都立大学大学院修士課程、仏リヨン第2大学博士課程、東京大学大学院博士課程などでフランス経済史を学んだ。共著などに『検証 予言はどこまで当たるのか』（文芸社）、『昭和・平成オカルト研究読本』（サイゾー）がある。

著者紹介

ASIOS（アシオス）

2007年に日本で発足した超常現象などを懐疑的に調査していく団体。名称は「Association for Skeptical Investigation of Supernatural」（超常現象の懐疑的調査のための会）の略。海外の団体とも交流を持ち、英語圏への情報発信も行う。メンバーは超常現象の話題が好きで、事実や真相に強い興味があり、手間をかけた懐疑的な調査を行える少数の人材によって構成されている。

公式サイトのアドレスは、https://www.asios.org

超能力事件クロニクル

2020年11月19日　第1刷

著　者　ASIOS

発行人　山田有司

発行所　株式会社　彩図社
東京都豊島区南大塚3-24-4
ＭＴビル　〒170-0005
TEL：03-5985-8213　FAX：03-5985-8224

印刷所　シナノ印刷株式会社

URL https://www.saiz.co.jp　Twitter https://twitter.com/saiz_sha

ISBN978-4-8013-0487-1 C0076